深圳公园里的深圳

SHENZHEN IN THE PARK

深圳市城市管理和综合执法局 主编

海天出版社
HAITIAN PUBLISHING HOUSE
·深圳·

谨以此书纪念深圳成为

千园之城

序

风起云涌，潮起珠江。深圳已经崛起成为一座经济繁荣、环境优美、千园相拥、四季花开的现代化都市，也成为世界现代城市发展史上一颗璀璨的明珠。

时间就是金钱，效率就是生命。我们创造了举世闻名的“深圳速度”，在深圳公园建设上同样不甘落后。从最初只有 2 个公园开始，40 年风雨兼程，我们将 1206 颗绿色明珠，骄傲地镶嵌在深圳的地图上；我们谱写着春天的故事，同样为“深圳速度”做出了精彩的诠释。

深圳市委、市政府历届领导高度重视经济建设与生态环境的协调发展。根据城市的自然山水脉络，我们因地制宜、博采众长，以发达国家先进城市为标杆，按照公园服务半径覆盖率达 95% 以上，市民出门“5 公里有森林（郊野）公园、2 公里有综合公园、500 米有社区公园”的目标，高起点地构筑起了完备的城市公园体系。

从大鹏半岛到大沙河生态长廊，绿水青山已成金山银山。

万物并育，和谐共生。33 座自然公园筑起深圳的生态屏障。群山逶迤，环抱着水库明珠；植被茂密，形成稳定的生态群落；幽谷溪流，时有动物精灵的身影。

从莲花山到深圳湾，从人才公园到香蜜公园，181 个各具特色的城市公园，是中外游人尽情畅游的诗意空间。体育活动在公园，运动的身影彰显生命的活力；文化活动进公园，每年一度的公园文化季是市民欢乐的盛宴。

在城市的每一个角落，992 个社区公园星罗棋布。

只要走出家门，人们立即就能走进一座座绿色福利小站。在深圳，如果每天只逛一座公园，美丽的深圳足够你开启 3 年的浪漫之旅，游不尽的园，看不尽的花，赏不完的景。我们用工匠精神雕琢城市，用品质公园彩绘生活，成就了这座千园之城。

为了让广大市民认识了解深圳的一千多座公园，满足大家游览的需要，我们精心编辑了这本《公园里的深圳》，全书共 6 章，分别对深圳六大区域的重要公园进行了介绍。每个公园从“地图页、识公园、逛公园、玩公园、探自然、周边游”6 个方面进行内容编写，希望为读者带来准确实用的信息，为大家的出行带来便利。鉴于我们是首次编写，经验不足，又限于篇幅，不能一应俱全，只能选取一些大型、有特色、重要的公园予以介绍，其他公园只能以存目的形式附后，供大家查阅。因时间仓促，加之编者水平有限，书中缺点在所难免，诚望广大读者提出宝贵意见。

公园之城，其路修远。品质提升，无有终点。“双区驱动”给深圳带来了新的机遇和挑战。我们走在世界著名花城的路上，追求卓越，永不懈怠；追求完美，永无止境。

深圳市城市管理和综合执法局

Contents

目录

第一章 繁华福地，盎然绿意

壮丽的城市中轴线缓缓展开繁华，生灵与心灵在繁华中却有绿意和水波可栖。推窗见绿，走出写字楼便进入自然，这是一片与市民最亲近的公园：有人们最爱去野餐、放风筝的莲花山公园、有与道路交织的中心公园、有闹中取静的荔枝公园……公园的绿意伴着人们的工作、生活，人们的工作、生活也就在大大小小的公园之中。

第二章 朦胧海湾，南山歌谣

以深圳为名的海湾，荡漾着这座城市最浪漫的风情。水鸟随着潮汐进退；弹涂鱼算准了时间一跃而起；招潮蟹从泥潭中探出头，挥动着它的大钳子；夜幕降临，走兽在林中时隐时现……这首山水歌谣让生命在 0 和 1 永不停歇的脉搏中得以悠然见南山……

第三章
凤栖梧桐，烟火人间

在一半山水一半城之间，氤氲着烟火人间的喜怒哀乐。梧桐烟云见证了多少人初来乍到的踌躇满志；盐田港吞吐着深圳每日的忙忙碌碌；总会有一个公园，藏着深圳人儿时的记忆。从这里开始，繁荣发展的美丽预言，在四十年的巨变中日渐成真。

第四章
龙城悠远，新光曙色

以龙为名，这里承载着过去的历史，也连接着新城的曙光。阳台山在战火中留存了新中国的文化火种，在和平年代又庇护着千百种生灵繁衍栖息，今天则见证着龙城旧貌换新颜的飞跃。客家山歌悠悠，人们在这片广袤的土地日日年年生生不息。

第五章
得宝而安，向光高飞

历史与革新在深圳西部碰撞，一幢幢古迹还留存着往日的光彩，现代化产业的布局已然成了气候。红树与山林之中，自然的力量也在生长。驻足吧，看奔流的珠江水与落日余晖相伴，一趟趟航班载着大大小小的期盼和梦想，飞向更高更远。

第六章
山海鸣奏，鹏展未来

作为中国唯一一个背山面海的一线城市，深圳带来的幸福感，很大程度就来自这得天独厚的地理条件。因为山海，深圳有了四季宜人的气候和令人艳羡的“深圳蓝”，更形成了这座城市敢拼敢闯的精神与浪漫气息。深圳向着全球海洋中心城市的目标进发，亿年的时间累积成岩石的纹理，又将奏响新的旋律。

第一章

繁华福地，盎然绿意

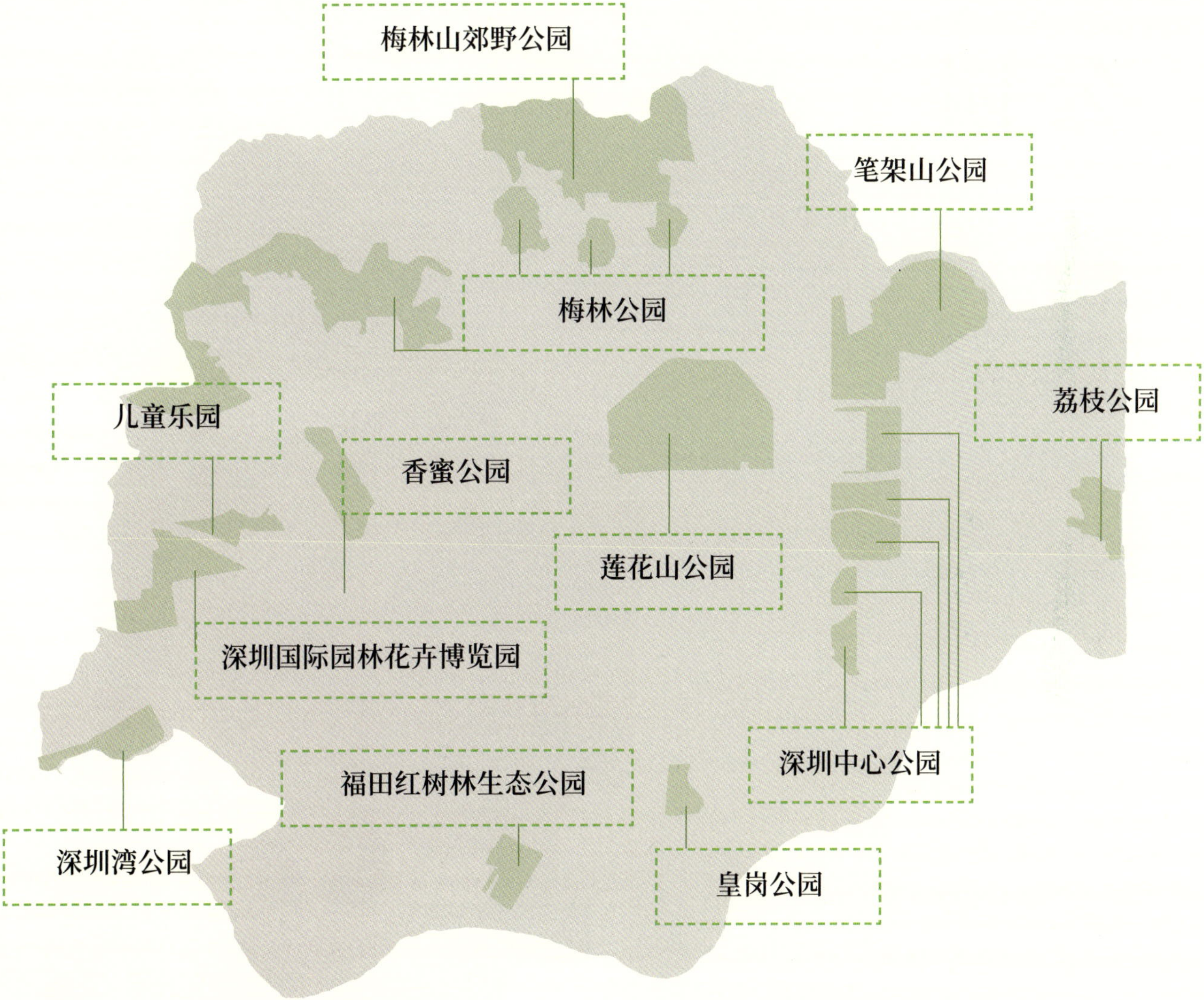
梅林山郊野公园
笔架山公园
梅林公园
荔枝公园
儿童乐园
香蜜公园
莲花山公园
深圳国际园林花卉博览园
深圳中心公园
福田红树林生态公园
深圳湾公园
皇岗公园

莲花山
公园

Lianhuashan Park

占地面积

公园面积：181 公顷

① 南大门
② 椰风林
③ 风筝广场
④ 关山月美术馆
⑤ 漾日湖
⑥ 深圳经济特区建立三十周年纪念园
⑦ 邓小平同志铜像
⑧ 展厅
⑨ 莲花湖

北
莲花路
深业上城
8 展厅
彩田路
6 深圳经济特区建立三十周年纪念园
7 邓小平同志铜像
5 漾日湖
东门
3 风筝广场
1 南大门
关山月美术馆 4
红荔路
市民中心
生态环境
草坪
湿地
山区林地
林地
功能配备
展馆
停车场
周边交通
地铁可达
洗手间
亭子
入口
停车场
管理处

莲花山公园

中轴线上的绿色明珠

地址：福田区红荔路 6030 号

入则自然，出则繁华。莲花山公园像一颗绿色明珠，镶嵌在深圳市中心区中轴线的北端。莲花山因七座山头形成一朵盛开的莲花，故而得名。公园东起彩田路，西至新洲路，南临红荔路，北到莲花路，占地面积 181 公顷，建成于 1997 年，是一座融山水林园于一体的生态型综合性国家重点公园。

不到莲花山，不算来深圳。莲花山公园不仅是市民休闲的绿色福地，更是受中外游客欢迎的游览胜地，每年入园人次高达 1000 多万，网络关注度名列前茅。独特的区位优势造就了独特的公园景观。园内山色湖光，亭台错落，绿树掩映，花团锦簇，与中心区的市民中心、少年宫、音乐厅等现代大型公共建筑隔街相望，和中心区绿化带连成一片，园城融为一体。

莲花山主峰海拔 100 米，山顶广场占地 4000 平方米，是绝佳的登高览胜之处：丽日晴空，可放眼现代都市繁华；华灯初上，能观赏夜景流光溢彩。

“莲山春早”是著名的“深圳八景”之一，不可错过。春日趁着熹微晨光，一路鸟语花香，登上山顶广场，远望这座年轻的城市，仿佛看到它缓缓从春天走来，演绎着无数春天的故事……

山顶广场的北端，高 6 米、重 6 吨的邓小平同志铜像，身披风衣迈步向前，目光如炬，遥望南方。2012 年 12 月 8 日，习近平总书记十八大后离京考察，第一站就来到莲花山公园，向邓小平同志铜像敬献花篮，还在山顶广场后山 50 米处亲手种下一棵广东乡土树——高山榕，如今大树枝繁叶茂，生机盎然。

漫步莲花山，从醒目的红色南大门开始。这扇以

“改革开放之窗”为意象的大门，“窗外”是深圳经济特区发展成果的集中展示，“窗内”则是深圳人文历史的记忆和自然生态和谐共生的缩影。

坐落于园中的深圳经济特区建立三十周年纪念园，镌刻着历史的荣光；碧草如茵的风筝广场，承载着童年放飞天空的梦想。

莲花湖里泛舟，雨林溪谷探幽。秀水清溪更为公园增添一份灵动，不仅让人享受大自然的宁静清幽，更让人学会了与野生动植物和谐共处……

莲花山公园作为国家重点公园、国家红色旅游示范基地、广东省爱国主义教育基地，每年的 11 月，千万不要错过大型的簕杜鹃花展，万紫千红，争奇斗艳；公园文化季，中外歌舞，异彩纷呈。莲花山公园，一颗绿色的明珠，一次醉心的旅程，一段难忘的记忆。

Lianhuashan Park: The Green Pearl on the Central Axis

Inside the park is the beauty of nature, and outside the park is the prosperity of the city. Like a green pearl, Lianhuashan Park lies at the northern end of the central axis of downtown Shenzhen. It is named after Lotus Hill (Lianhuashan in Chinese) whose seven peaks form a giant lotus. Adjoining Caitian Road on the east, Xinzhou Road on the west, Hongli Road on the south and Lianhua Road on the north, the park covers an area of 181 hectares. It was built in 1997 as an Ecological Comprehensive National Key Park integrating natural landscapes and gardening.

You cannot say you have been to Shenzhen if you have never visited Lotus Hill. Lianhuashan Park is not only a "green welfare" for citizens at leisure but also a popular tourist attraction for tourists from home and abroad. With more than 10 million visitors each year, Lianhuashan Park ranks among the top attractions online. The unique geographic location advantage creates distinctive landscapes in the park. It boasts the beauty of mountains and lakes, scattered pavilions and prosperous trees and flowers. In addition, the park is just few blocks away from the Civic Center, Children's Palace, Concert Hall as well as other modern large-scale public buildings in the central district and connected to the green belt in the same area. The park and the city are perfectly integrated into each other.

At the north end of the peak square stands a bronze statue of Deng Xiaoping, 6 metres high and 6 tons in weight. Wearing a windbreaker and striding steadily, he looks south with eyesight bright as a torch. On December 8, 2012, General Secretary Xi Jinping visited Lianhuashan park, as his first stop after the 18th National Congress of the Communist Party of China, to present bouquets to the statue. Then, at 50 metres behind the square, he planted a tree, a council tree, native to Guangdong. Today, the tree is tall and prosperous.

Your journey on Lotus Hill may start from the eye-catching red south gate, which symbolizes "the window of Reform and Opening-up". Outside of the "window" is a concentrated display of the achievements of the development of Shenzhen Special Economic Zone; inside of the "window" is an epitome of the memory of Shenzhen's humanistic history and the harmonious coexistence of the city and natural ecology.

The memorial garden marking the 30th anniversary of Reform and Opening-up is engraved with the glory of history; the Kite Square with green grass carries childhood dream of flying in the sky.

Lianhuashan Park is a National Key Park, National Red Tourism Demonstration Base and Patriotism Education Base of Guangdong Province. You should not miss the large-scale Rhododendron azalea exhibition in November, where countless flowers compete with their beauty and decorate the park in fine style; in cultural season activities of the park, Chinese and foreign songs and dances are performed. Lianhuashan Park is a green pearl, a fascinating journey, an unforgettable memory.

ATTRACTIONS

赏景观

山顶广场
邓小平同志铜像

莲花山山顶广场是深圳市最高的室外广场，矗立着全国唯一由中央批准，以城市雕塑形式矗立的邓小平同志铜像。铜像于 2000 年深圳经济特区建立二十周年之际落成，由江泽民同志揭幕，是深圳中心区中轴线上最独特且引人注目的地标建筑之一，被评为“深圳十大历史性建筑”之一，荣登“深圳十大文化名片”之首。铜像高 6 米、重 6 吨，气宇轩昂，大步向前的姿态一如深圳改革开放的坚定步伐。

1984 年 1 月 24 日，小平同志来到刚刚建立四年的深圳经济特区。目睹了深圳特区的发展变化之后，挥笔写下了：“深圳的发展和经验证明，我们建立经济特区的政策是正确的。”这句话，今天就刻在铜像所在的山顶广场影壁上，影壁另一面刻着小平同志感人肺腑的那句“我是中国人民的儿子，我深深地爱着我的祖国和人民”。

每年来自全国各地的人自发地前来瞻仰小平同志的铜像，鞠上一躬和献上一束鲜花，感念改革开放给中国人民带来的美好生活。

深圳经济特区
建立三十周年纪念园

以“园中园”形式建成的深圳经济特区建立三十周年纪念园于 2010 年正式开放，位于晓风漾日景区。纪念园以“圆”为构图中心，暗合当年小平同志画下的“特区之圆”。进入纪念园，可见刻画深圳经济特区建立三十年重大事件的三组浮雕墙，浮雕墙后的 30 棵小叶榕围绕着大草坪矗立。每组浮雕墙高 2.8 米，长 26 米，分别以三首人们耳熟能详的歌曲为名：《春天的故事》《走进新时代》《走向复兴》。

开园同年，胡锦涛同志在这里亲手种下一棵金桂树。此树幽香清雅，秀丽挺拔，饱含对深圳特区未来的美好祝愿。

中心区城市景观
的日与夜

站在山顶广场中轴线上俯瞰，除了公园生机盎然的自然风光，更可见一片现代化的城市景观。这里东起梧桐山，西至深圳湾跨海大桥，向南则是繁华的香港特别行政区。最引人注目的首先是深圳最大市政建筑——气魄恢宏的市民中心，流线造型有如大鹏展翅，又似汹涌波涛；深圳最高楼——平安国际金融中心直入云霄，象征着深圳的经济发展高度；少年宫、音乐厅、图书馆、博物馆等大型公共建筑依次分布在市民中心周围，承载着深圳人的文化梦想。

夜幕降临，这里依然精彩。中心区各具设计感的现代建筑白天在阳光照射下已经足够流光溢彩，夜晚灯光绚烂变幻，与流动悦耳的音乐相互交织，更显旖旎。

莲花山处于中轴线上，又具备高度优势，自然是看灯光秀的最佳位置，也难怪每次表演时都被大批市民围得水泄不通。灯光秀通常在周五和法定节假日举行，市民想去观赏务必提前查好时间表和交通情况，合理安排时间，并切记注意安全。

DIVE IN

游公园

公园文化季

从 2006 年起，深圳市每年举办的“公园文化节”，是体验深圳作为“千园之城”浓郁公园文化氛围的盛会。莲花山多次作为活动主场，举办丰富多样的文娱活动。其中最盛大的莫过于“深圳市莲花山草地音乐节”。该音乐节通常在天气舒适的 11 月举行，秉承国际户外音乐会的开放精神，不需要购买门票，没有年龄限制，全民都可参与，旨在将高雅艺术带到大自然，带到深圳市民身边。演奏者和观众置身蓝天白云、鸟语花香的公园中，能更加尽情、轻松地享受音乐。2018 年，“公园文化节”升级更名为“公园文化季”，活动更有连贯性，也更加丰富，包括了装置艺术、自然嘉年华等多个方面，无论男女老少都能在此找到乐趣。

市花簕杜鹃展

深圳随处可见的簕杜鹃，不管是市民自发在阳台庭院栽种的，还是在道路绿化带或公园、高架桥布置的，都姹紫嫣红，装点了城市，也受到深圳人民的喜爱，更是成为深圳“市花”。莲花山公园自 1999 年起在每年 11 月举办簕杜鹃展，汇集世界各地不同种类的簕杜鹃，运用园林造景手法，用花姿呈现美好祝愿，用花色装点市民生活。

美丽异木棉

英雄树——木棉在春季开出满树鲜红的花朵，给深圳带来不少活力。到了秋天，这个火炬则由它来自南美洲的“洋亲戚”美丽异木棉（Chorisia speciosa）接过。美丽异木棉更广为人知的名称是“美人树”。

美人树是热带地区的常见栽培植物，作为园林观赏树引入我国。现在在南方城市的公园、道路旁以及小区均可以看见它的身影。

美丽异木棉的树干下部膨大如酒瓶，幼树浓绿色的树皮上密生圆锥状皮刺。但随着年龄的增长，树皮的颜色慢慢变成灰白色，锥状皮刺也会慢慢脱落，树干变得光滑，犹如俗语所说的“女大十八变”。

花开后的翌年 3~5 月，拳头大小的蒴果成熟后会爆开，飘出许多的“棉絮”，黑色的种子就藏在里面，御风而行，离开母株去开疆拓土。

深圳市花
——簕杜鹃

走在深圳的街头巷尾、各个公园，都能见到簕杜鹃（*Bougainvillea glabra*）迷人的花影。深圳人喜爱簕杜鹃，甚至将它选为市花。

不过簕杜鹃醒目的“花”其实并不是它的花，而是它的苞片。苞片里面的那黄绿色的小花才是真正的花。它的花一般长在三个红色的苞片里面，因此又得名“三角梅”。

正如舒婷《日光岩下的三角梅》描述的那样：“是喧闹的飞瀑，披挂寂寞的石壁；最有限的营养，却献出了最丰富的自己；是华贵的亭伞，为野荒遮蔽风雨；越是生冷的地方，越显得放浪、美丽……”簕杜鹃耐干旱瘠薄，耐修剪，生命力十分顽强，取一段枝条，插入疏松湿润的土壤或细沙中，就可以生根抽枝，长成新植株，像极了深圳这座城市的拓荒精神。

自1999年起，每年11月簕杜鹃开得最艳时，莲花山公园都会举办一年一度的簕杜鹃花展，除了来自全世界各色簕杜鹃，还有丰富的文化活动，游人一定不可错过。

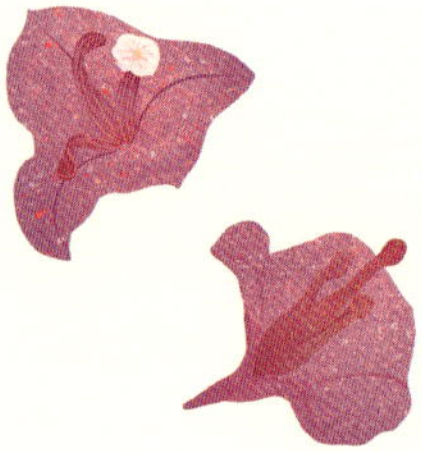

来了就是深圳“鸟”

人类的城市化进程不断推进，有些习惯了山野生活的野生动物便选择了逃离；另一些则学会了调整自己的习性，在城市里生存和繁衍，享受着城市的便利，怡然自得。

深圳作为国家森林城市，拥有接近50%的绿化覆盖率。大量的绿地提供了充足的种子、蚯蚓和昆虫等食物，对于适应力强的动物而言，这无疑就是大自然的恩赐，乌鸫就是一种抓住了机会的鸟儿。

乌鸫（*Turdus mandarinus*）是深圳“常住民”，四季中各个公园都能见到它们的身影，莲花山公园的大草坪更是俨然成了它们的地盘。乌鸫很好辨认，雄鸟整体漆黑，雌鸟整体黑褐色。漆黑的眼睛外镶黄色眼圈，嘴巴也是金黄色，漫步在草坪上十分有气质。它们还是歌唱家，尤其在繁殖季节鸣唱声非常婉转多变，并且善于模仿其他鸟类的声音，因而有“百舌鸟”之称。乌鸫还是尽责的父母，雌雄共同育雏。

莲花山公园草坪上觅食的乌鸫已经很有深圳“鸟”的身份认同感，游人在身边来来往往，即使距离只有2米它们也懒得飞走。

林间小精灵
——倭花鼠

莲花山公园生长着许多高大乔木，比如小叶榕、高山榕等。这些大树是倭花鼠（*Tamiops maritimus*）最喜欢的乐园。游人在莲花山公园树下散步，常可见这种小精灵飞快地上蹿下跳，或者互相追逐打闹，不时发出尖锐的叫声，旁若无人。

倭花鼠是一种小型树栖松鼠，偶尔才到地面活动。整体橄榄灰黄色，背部黄白色，黑色相间的纵条纹和头两边黄白色的条纹十分醒目。耳朵尖还有黑色的簇毛，更增灵动。它们多在清晨或黄昏活动，以嫩叶、树汁、果实和昆虫为食，有时能看到它们剥开树皮寻找里面的幼虫。

见到如此可爱的小精灵，人们不禁会产生喜爱之心，急于与它们亲近和互动。但远观即可，千万不要用零食投喂，人类的食物对大部分野生动物来说都不够健康，投喂还会导致野生动物逐渐丧失警惕性和觅食能力，而且，看起来再温顺的野生动物也有伤人的可能性。为了自己的健康、安全，请与林间小精灵们保持距离。

倭花鼠

NEAR BY
逛周边

比邻莲花山公园，周边丰富的公共文化场所也值得一游。在这里，你的五感将被最大限度地调动，一场人文之旅即将在此展开：这里有联结过去与未来、开阔视野的深圳博物馆；有以我国岭南画派大师关山月先生名字命名的美术馆，收藏着大量艺术珍品；有展示先锋艺术的深圳当代艺术与城市规划馆，不规则的外观象征着深圳创新先锋的城市精神；有蕴藏书香的深圳图书馆和深圳书城中心城，让人得以站在伟人的肩膀上，阅读经典；深圳音乐厅将海内外的优秀音乐演出带给深圳市民；市少年宫把新奇好玩的讲座、最前沿的科技互动展以及精品优质课程带给青少年们，满足下一代的成长需求。新兴商业也在莲花山公园附近生根发芽，深圳首家集多元购物体验空间、产业研发大厦、文化创意LOFT、高端商务公寓于一体的大型城市综合体——深业上城，用两座高架连廊，将莲花山、笔架山两大山体公园联系在一起，让公园和商业、生活相互渗透，使人们得以在“山谷漫游”“多元商业体验”和“有序办公”中找到平衡。

体验城市好生活
灵感碰撞之地

附近好去处

- Shenzhen Museum
  深圳博物馆
- Guan Shanyue Art Museum
  关山月美术馆
- The MOCAUP
  深圳当代艺术与城市规划馆
- Shenzhen Book Mall
  深圳书城中心城
- Shenzhen Concert Hall
  深圳音乐厅
- Shenzhen Library
  深圳图书馆
- Shenzhen Children's Palace
  深圳市少年宫
- Shenzhen Civil Center
  深圳市民中心
- UpperHills
  综合体深业上城

深圳中心公园

Shenzhen Central Park

占地面积

公园面积：126 公顷

① 大门雕塑

② 97回归广场

③ 万福树

④ 福田国际友谊墙

⑤ 记忆公园

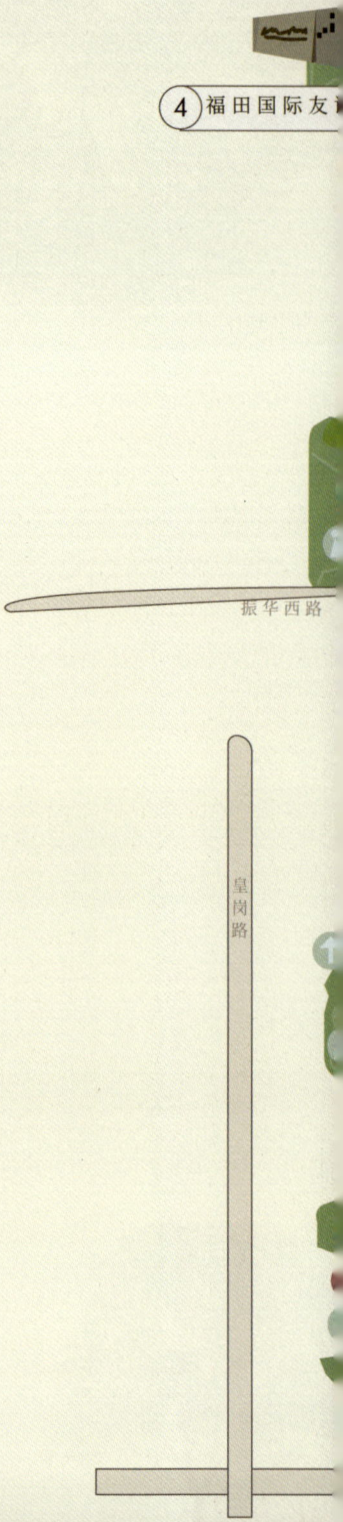

北
公园
华新路
3 万福树
2 97回归广场
华强北
福田河绿道
1 大门雕塑
上海宾馆
滨河大道
生态环境
草坪
湿地
湖泊水库
功能配备
停车场
服务站
儿童友好
周边交通
地铁可达
洗手间
入口
停车场

深圳中心公园

道法自然的都市“中央公园”

地址：福田区振华西路 1 号

世纪之交，在深圳最繁华的福田中心区，深圳中心公园在千呼万唤中与市民见面了。与世界上一些负有盛名的公园相比，中心公园还很年轻，但其精心的设计、先进的理念，足以让它在国际化的浪潮中依然保有优势和深圳特色。值得一提的是，被列为深圳市政府 1999 年“一号工程”的中心公园，从规划设计到正式开放，仅用了十个月左右的时间，再次展现出令人惊叹的“深圳速度”。

速度的背后是对现有条件的有效规划和利用。中心公园的前身是一个长约 2.5 公里的绿化隔离带，最宽处约 800 米，连接了笔架山公园，构成一条城市生态廊道。这条城市生态廊道给高楼林立的城市中心地带留出一片自然环境，也为后来的中心公园开拓出无限可能。

这条绿带种植了大片果林，丰收之际垂着沉甸甸的荔枝、龙眼、芒果等岭南佳果，一直以来受到市民喜爱，但也存在着植物景观单一的问题。福华路、深南大道、振华西路及红荔路等四条城市主干道路和福田河穿插其中，将公园自然分隔为 8 个区域，也就构成了中心公园今天的独特形态。

今天的中心公园设计成五大园区，遵循“师法自然，回归自然”的景观设计原则，园内的地形增加了自由起伏的变化，植物种类也丰富了，加入季节变化考量的丰富景观。80% 以上的单位面积绿化量使它成为名副其实的城市“绿肺”，更使它从单一的绿带变成生态绿园，集生态环保、科普教育、康体休闲为一体，承载着无数新老深圳人的悠然时光。

由于经常对植物种类进行丰富和升级，这里成了城市中心的“自然会客厅”，人们可以在现代化的环绕之中与大自然亲切对话。公园以植物造景，形成了岭南观赏性果林、棕榈科植物、大花乔木、附生植物、湿地观赏植物、旱生植物、针叶林植物、竹林、河滨植物、路边花园等“十大植物景观群”。在公园漫步，可以移步换景，美景变幻不断。脚边花园连绵，鲜花、大树点缀草坪；近处棕榈成林，一派南国风情；远处还有更加浓密的树林。到了花树草园区，抬头可遇木棉、凤凰木、广玉兰、白兰花等花开含笑，低头可见含羞草、广东万年青等细碎点缀。树林深处，小叶榕、高山榕的枝丫本已非常茂密，又蔓生着绿萝等藤本植物，在空中搭建“绿廊”。

中心公园也是深圳市首批挂牌的八座湿地公园之一。利用福田河“中水回用（再生水）”项目，中心公园每年利用中水灌溉植物和公厕保洁，节约了大量的水资源。河流蜿蜒而过，河岸风格

质朴，仍保留着原生态的自然痕迹。错落有致的植石布景，为亲水景观增加了趣味，也营造了鸟类良好的栖息环境。人们或在桥上岸边观景，或从石磡上亲水行走，水波流转处，不时可见鹭鸟低飞或埋头觅食。公园南北端各有一处人工湖，延伸了滨河林荫走廊的清幽，棕榈科、竹类以及各种花灌木和水生植物与周围的高楼大厦，共同倒映于碧波明镜中，让人错觉“城市生于公园里”。不少深圳观鸟爱好者经常来到中心公园寻觅惊喜。

一处“园中园”更添特色。福田记忆公园以其充满故事情节的场景意象再现了城市逝去的记忆。游走在雕塑和老照片建构的记忆迷宫中，乡里人家的耕牛、鸡舍、小竹椅，城中村里的小卖部和修理铺，那么远，这么近，仿佛可以听见老街坊的欢声笑语，一抬头又见摩天大楼华丽挺拔的身姿。前世邂逅今生，时空在此折叠。

在中心公园的东南处，还有一片“深圳国际友城友谊林”，每一棵葱茏挺拔的树木，见证着深圳与国际友城的友谊长青。近年来，深圳大力发展友城关系，积极拓展友城网络，加强友城务实合作，国际友城已扩展至 73 个，这些友城成为深圳对外开放的重要平台。2019 年 12 月，深圳市开启了深圳国际友好城市公园概念方案国际竞赛工作。这意味着在不久的将来，深圳中心公园将迎来又一次蝶变，在“国际化、绿色、简洁、亲和”的原则下，将成为兼具国际性和艺术性的主题公园，成为深圳对外友好交流的展示平台。

公园艺术雕塑众多，还不时开展大型公益活动，不断孕育着新的都市文化……在寸土寸金的城市中心，中心公园以生态的方式赋予公共空间绿色的想象力。它给城市带来的福祉不仅是为“热岛”注入清凉，更有精神的放松和抚慰。穿过华强北商圈的楼宇丛林，走进闹市中的深圳中心公园，哪怕是行色匆匆的赶路者也会不由自主地放慢脚步，穿越至静谧的世界。人们稍息、回首，等疲惫的灵魂跟上躯体，又精神抖擞地迈向征程。

Shenzhen Central Park: An Urban "Central Park"
Imitating the Practice of Nature

At the turn of the century, Shenzhen Central Park, located in the most prosperous area of central Futian District, opened to the public, who had been waiting in hope for a long time. Compared with some famous parks in the world, Shenzhen Central Park is still young, but its meticulous design and advanced concept are enough to ensure its advantages and local characteristics in the tide of internationalization. It is worth mentioning that Shenzhen Central Park, listed as the "No.1 project" of the Shenzhen Municipal Government in 1999, took only about 10 months from planning and design to official opening to the public, showing the amazing "Shenzhen speed" once again.

Behind the speed is the effective planning and utilization of existing conditions. The predecessor of the park is a 2.5-kilometre-long green median strip (800 metres at its widest) which connects Bijia Mountain Park to downtown Shenzhen, forming an urban ecological corridor. The ecological corridor creates a natural atmosphere in an urban area full of high-rise buildings and leaves unlimited possibilities for the later central parks.

This green strip has a large number of fruit trees. During the harvest season, the branches are laden with delicious Lingnan fruits, such as lychees, longans and mangos, beloved by the citizens, but there is also the problem of monotonous plant landscape. Four main roads (Fuhua Road, Shennan Avenue, Zhenhua West Road and Hongli Road) and Futian River naturally divide the area into eight areas which constitute the unique form of the central park today.

With the constant enrichment and upgrading of plant species, the park has become the "reception hall of nature" downtown, where people can have a cordial dialogue with nature in a modern city.

Shenzhen Central Park is also among the first batch of eight wetland parks in Shenzhen. Through "the Reclaimed Water (recycled water)" project of the Futian River, the park saves a lot of water every year by irrigating plants and cleaning public toilets with reclaimed water. Along the serpentine river, the banks are pure and untainted with traces of nature.

A "park in the park" adds more features to Shenzhen Central Park. Futian Memory Park reproduces the memory of the city with its narrative scenes. Walking in the maze of memories constructed by sculptures and old photos, the cattles, chicken houses, bamboo chairs of rural families and the groceries and repair shops in urban villages seem so far away and yet so close. It feels like you can hear the laughter in the old neighborhood, but when you look around, you can see the majestic modern skyscrapers. In the park, the past meets the present where the time and space are folded.

In the southeast of the Shenzhen Central Park, there is a Shenzhen International Friendship Cities Forest. The verdant straight trees witness the ever-lasting friendship between Shenzhen and its international friendship cities. In recent years, Shenzhen has made great efforts to develop friendship city relationships, actively expanding the network of friendship cities and strengthening practical cooperation. Today, Shenzhen has 73 friend cities, which are important platforms for Shenzhen in opening up to the outside world. In December 2019, Shenzhen initiated the international competition of the concept of Shenzhen International Friendship City Park. This means that in the near future, Shenzhen Central Park will usher in another metamorphosis. Under the principle of "international, eco-friendly, simple and cordial", the park will be an international and artistic theme park, becoming a platform to display Shenzhen's friendly foreign exchanges.

ATTRACTIONS

赏景观

福田国际友谊墙

这面墙言简意赅地介绍了 12 名荣获“福田国际友谊奖”的国际专家、学者、科研人士、企业家、慈善家的贡献。友谊墙的后方有鸾凤造型的“国际友谊奖”标识图案，寓意“筑巢引凤”。其前方还有大量留白，虚位以待更多将来建设深圳的外籍友人。这面纪念墙是对福田区现代化、国际化发展轨迹的记录，也表达着深圳人对国际友人的尊重和感恩。“来了就是深圳人”，这句话不只是对全国来深建设者发出的邀请函，也是伸向全球英才的橄榄枝。

雕塑群

从 800 米绿化带到深圳最现代化的城市公园之一，中心公园为城市中心提供的远不只有绿意，更处处承载着深圳的人文气质。来到中心公园的深南中路主入口，会看到一座大型雕塑《深蓝》，是 2000 年 10 月 9 日由休（美国休斯敦市）深（深圳市）姐妹城市委员会主席聂华礼先生率领的代表团一行 25 人到深圳访问时赠送，象征着相隔大洋的两座城市之间的深厚友谊；另一座醒目的大型雕塑《追求》，则是由深圳市的国际友好城市法国维埃纳省议会赠送。C2 区由德国赠送的雕塑《力量》，同样吸引着人们驻足。D2 区则伫立着印刻有洋紫荆的巨大雕塑，以纪念 1997 年香港回归祖国。

中心公园还有一座特别的白色雕塑——《真情英雄——深圳抗击非典医务人员》雕塑群，是为纪念 2003 年在抗击非典战斗中做出卓越贡献和巨大牺牲的深圳医护英雄的功绩而立的。除了这些具有纪念意义的雕塑，园内还有深受市民欢迎的“金色大蘑菇”，它的造型实为五棵大树，分别象征着长寿、多才、健康平安、崇尚美德和其命终善，名为“万福树”，寄托着人们朴素真挚的祝福。

记忆公园

身处现代化气息浓郁的城市中心，中心公园开辟了一片特殊的园中园，专门存放那些远去的福田记忆。背景是高耸入云的摩天大楼，眼前却是旧时小卖部、修理铺、村落……身边触手可及的是牛车、鸡舍、竹椅……还有如今在深圳仍能见到的城中村景象。它们以雕塑或老照片的方式提示着福田的前世今生。

DIVE IN
游公园

城市绿洲中与艺术约会

在这片自然与人文和谐交织的城市绿洲中，点缀着多件出自国内外名家之手的雕塑作品，让人不由驻足，一探究竟。除此之外，立足深圳本土的“深圳公共雕塑展”等艺术展览也会不定期在中心公园奉上视觉盛宴。倘若某天，你发现中心公园突然成了户外美术馆了，也不必过分惊讶。在大自然中与艺术约会，正是中心公园的一大魅力所在。

每年一度的大型航模展

每年，航模爱好者们都会相约深圳中心公园，在此放飞他们的航空梦想。参观者不仅可欣赏各类航模竞技赛，还可带上孩子一起，在小小飞行侠、火箭发射区、航天机型展等区域感受航天的魅力。

飞行大师
——蜻蜓

蜻蜓是最古老的昆虫之一，最早出现的蜻蜓化石可以追溯到两亿五千万年前。不过，它们的祖先翅展可以达到 1 米，但演化至今最大的也只有 20 厘米。

蜻蜓大部分生命都在稚虫期度过。稚虫水生，用直肠鳃呼吸，称为“水蚕”。潜藏在水底砂石泥土中，下唇特化为面罩折叠在头、胸部下面，捕猎时突然向前伸出，像一双手抓捕水中小生物。成虫更是优秀的猎手，它们视力极佳，一个复眼由 10000~28000 个单眼组成，半球形的复眼可覆盖近 360°的空间范围。

蜻蜓最出名的还是精湛的飞行技巧，它们能独立控制每只翅膀的运动，可以垂直、水平前后飞行，还能空中悬停和盘旋。最快的蜻蜓飞行时速可达 35 公里。

作为飞行大师，蜻蜓有独特的装备：翅端前缘有一块色深加厚的部位——翅痣，用来保护薄而韧的蜻蜓翅飞行时不致折损。人们向蜻蜓学习，仿照翅痣，在飞机机翼上也设计了加厚部分，解决了颤振问题，保证了飞机快速飞行时的安全。

黑尾灰蜻（*Orthetrum glaucum*）是中心公园常见的蜻蜓，几乎全年可见，雄性成虫通常覆盖蓝灰色粉霜，雌性身体黄褐色，快去分辨看看吧！

蜻蜓

CBD 间的鸟儿
——八哥和黑领椋鸟

都市给了野生鸟类前所未有的压力，同时也提供遮风避雨的建筑和唾手可得的食物。有些顽强、机智、适应能力强的鸟儿反而在都市中找到了更安逸的生活。

都市生存第一要义就是：胆大心细！要敢于接触大量陌生的事物，并逐渐习惯在人来人往的地方觅食，才能做一只合格的都市鸟。同时，当发现情况可能不妙也要懂得及时跑路。

八哥（*Acridotheres cristatellus*）和黑领椋鸟（*Gracupica nigricollis*）这一对“同科表亲”俨然是深圳 CBD 间的成功典范。它们在中心区的高楼大厦间来去自如，红绿灯上的八哥似乎还挺喜欢观看车水马龙。

八哥通体黑色，前额具簇状短冠羽，展翅飞行时，翅上的白斑格外显眼。它们常集群栖息在树林空地、垃圾堆、公园草坪等场所，性情活泼而喧闹。到了繁殖季节，树洞、建筑物缝隙，甚至公路指示牌铁架管道都能成为它们的筑巢场所，除了树枝、草茎、羽毛，塑料膜等垃圾碎片也能成为它们的筑巢材料。

黑领椋鸟头白色，眼后具明显黄色三角形裸皮，颈和胸部具宽阔的黑色颈圈。成对或集小群在公园草坪等绿地觅食，有时还与八哥混群活动。

随着城市化的推进，天然栖息地越来越少，鸟儿想要在大都市生活就必须习得更多城市套路，我们惊叹鸟儿的智慧，但也不禁觉得一丝悲哀。

植物的小心机
——再力花

中心公园有水的地方经常都能看到一种叶子很大很长的植物，它们就是被称作“水上天堂鸟”的再力花（*Thalia dealbata*）。

再力花原产于美国南部和墨西哥，后作为一种挺水观赏花卉被引进我国，广受南方城市人民的欢迎。再力花的叶片硕大，形似芭蕉叶，翠绿可爱；花朵紫红色，花序高出叶面，亭亭玉立。夏天站立公园水边，眼前便可见一片繁茂的再力花，顿感清凉，心旷神怡。

再力花外表清丽，其实暗藏“心机”。它有个有趣的机关：如果用一根细长的东西，伸进再力花的“花心”里面，很快就可以看见一根白色的东西“从外向内”快速卷曲，将探进来的东西夹得死死的。这是它的花柱，用主动出击的方式将自己的花粉沾在钻进来的小动物身上。但有时，一不小心用力过猛，一些小虫子就莫名丧命于此，所以其花心里面常有小虫子的尸体。

NEAR BY

逛周边

中心公园呈南北向分布，连接了福田区最为密集的商业区。其附近交通便利、购物场所集中，兼有美食天堂，有时间的游客不妨去探寻一下周边的风味小吃。

附近的上海宾馆荣膺“深圳十大历史性建筑”之首，其因特殊的地理位置而享有“深圳坐标原点”之称，承载了无数深圳人的记忆，记录了一个时代的芳华。

作为全国乃至全球最大的电子产品集散地，深圳华强北长期以来被誉为“中国电子第一街”，如果你对新兴科技、智能设备感兴趣，一定不能错过这里。

体验城市好生活
灵感碰撞之地

附近好去处

- ☑ Huaqiangbei (Commercial District)
  华强北
- ☑ Shopping Plaza
  购物广场
- ☑ Shanghai Hotel
  上海宾馆
- ☑ Gangxia Cun
  岗厦村
- ☑ One Palace
  深圳中心·天元

儿童乐园

Shenzhen Children's Park

占地面积

X25

公园面积：18.2 公顷

1 大门

2 摩天轮

3 科普馆

4 王子船

5 植物迷宫

6 楼兰古城

北
2 摩天轮
1 大门
4 王子船
CHILDREN'S PARK
农林路
竹香一路
生态环境
草坪
平原林地
功能配备
展馆
自然教育中心
停车场
跑步道
周边交通
地铁可达
洗手间
亭子
入口

儿童乐园

陪伴孩子成长的绿色乐园

地址：福田区农林路 71 号

早在 1987 年 6 月，深圳的公园建设者们就为孩子们准备了一份特殊的“儿童节”礼物——历时四年建成的深圳市儿童公园在罗湖区正式对外开放。它虽是当时面积最小的市政公园，但其中绿树成荫，花繁叶茂，童趣雕塑，以及公园里为儿童而设的多种游乐项目，温暖了一代代人的童年记忆。2011 年，又一座以少年儿童为主要服务对象的公园在深圳市的安托山畔、侨香路南诞生——让孩子们兴奋的是，它的规模更大，内容更加精彩，它如一艘载满童年梦想的大船，带着他们开启华丽的冒险。

瑞士著名儿童心理学家让·皮亚杰的研究表明：运用环境中的色彩、质感、物体形态等刺激手段可促进儿童与环境的交流。这个占地 18.2 万平方米的狭长地带，公园设计者以“孩子们的绿色乐园”为主题，让孩子在大自然的环境中快乐游戏、发挥创意、了解自然、修炼个性。场景营造中处处体现儿童本位的用心，满足不同年龄阶段儿童的成长需求。

全园采用复合式设计理念，由“童话世界”“卡通游乐场”“科普与素质教育基地”“城市公园”等四大主题组成。其中“童话世界”将童话世界与梦幻般的大自然场景相结合。“科普与素质教育基地”是将科普教育融入美丽奇妙的自然环境。“城市公园”则强调生态自然的景观风格与开放、自发的城市公园游览模式。

水上乐园区有多个与水相关的游戏活动。“激流勇进”“王子船”“逍遥水母”等游乐设施与童话故事“海的女儿”中的场景契合，激发着孩子的想象力。卡通游乐区是低龄儿童的欢乐海洋，他们随小鱼贝比潜入斑斓世界，在安全又开放的游乐场中随兴而行，四周环绕的绿地又为其开辟出

奔跑嬉戏或林下休憩的空间。自然探秘游乐区则是大孩子的冒险乐园，在“植物迷宫”中嬉戏，犹如奔赴一场“绿野仙踪”式的旅程。对 6~12 岁的孩子而言，水泥管交错排列的“迷雾广场”等为其提供了新奇有趣的游戏体验，更不用说在黄土夯筑的“楼兰古城”上，酣战一场，尽情撒欢，释放天性。

有别于一般的商业游乐场，儿童乐园还多了一份道法自然的绿意营造，园内绿化面积高达 82.04%。丰富的植物景观让游玩者如同置身于大自然的怀抱，也为孩子们搭建了开展生态教育的户外平台。嬉戏之余，抬头但见盆架子、木棉、美丽异木棉、凤凰木、红花紫荆等高大乔木与你点头微笑；身旁的红绒球、四季桂、双荚槐、海芋、簕杜鹃、蒂杜花等灌木植物仿佛触手可及；脚下，龙船花、蜘蛛兰、红萼龙吐珠、马尼拉草、大叶油草等植被接踵而过。与自然精灵的美丽邂逅，也在潜移默化间激发出孩子热爱自然、尊重生命、保护环境的行动，使其在电子娱乐产品泛滥的今天得以远离“自然缺失症”的困扰。

苏联教育家苏霍姆林斯基认为：“大自然乃是‘儿童思想’的发源地。”回归自然，同样是生命本能的呼唤。在这处童心盎然的绿洲中，游戏与自然的抚慰，让疲惫的心灵重拾活力，让我们在孩子的微笑中重遇童年的自己。

Shenzhen Children's Park: A Neverland of Nature

As early as June 1987, park builders in Shenzhen prepared a special "Children's Day gift"—Shenzhen Children's Park, which took four years to com3plete, was officially open to the public in Luohu District. Although it was the smallest municipal park back then, its green trees, luxuriant flowers and leaves, sculptures interesting for children as well as a variety of recreational activities created wonderful childhood memories of generations. In 2011, another park targeted on children was built by Antuo Mountain, to the south of Qiaoxiang Road in Shenzhen. To the children's excitement, it is bigger and more exciting. It is a boat full of childhood dreams, taking children on a gorgeous adventure.

According to the research of Jean Piaget, a famous Swiss child psychologist, stimulative methods, such as colour, texture and shape in the environment, can enhance children's communication with the environment. The park, covering a long and narrow area of 182 thousand square metres, is designed with the theme of "children's green paradise" so that they can have fun, cultivate creativity, understand nature and nurture personality in a natural environment. In scene construction, the idea of putting children at the centre is embodied everywhere to meet the needs of children of different ages.

The park adopts a compound design concept, which consists of four themes: Fairy Tale Land, Cartoon Playground, Popular Science and Quality Education Base and City Park. Among them, Fairy Tale Land combines a fairy tale world with dreamlike natural scenes; Popular Science and Quality Education Base integrates popular science education with a wonderful natural environment; City Park emphasizes on the ecological and natural landscapes, promoting an open and spontaneous tour mode for city parks.

Unlike commercial parks, Shenzhen Children's Park also creates a green space by following the practice of nature. Green areas take up for as much as 82.04% of the park. The abundant green landscapes make visitors feel as if they are in the arms of nature, and provide an outdoor classroom of ecological education for children. While playing, you can see tall trees such as blackboard trees, cotton trees, silk floss trees, flame trees and Hong Kong orchid trees nodding and smiling at you; beside you, there are red powder puffs, rambling sennas, giant taros and Rhododendron azaleas within your reach; beneath you, Chinese ixoras, spider orchids, glorybowers, Manila grasses, broadleaf carpet grasses and other plants are tickling your ankles. The beautiful encounter with natural spirits can also inspire children to love nature, respect life and protect the environment, which helps them stay far away from the "nature deficiency" problem against the backdrop that electronic entertainment products are ubiquitous.

ATTRACTIONS

赏景观

游乐设施

不同于一般的室内游乐场，来儿童乐园玩耍还可亲近自然，沐浴阳光，进行户外运动。

这里的“双层转马”“花篮观览车”“海盗船”等机械类游乐项目，设计合理、主题健康，其中“小火车”“交通城”与“鲨鱼岛”3个适宜低龄儿童游玩的项目还实行免费开放；此外，园内还有组合滑梯、跷跷板、摇马、秋千和攀爬类游乐设施等非机械类游乐设备，以返璞归真的方式为孩子们创造童年快乐。

两馆、一室、一中心

除了游乐设施，儿童乐园还有展览馆、科普馆等“两馆”常年展示深圳常见鸟类和园区植物图片，以及小朋友们的精彩画作。

周末，园内会开放“一室、一中心”，即儿童放映室、自然教育中心，用于观影和举办自然教育活动，此处还经常举办面向儿童的自然绘本阅读、手工制作等活动，既能增进亲子感情，又富有教育意义，寓教于乐，增进人们对自然的了解。

DIVE IN
游公园

自然观察亲子乐

园区内栽种了多种多样、形态各异的植物，除了能让孩子学会辨识不同种类的植物外，还能刺激孩子对色彩、时间等概念的感受。家长朋友们可以在不同季节带孩子前来观赏这些植物精灵，并尝试共同绘制自然笔记。

日光下的幻术师
——变色树蜥

人们对变色龙都有耳闻，其实我国并没有变色龙的自然分布。但有一种同样具有变色能力的蜥蜴，离我们还很近。它就是变色树蜥（*Calotes versicolor*），在深圳广泛分布，小朋友们在儿童乐园就有机会遇到，不过与变色龙那样五彩斑斓的变色技能相比，它的变色能力还是略逊一筹，很多时候只是变成橘红色。

变色树蜥常常在公园的灌丛枝头晒太阳或捕食。它们由于没有发达的牙齿，捕捉到猎物后会直接整个吞下。它们白天长期暴露在开阔的环境，却能避开鸟类等捕食者，因为它们的左眼和右眼都能独立活动，可以观察到各个角度是否存在威胁。晚上趴在树枝上休息时，它们的头部朝向植物主干，尾巴向外，这样当捕食者沿着树干靠近时它们就能及时发现，并掉落到地面迅速逃离。

在繁殖季，成年雄性爬到高处，展开华丽的变装：前段躯干由平时的暗灰色，转为鲜艳的橘红色，面颊下方两侧也出现一对黑色斑块。雄性昂首突起喉囊，频繁点头以吸引附近雌性的注意。变色除了吸引异性，还可以恐吓同类或天敌。

变色树蜥

自然界的“天才裁缝”——长尾缝叶莺

儿童乐园里，时常有小鸟发出非常响亮的“che-che-che…”的叫声，一叫就停不下来，这是长尾缝叶莺（*Orthotomus sutorius*）在叫，它们也是深圳最常见的留鸟之一。

它们的体长只有 11 厘米左右，非常娇小，身体橄榄绿色，额头红棕色，像戴个小红帽，喜欢在灌丛中或小树上活动。

长尾缝叶莺有着高超的“缝纫”才能，这一点从它的名字中就可以看出来。在繁殖期，它们能用尖细喙在叶子的两侧啄出数个小洞，再用韧性较强的蜘蛛丝或者植物纤维把叶片缝起来，像人类用针线把布料缝成衣服一样。

缝起来的叶子呈漏斗状，长尾缝叶莺会在其中建造一个小巧的杯状巢，再在里面产卵、孵卵和育雏。这样的鸟巢结构，不仅能防止风雨飘进淋湿鸟巢，而且不容易被天敌发现。

绝大多数鸟类，都会筑巢繁殖，但拥有如此高超“缝纫”技能的鸟类并不多。长尾缝叶莺可谓是自然界的“天才裁缝”。

长尾缝叶莺

长尾缝叶莺的巢

羊蹄甲

靠自己旅行的种子——羊蹄甲

就像古时候的帝王会把子孙分封到各个地方，扩展自己的领土一样，植物结的很多种子也不能都在母树身边，它们也需要分散去不同的地方发展。

植物种子的传播方式大概有四种：靠风力传播的种子，一般有翅或种毛；水力传播靠的是可浮性；通过动物传播的或者被食用，或者具有黏性；那些不能“善假于物”的植物只好自力更生，想办法把自己的“孩子们”送出去。

在儿童乐园里面就栽种着一种典型的自力更生的植物，这就是华南地区常见的羊蹄甲（*Bauhinia purpurea*），因为叶片形状像羊蹄而得名。二三月份果实成熟后，果皮慢慢干燥，缝合线因果皮的张力而开裂，在不借助外力的情况下，木质的果瓣扭曲，将种子弹出，把种子送去远方。

老茎生果
——菠萝蜜

菠萝蜜（*Artocarpus heterophyllus*）是华南地区很常见的一种水果，同时也是城市绿化中常见的一种植物。

我们熟悉的苹果、柑橘等，一般果树开花和结果都是在外围的枝条上。但是菠萝蜜有点不一样，它的果子结在大树枝或者粗大的树干上，甚至能结在接近地面的树干基部。

“老茎开花结果”是植物在进化过程中逐渐适应生活环境而形成的生物现象。因为菠萝蜜原本生长在热带雨林，这种生长环境中高大的优势乔木很多，而处于中下层的菠萝蜜无法与高大植物争夺阳光，让鲜花高占枝头，它们只好把花朵开在老枝和树干上，那里比较空旷，花朵更容易被昆虫发现和光顾，从而获得更多的授粉机会，有利于繁衍后代。另外菠萝蜜那可达 20 公斤重的果实也只有比较粗壮的树干才能承受得住。

菠萝蜜

香蜜公园

Honey Park

占地面积

X59

公园面积：42.4 公顷

1. 大门
2. 婚礼堂
3. 自然展览厅
4. 空中走廊
5. 水塔
6. 儿童游戏场
7. 玫瑰园

北

生态环境

草坪 湿地 山区林地 湖泊水库

功能配备

展馆 停车场 服务站 儿童友好 自然教育中心 跑步道

周边交通

地铁可达

洗手间 亭子 入口 停车场

香蜜公园

馥郁花香见证人生甜蜜时

地址：福田区农园路 30 号

香蜜公园是个年轻的公园，但“老深圳人”对它的深厚感情由来已久。它的前身是深圳市农科中心科研生产用地和鲜花、盆栽、种子销售和展览的集散地。20 世纪 80 年代初，中心科研人员从国内外引进一批名贵、珍稀园林植物，在此形成引种植物标本园。其中有 3 株檀香紫檀堪称“镇园之宝”，系国内最早由印度引入试种的一批，树木规格也是国内最大。另有顶果树、锡兰肉桂和大黄栀子等树木，其规格和树龄在华南地区乃至国内都属罕见。园中的白沙岭荔枝山同样闻名遐迩，种植了大片的红皮大糯，曾经发展成深圳市名优荔枝基地。20 世纪 90 年代，这里成为花卉销售市场和餐饮场所。从科研场所、甜蜜果林到垂钓池塘、花卉贸易……这片场域几经变迁，离不开花果飘香，也承载了几代深圳人的集体记忆。

美国风景园林大师西蒙兹认为：“成功的设计开始于因地制宜，以满足用户需求为最终目标。”香蜜公园在筹备伊始，便“开门问计”，力求回应深圳人对这片场域的集体记忆，又以市民需求为先来完善它的美观度和功能性。由此还催生出全国第一个关注公园品质提升和管理优化的社会组织——公园之友。它将各领域专家、社会公众、运营团队和设计师聚集一堂，为公园的建设、运营出谋划策。在设计前期，举办了“我心中的香蜜公园”绘画活动，请 62 个周边社区家庭参观了项目基地，孩子们在现场画出心目中期待的香蜜公园未来景象。经过三年匠心建设，2017 年 7 月正式开园，孩子们画出的亭、桥、小溪、游乐场、足球场等在公园建成后也确实都配置了。

香蜜公园的建设以保护生态为最重要的原则之一，首先对原有植被状况进行了详细的调查，以求在建设中尽量保留，建成后的香蜜公园对原有植物的保留超过了公园总面积的 50%。在以植物为线索，规划设计出运动休闲、山林果园、生态水系、花卉生活四大功能区后，又以“低冲击”的模式“编织城市文化”，利用休闲步道、生态水系和空中栈道等纽带，将几大功能区连接，实现“过去与未来”“公园与城市”“景观与生活”等多重元素的融合。深圳已经入选国家第二批海绵城市建设试点城市。香蜜公园便是深圳海绵城市建设的重要载体之一。园中利用原有冲沟设计的“生态旱溪”，在降雨期间可滞水蓄水、净化水体，在枯水期则以景石、卵石和各种植物等构成景观。诸如此类的生态巧思在香蜜公园比比皆是。

香蜜公园还曾引发了很多新人对福田人的“羡慕”。福田婚姻登记处就在公园里碧波荡漾的花蜜湖畔，被月季花海紧紧围绕。更有中式、西式婚礼堂，一个正红，一个洁白，让新人的领证之旅变得像度蜜月一样甜美！这里一时间被称为“中国最美婚姻登记处”，成为“网红”，引来打卡无数。

祝愿爱情细水长流的还有园中潺潺而过的河溪。香蜜公园位于塘朗山和龙顶山向深圳湾过渡的山海过渡区域，历史上曾有 2 条南北向的河流——莲塘溪和龙颈河流经此地。香蜜公园中的水景重新唤醒了人们记忆中的河流，它随地形蜿蜒曲折，时宽时窄。经深潭，绕浅滩，这奔流的生命时而平静，时而欢快，犹如卡农的旋律，让幸福感回旋在人们的身边。

甜蜜浪漫之余，香蜜公园也是体育爱好者的乐园。园内分布着 3 个足球场、6 个篮球场和 7 个网球场，高品质跑道穿梭于繁花之间。建成之后，这里便成了周围社区居民喜爱的运动健身场所。还有多个儿童游戏场色彩缤纷，兼具趣味性和安全性，让小朋友们也爱上香蜜公园。“如果把设计视为一种书写，香蜜公园希望给人留下深刻印象的不是局部的修辞或辞藻，而是具有高度复杂性的混沌整体——难以言说，无法预料，充满魅力。”这是香蜜公园设计者的先锋设想，“接下来的书写权交给公众。公众对场地的理解、使用和再利用一方面丰富了个体在城市中的文化经验，一方面作为无数个微小的因子之一促进了自组织的混沌系统的生成，共同创造了充满生机、令人着迷的文化多样性”。每年的香蜜公园文化季正是在带动公众续写香蜜公园的自然、活力与欢乐，也让香蜜公园不止做一时的“网红”，更成为游人恒久的记忆。

站在香蜜公园的空中栈道上，面前满是水波和绿意，背景却是流光溢彩的高楼大厦，城市的激昂与悠然的诗意相互交织。香蜜公园，让馥郁的花香伴随一个个甜蜜的时刻，定格在人们的相册。

Honey Park: Floral Fragrance as the Witness to Happy moments of Life

Honey Park is a young park, while Shenzhen natives have a longstanding deep affection for it. It was once a research base of Shenzhen Agricultural Science Centre as well as a former trading centre for the sale and exhibition of flowers, bonsai, and seeds. In the early 1980s, researchers imported many precious and rare ornamental plants, creating a sample garden of introduced plants. There are three red sandal trees called "the treasure of the garden". They are among the first batch introduced from India for trial and the largest ones nationwide. Other trees here include pink cedars (*Acrocarpus fraxinifolius*), caylon cinnamons (*Cinnamomum zeylanicum*), and Gardenia sootepensis Hutchins, whose size and age are rare in South China and even the whole country. Baishaling Lychee Mountain of the park is famous for having a large area of the lychee variety named "Hong Pi Da Nuo" in Chinese (which means "big red-skin Nuomici, a whited dessert"), and once developed into a base for high-quality lychees in Shenzhen. In the 1990s, the park became a flower market with many restaurants. From a scientific research site to sweet fruit orchards and fishing ponds, and to a flower market, this field underwent several changes and was always accompanied by the fragrance of flowers and fruits. It carries the collective memory of several generations of Shenzhen people.

The construction of Honey Park took ecological protection premier principle. Firstly, the original vegetation was investigated in detail to retain as much ecosystem as possible in construction. As a result, 50% of the original plants are preserved. Then with plants as the clue, the park planned and designed four functional areas of Sports andLeisure, Mountain Forest and Orchard, Aquatic Ecosystem and Flower Field. It also applied the "minimum impact" concept to "weaving the urban culture", using leisure footpaths, the aquatic ecosystem and overpass plank roads to connect the functional areas and integrate "the future into the present", "the park into the city" and "landscapes into life". Shenzhen has been listed in the second batch of pilot cities for National Sponge City (a city designed to passively absorb, clean and use rainfall in an ecologically friendly way that reduces dangerous and polluted runoff) construction project. And Honey Park is an integral part of sponge city construction in Shenzhen. In the park, the "ecological dry streams", designed from the original gullies, can store and purify water during the rainy season, while landscape stones, pebbles and various plants form the scenery in the dry season. Such ecological ideas can be found everywhere in Honey Park.

In addition, many newlyweds "envy" Futian residents for that Futian marriage registry is located right in Honey Park, beside the rippling honey lake, surrounded by a sea of Chinese roses. Furthermore, it has a wedding hall of The Western style in white and another one of the Chinese style in red, making newlyweds' journey of getting the marriage license as sweet as the honeymoon. For a long time, it was known as "the most beautiful marriage registry in China" and became a "popular spot" through the internet, attracting countless people to come.

Standing on the overpass plank road of Honey Park, with water waves and green views in the front and gorgeous high-rise buildings in the back ground, you will feel the city's passion interweaved with idyllic poetry. In Honey Park, the floral fragrance has been kept in people's albums together with their sweet moments.

ATTRACTIONS
赏景观

空中走廊

深圳的树木四季繁茂，多有着挺拔的身姿和巨大的树冠，每个深圳人都曾抬头仰望过一棵大树，它如美丽又沉默的邻居。登上香蜜公园的空中栈道，你可以换个角度认识身边的树朋友：沿着蜿蜒的栈道，在 10 多万平方米的荔枝林树冠层穿行而过，但见一团团绿云在你的脚边弥漫……

花香湖与花蜜湖

花香湖与花蜜湖原为此地两处老旧池塘，曾供市民垂钓休闲，建设时利用场地北高南低的地势，将两处旧池塘连通后改造扩建成现在的花香湖与花蜜湖。两湖充分利用原有地势特点，隔桥相连，融“渗滞净蓄用排”六大功能，是公园的核心景观，并对城市周边地区的雨洪管理和防洪防涝起到积极作用。以花为名，香蜜公园也确实花香满溢。香蜜公园近 8000 平方米的玫瑰园内，有数十种形色各异的月季，冬末春初是花儿们开得最好的季节，满满的花朵像浪漫花海一般把游人温柔融入怀抱。除了观赏标志性的月季花，园内的洋紫荆、黄花风铃木、木棉、木槿、荔枝花等也让公园里四季花开不断，时时营造着香蜜的浪漫气氛。

儿童图书馆、文学院与自然书吧

空中走廊的一端尽头，是位于香蜜公园最高处的自然展览厅，展厅建筑以钢结构和全玻璃立面为主，形成整体明亮通透的感觉。这座被绿意围绕的建筑，福田区儿童图书馆香蜜分馆和艺文儿童文学院已入驻，既可以让游人享受在自然中阅读的乐趣，也是孕育未来文学家的摇篮，更是举办各种展览讲座的好地方。

此外，在公园的游客服务中心附近还有“自然书吧”，这里已经举办过多次高水平的自然教育活动和植物画展览。可见，香蜜公园不只是可以游览拍照打卡的网红公园，更是知识与科学汇聚的教育基地。

儿童游戏场

香蜜公园为孩子们设置了小蝴蝶游戏场、糖果游戏场、石溪游戏场、小荔枝游戏场四个游乐区，五彩缤纷的用色、精心设计的玩法和对儿童友好的设计，处处体现深圳市对儿童的关爱，也确实受到了小朋友和家长的欢迎。

婚礼堂

来到香蜜公园，外围大红色的 Honey Park 字样让人没法忽视整个公园的“甜蜜”基调。在花蜜湖畔，喜气洋洋的正红色中式婚礼堂与圣洁庄重的纯白色西式婚礼堂相映成趣，玫瑰园的锦簇花团紧密围绕着两处婚礼堂，幸福感扑面而来。福田区婚姻登记处就设在香蜜公园内，领完证的新人可分别在中、西式婚礼堂拍下甜蜜一刻，或者携手去玫瑰园诉说爱的絮语。此处也被称为“中国最美婚姻登记处”。

DIVE IN

游公园

夏日缤纷音乐节

2018 年，香蜜公园成功举办了第一次“夏日缤纷音乐节”，而后成为每年夏季的保留节目。主办方不仅为公众精心准备高水平的文艺演出，还着力增加与市民的亲切互动，如 2018 年公开征集与公园有关的作品，2019 年的香蜜“爱”邮筒投递活动，体现着共治共享的公园管理理念。

中国传统文化展及雅集

香蜜公园游客服务中心一楼展厅常年举办中国传统文化展及雅集，为传承弘扬发展中华优秀传统文化做出贡献。2017 年 7 月开园至今已成功举办艺术展览 45 次，雅集 38 场，参与市民游客约 6 万人。其中著名展览有中国著名画家华君武、朱屺瞻、王子武、李世南及剪纸艺术家倪秀梅、中国著名诗人海上先生的作品展。2020 年春节，深圳平面设计师为香蜜公园集体创作百幅“春”字，深受游园市民喜爱。著名洞箫演奏家谭宝硕先生和古琴演奏家袁中平先生、古埙吹奏家范睿和年轻古琴家孙孝雨等在此与游人共度节日及雅集。

痛快挥洒汗水

也许是香蜜公园的栈道、花海、婚礼堂等等网红点颜值太抢眼，让很多人忽略了它还拥有设施齐全实用、高水平建设的运动场所。这里的 3 个足球场、6 个篮球场和 7 个网球场，以及舒适多样的跑道，可以很好地服务周边居民和游人。在香蜜公园不只可以用眼睛看美景，换上运动鞋，拿上装备，在如此高颜值、环境优美的公园里运动也是一件乐事。深圳白天气候炎热，人们更爱在夜晚聚集在这里，夜跑、打篮球、健身，来香蜜公园痛快挥洒汗水，开启健康生活吧！

六一儿童创客节

香蜜公园“六一儿童创客节”自 2018 年起每年六一在香蜜公园举办，是具创新、创意的国际创客项目。活动主题为“趣味创客，自然科学”，两年来服务香蜜湖社区及周边城市 20000 以上民众，为大小朋友们在香蜜公园创造了美好的家庭记忆，受到了社会各界及国内外媒体的关注。

水边的大嘴渔翁
——白胸翡翠

留心香蜜公园的湖边，或许能见到一只长着厚嘴唇的鸟儿，或静立树枝或“嗖”地飞过眼前。白胸翡翠（*Halcyon smyrnensis*）长着硕大的脑袋，红色的嘴巴在翠鸟家族中也算比较大的，此外还长着小短腿。翠鸟家族颜值都很高，白胸翡翠以喉、胸雪白的颜色引人注目。它们头、下体的栗色在翠鸟家族中也不寻常，下背到尾部的覆羽则像它亲戚一样是标志性的亮蓝色。

白胸翡翠多单独活动，性情活泼喧闹，爱贴着水面疾飞，常边飞边叫，叫声尖锐而响亮。在水边的枯枝或树上，常常可见白胸翡翠一动不动地凝视着水面，它们是凶猛的捕食者，轻微波动都难逃其锐利的眼睛。当发现猎物后，白胸翡翠以闪电似的速度俯冲插入水中将猎物捕捉，而后停留在附近树上进食。如此出色的捕猎本领，得益于白胸翡翠极佳的视力，它们的眼睛在进入水中后，能迅速调整水中因为光线造成的视角反差。

白胸翡翠

巨肺歌手
——花狭口蛙

“嗯——嗡、嗯——嗡”，夜晚的香蜜公园传来声声如同牛叫的巨响，跌宕起伏。循声而去，原来这“男高音”正趴在下水道和小水坑里。这是花狭口蛙（*Kaloula pulchra*），身体呈三角形，皮肤光滑，背面散布小圆疣，有“八”字形镶深色边的棕黄色带纹，此时正用最响亮的声音呼唤伴侣。

每年 3 月到 6 月是花狭口蛙的繁殖季，雄蛙通常在暴雨后的低洼积水坑聚集，四肢自然张开，漂浮在水面上，吸入空气，使声囊鼓起，如吹气球一般夸张，发出巨大的鸣声，水面也震荡起相互交错的粼粼波纹。有些小机灵鬼儿还知道利用下水道封闭环境的共鸣效果，让自己的声音听起来更大。

花狭口蛙的卵群会成片一粒粒浮在水面，数量可达 4000 粒以上，经 24 小时孵化出小蝌蚪，20 天左右就发育为幼蛙，这样在临时积水坑干涸之前就能完成变态自由活动，这是大部分蛙类没有的本领。

花狭口蛙的大嗓门在繁殖季可能会给附近居民带来一些烦恼，不过大部分时间里，它们都是在默默帮助我们消灭蚊虫，总的来说还是个好邻居。

花狭口蛙

翠芦莉

异域兰花草
——翠芦莉

“我从山中来，带着兰花草。种在小园中，希望花开早……”这首歌陪伴了一代又一代人，兰花草成了人们心中美好的意象。

歌曲中的兰花草原生于人迹罕至的幽静山谷里，十分金贵，因此“我”每天朝思暮想盼花开。另一种来自异域的兰花草则亲民得多，香蜜公园的水边就种着一大片。它们开着蓝紫色花朵，来自墨西哥，有个非常淑女的名字——翠芦莉（*Ruellia simplex*）。

从地上捡起一朵凋落的翠芦莉花，打开花瓣后你会发现里面的花丝“四兄弟”两个高两个矮。同一个花朵中的花丝为什么要有高有矮呢？这就是大自然的精心设计，不同高度的雄蕊的散粉时间不同，总体持续时间就更长，能够提高碰到成熟雌蕊的概率。

翠芦莉有较长的花期，从 4 月到 11 月都能观赏到，清晨阳光还不强烈的时候最适合观赏。

岁月静好的小鸊鷉

香蜜公园的湖中，有一种“小鸭子”悠然游荡。其实，这是小鸊鷉（pì tī）（*Podiceps ruficollis*）。有趣的是，当你注视着它们时，它们可能突然就消失在视线中，让人以为出现幻觉。原来，这是一种潜泳高手，经常潜下水取食或者躲避危险。

小鸊鷉的外形很好辨认，在繁殖期，头顶为黑褐色，脸颊为栗红色，非繁殖期则转为浅灰色。它们的喙基部有一个黄白斑块，是辨识特征。它们体形小，体长约 26 厘米，远远小于一般的鸭类。

小鸊鷉为水而生，后腿的着生位置比较靠后，游泳时，看起来就像甲鱼一样，因此北方人民给它起名“王八鸭子”。脚趾间有瓣蹼，既能在水中潜水和快速游动，捕捉鱼虾为食，又能在水面上凌波微步，敏捷异常。不过，一旦离开了水，小鸊鷉就成了“软脚虾”，它的脚掌构造不适宜在陆地行走，步履艰难。

繁殖期，它们会在水中搭建浮水巢用于孵卵。当小鸟孵出后，就可以跟随父母活动，自由觅食，小鸟时常还会爬上爸妈的背部，躲在松软温暖的羽毛中取暖，场面十分温馨。

荔枝公园

The Lychee Park

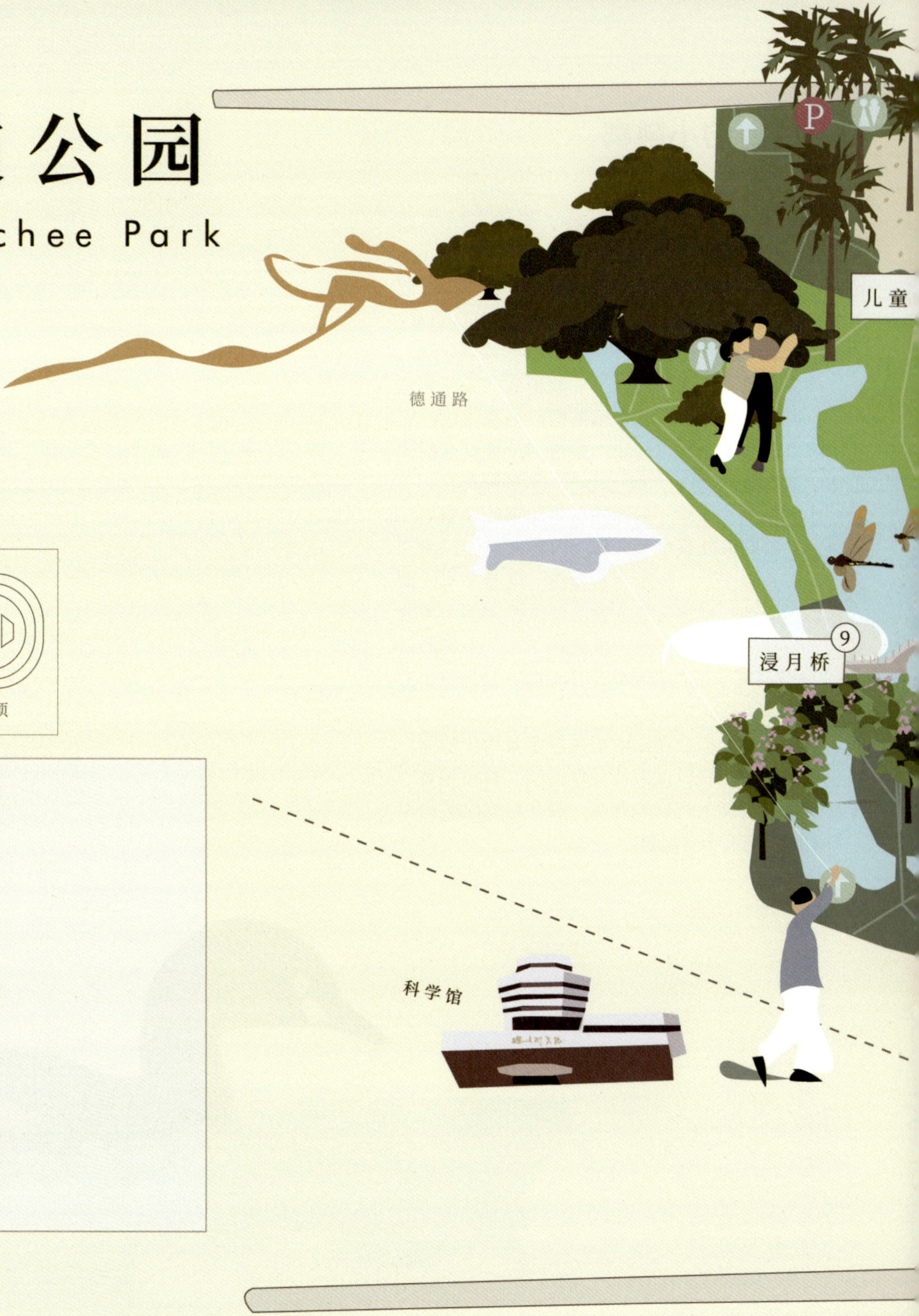

占地面积

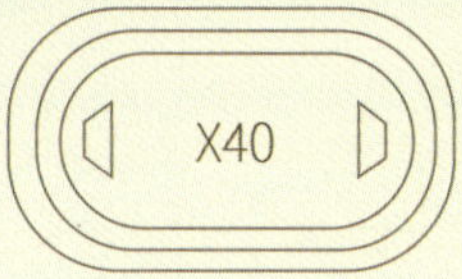

公园面积：28.8 公顷

1. 邓小平画像
2. 揽月桥
3. 鹤岛
4. 掬月亭
5. 儿童游乐场
6. 东大门
7. 荔香阁
8. 北门大草坪
9. 浸月桥

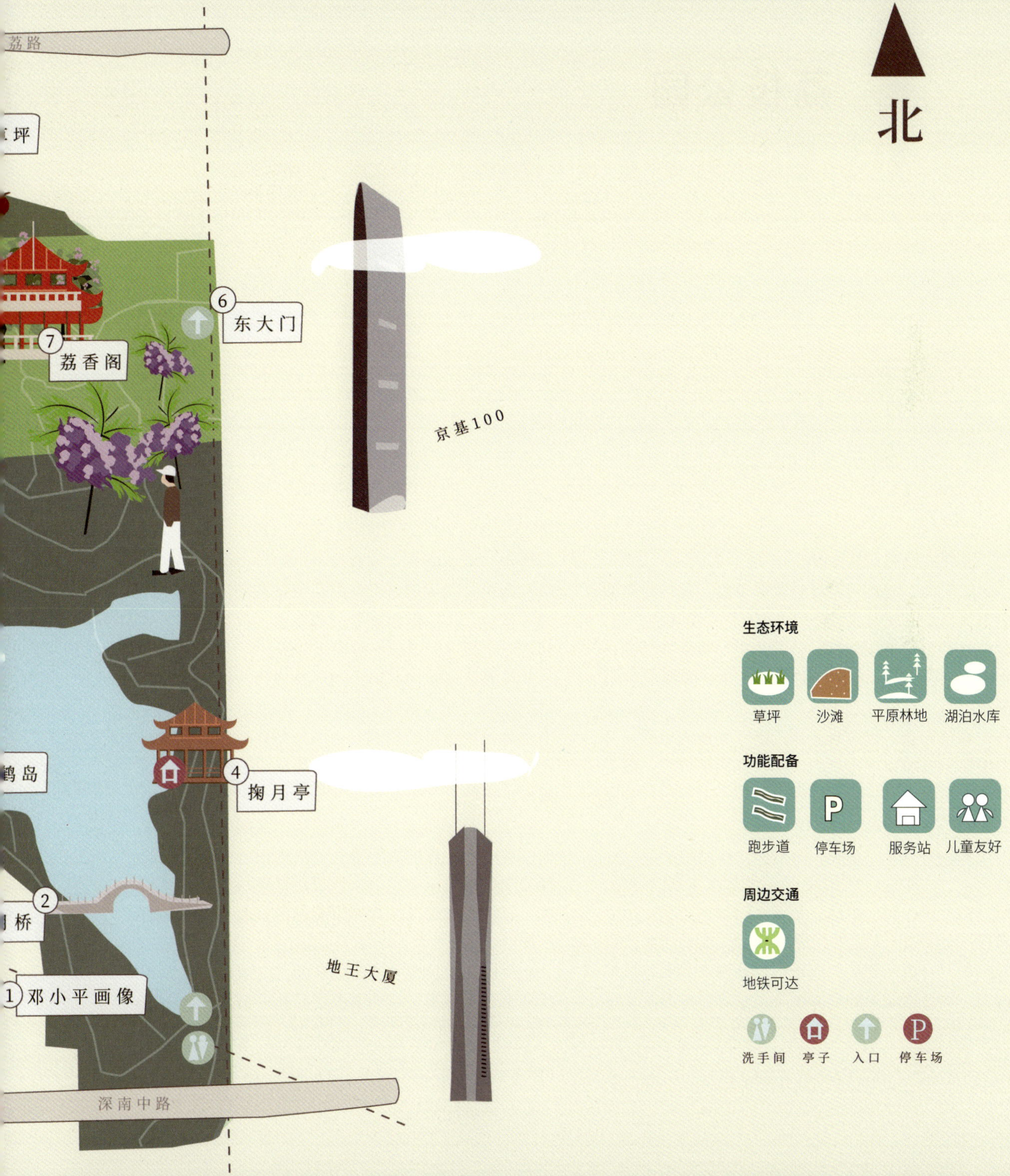

荔路
坪
北
6
东大门
7
荔香阁
京基100
鹤岛
4
掬月亭
2
桥
1
邓小平画像
地王大厦
深南中路
生态环境
草坪
沙滩
平原林地
湖泊水库
功能配备
跑步道
P
停车场
服务站
儿童友好
周边交通
地铁可达
洗手间
亭子
入口
P
停车场

荔枝公园

荔枝林中的诗意家园

地址：福田区红岭中路 1001 号

深圳的夏天，荔枝飘香。

在深圳，随处可见荔枝树的身影。荔枝树也深受市民喜爱，成为深圳第一“市树”，而荔枝公园，最能体现它的市树地位。公园历史与特色皆与荔枝相关。1982 年，城市的建设者在 500 多棵原生荔枝树林与一片低洼稻田的基础上挖湖筑亭、造桥铺路、栽花布景，以“雅、幽、静”为造园思想，开辟出这一方城市净土。园内荔枝树蓊郁成片，数量之多、树龄之大，令人惊叹。每年六七月份，公园里便荡起绿海红云，空气中充满甜蜜的气息。

从空中鸟瞰，荔枝公园形如一片飘落于尘世的叶子，一半湖水，一半植被，组合成层次丰富的绿意。亭、台、楼、阁、水榭、花廊、石桥、竹径、小平画像广场等 20 多处景点点缀其间，由长达 6 公里的石径、小道串联。园内建筑以岭南古典园林风格为主，黄瓦掩映在碧波绿影中，色彩分外鲜明；小桥流水，古典雅致。在整体设计中，公园里也不乏西方现代公园中的草坪空间，这是公园设计思想中的“留白”，让植物景象虚实有序，也为游园者开展多元化的户外活动提供更多可能。

与荔枝公园同期建设的还有周边几座大型公共文化设施。20 世纪 80 年代初，深圳市掀起了第一个文体设施建设的高潮。中国改革开放先锋城市的建设者们，以富有前瞻性的眼光预见：没有文化的城市，不能称之为城市。这大力推动了深圳博物馆（老馆）、深圳图书馆（老馆）、深圳大剧院、深圳体育中心、深圳大学等八大文体设施的建设。荔枝公园与其中三个比邻，以自然景观与植物造景给每一位游园者启发，为城市文化提供着更开放的展示舞台。

荔枝公园被誉为“诗词名园”，园中的荔园诗社常有诗人雅集，诗词书画作品之多形成了一个诗

词长廊，让城市多了一份文化的温度。这里也承载着人间烟火的美好：老人们在这里下棋，青年们在这里跳舞，孩子们享受着划船玩闹的快乐。荔枝公园的舞台向所有人敞开。

公园的自然景观也值得玩味。苏铁科、棕榈科、南洋杉科、桑科、木棉科、杜鹃花科、百合科、天南星科、鸢尾科、睡莲科等富有南亚热带风情的植物在这里恣意生长，即使深秋，仍是生机盎然。

优美的环境使得荔枝公园成为野生鸟类的栖身之所。2017年的深圳市野生动物资源调查结果显示，荔枝公园内共记录鸟类 11 目 30 科 60 种。据深圳作家黎得奎回忆，1985 年的时候，他在荔枝公园湖心小岛上，看到六七十只白鹭栖息，它们在清晨和黄昏则飞翔在刚刚兴建的城市上空。数十载过去，我们仍可在荔枝公园邂逅这些自然的精灵，只是城市已经跻身世界级大都市行列。

当黄昏渐近，公园里啾鸣不断。坐在亲水河滩的大石上，看月影朦胧显现，鹭鸟轻盈地掠过水面，在这繁华闹市中竟有了“山气日夕佳，飞鸟相与还”的诗意。华灯初上，湖面如幻镜，将周边鳞次栉比的摩天大楼尽收其中，景象随波光而动。眼前仿佛打开了一个神秘的时空隧道，连接着我们的过去与未来，和深圳四十年的光阴荏苒。

Lychee Park:
The Poetic Home in the Lychee Forest

In Summer, the sweet smell of lychee pervades Shenzhen.

In Shenzhen, lychee trees are ubiquitous. The trees are so popular that they are elected the first "city tree" of Shenzhen. And Lychee Park can best reflect their status and honour. The history and characteristics of the park are related to the lychee fruit. In 1982, on the basis of over 500 original lychee trees and a low-lying paddy field, the city's builders dug lakes, built pavilions, constructed bridges, paved roads and planted flowers. With the idea of "elegance, serenity and tranquillity", a Pure Land in the city. There are many prosperous lychees in the park, whose number and age are marvellous. In June and July, the park is well-decorated with the ocean of green leaves and cloud of red fruits, and the air is full of the sweet smell.

Nearby, there are several large-scale public cultural facilities constructed at the same time as Lychee Park In the early 1980s, Shenzhen witnessed the first climax of cultural and sports facility construction. The builders of Shenzhen, one of the pioneer cities of China's reform and opening-up, had the foresight that a city with no culture cannot be called a city. The outlook greatly promoted the construction of eight cultural and sports facilities, including Shenzhen Museum (old building), Shenzhen Library (old building), Shenzhen Grand Theater, Shenzhen Sports Center, and Shenzhen University. Lychee Park is adjacent to three of them. It inspires every visitor with natural landscape and provides a more open exhibition stage for urban culture.

The natural landscape in the park is also worth pondering. There are many tropical plants from South Asia, such as plants from family Cycadaceae, Palmae, Araucariaceae, Moraceae, Bombacaceae, Ericaceae, Liliaceae, Araceae, Iridaceae and Nymphaeaceae, which keep the park full of vitality even in late autumn.

The beautiful environment of Lychee Park has attracted many wild birds. According to a survey of wildlife resources in Shenzhen in 2017, there were 60 species of birds from

30 families and 11 orders recorded in Lychee Park. And as Li Dekui, a writer from Shenzhen, recalled, in 1985, he saw 60 or 70 egrets living on the small island in the middle of the lake in Lychee Park. They flew over the newly built city in the morning and dusk. Several decades have past, we can still meet these spirits of nature in Lychee Park, and the city has become one of the world-class metropolises.

As dusk approaches, birds chirp incessantly in the park. Sitting on the big rocks on the river beach, watching the herons flitting lightly over the water under the dim moonlight, in this bustling downtown, you can experience a poetic feeling of "the mountain landscape looks better against the sunset, and the birds return to the nest with their partners". When the lights are on, the lake becomes a mirror that reflects surrounding skyscrapers, the scene moving with the wave and the light. It seems to be a mysterious tunnel of space and time in front of us, connecting the past and future, and the 40 years of Shenzhen's rapid development.

ATTRACTIONS
赏景观

邓小平画像

1992 年春，邓小平同志视察深圳、珠海等地，发表了著名的“南方谈话”，坚定了广东人民奋力推进改革开放的决心和信心。同年 6 月 28 日，深圳市在荔枝公园东南口广场设置了邓小平同志巨型画像。画像迄今为止已经更换了 4 个版本，现在的画像规格高 11 米、宽 32 米。画像前广场总面积 13500 平方米，是人民瞻仰怀念邓小平同志的重要纪念地，也是见证深圳经济特区建立 40 年发展历程的重要地标。

荔湖涟漪

园内水景面积占地 10 公顷，其中的荔湖是市属公园人工湖治理的典范，清澈见底，四周绿树环抱，岭南建筑点缀其间，自然与人文趣味兼具。游人绕湖漫步，从揽月桥到五曲桥、浸月桥、绕湖桥，再到湖边的邀月亭、掬月亭、凌波亭，一步一景，步步怡心。湖中还可泛舟，适合老少同欢，也常见情侣们浪漫同游。白天的荔湖，岸边垂柳，嘉木婆娑，奇石列岸，草绿花红，锦鲤跃水，飞鸽掠空；人约黄昏后，迎风醉月时，此处乃赏月最佳之地。抬头只见碧空明月，星光闪烁，低头水波熠熠，星月同辉。此情此景，如无言的诗、立体的画。

荔香阁

“荔香阁”是荔枝公园的制高点，由百棵荔枝树环绕，也是园内的点题之景。底层北侧楹联为“玉露滋篁千竿滴翠；金阳沐荔万树摇红”。南侧楹联为“登兹揽胜溢彩流丹赞四海俊彦乐在鹏城酬鹏志；游目骋怀韵思激兴歌九州风物宏图骏业展骏程”。

每逢荔枝飘香时节，游人拾级登上阁楼，凭栏眺望，但见楼下绿海红云荡漾，园外广厦高楼林立，园内花树亭台，浓荫芳苑，皆一一尽收眼底。景色这边独好，让人心旷神怡。

北门大草坪

靠近北门的大草坪环境舒适，交通便利，也是各种公众兴趣小组聚集的活动场所。每逢节假日，常可见人们三五成群在这里，或者练习外语或者交流畅谈。不同年龄不同肤色的人们在这里置身于高低错落的花卉景观中，欢声笑语不绝于耳。

公园东大门

和十多年前相比，东大门多了设计的趣味，是“到此一游”的打卡点。一座小桥横跨池塘，开启了公园的序章，假山上花木扶疏，点出园内景物主题，又将园中美景收于身后。东侧池塘前立着书有“荔枝公园”的入口标志景石，门南侧的一面景观墙上装饰有苏东坡品尝荔枝的浮雕以及他脍炙人口的《惠州一绝》：“罗浮山下四时春，卢橘杨梅次第新。日啖荔枝三百颗，不辞长作岭南人。”

DIVE IN

游公园

赏荔枝

1988 年，深圳举办了第一届荔枝节。该大型综合性活动以品尝荔枝为主题，包括商品展销、工业引进洽谈、科技交流、贸易交往、文化体育活动等各项内容，后成为一年一度的城市嘉年华，直至 1998 年才退出历史舞台，为随后的“高交会”和“文博会”所取代。

现在，赴一场与荔枝的甜蜜约会，仍是深圳人夏日时光中不可或缺的生活元素。荔枝公园里的荔枝不能采摘，只能欣赏。因绝大多数游人都能遵循规则，故累累果实垂挂枝头，形成赏心悦目的夏之风景。

听红歌

自 2000 年起，每天晚上 8 点到 10 点，荔枝公园湖边的荔枝树下便聚集着数百名音乐爱好者，在此尽情放歌，切磋琴艺，交友谈心。

歌友中大多是银发一族，民族歌曲和革命歌曲是他们的最爱。其中，《山丹丹花开红艳艳》《四渡赤水》《长征》是他们的“老三篇”，时常引发众人共鸣，以集体大合唱的形式将当晚的活动推向高潮。一首首红歌，引领人们重温激情燃烧的岁月，怀旧之余亦激奋人心，描绘出人间最美夕阳红。

休闲乐

荔枝公园的儿童游乐场在 2003 年前后建成，内设有旋转木马、青蛙跳、童话飞车等多台游乐设备，众多“深二代”“深三代”在此度过他们欢乐的童年。2011 年，游乐场因检修一度关闭，改造升级之后又继续成为孩子们的乐园。此外，广场上观鸽、曲栏旁赏鱼、碧波前垂钓、荔湖内游船等也为亲子游玩提供了丰富的选择。除了儿童游乐场，园内还设有舞场、诗社、茶社等活动场所，为市民生活增添诗意。园内还不定期举办灯会、花展、诗书画影展以及“荔园杯”全国格律诗词大奖赛等公园文化节大型活动。公园本身的亭台楼阁上也有内容丰富的楹联匾额，更为公园增添了浓厚的文学色彩，吸引爱好者驻足流连。

观鸟趣

2017 年，历时三年的深圳市野生动物资源调查发现，位于深圳市中心的荔枝公园为小型平地公园，具有较高的鸟类多样性，共记录鸟类 11 目 30 科 60 种，可谓闹市中的小鸟天堂。

观鸟爱好者能在此邂逅红耳鹎、暗绿绣眼鸟、白头鹎、树麻雀、长尾缝叶莺、大山雀、鹊鸲、白鹡鸰、珠颈斑鸠、黑领椋鸟等空中精灵，以及一些国家重点保护的罕见野生鸟类。湖心岛附近，还有小白鹭、池鹭、夜鹭等体形较大的鸟类时常掠过水面，或在空中画出优雅的弧线。

鹭鸟乐园
——夜鹭、池鹭

荔枝公园内水域面积广阔，植被茂密，这里不只是市民休憩的好地方，也是鹭鸟的快乐家园。

夜晚走在荔枝公园，常能见到鹭鸟在水边活动。它们受到惊扰后，发出一声怪叫飞走，让人不禁想起“惊起一滩鸥鹭”的名句。这多半是因为夜鹭（*Nycticorax nycticorax*），与其他鹭鸟不同，它们习惯在晚间活动。成年夜鹭头顶至背部是蓝灰色，繁殖期头部后面挂着 2 根白色饰羽。未成年的夜鹭则低调很多，浑身棕褐色布满麻点，不过无论哪个年纪，夜鹭都有着美丽的红色眼睛。

白天则更容易看到另一种与夜鹭长相类似的鹭鸟：池鹭（*Ardeola bacchus*）。池鹭体形更小一些，非繁殖期外貌平凡，背部色深，胸、头、颈长着朴素的褐色纵纹。等到换上繁殖羽的时候，颜值立刻提升，它的学名中 *Bacchus* 指的是罗马神话中的酒神巴克斯，形容池鹭繁殖期颈部惊艳的酒红色。当池鹭飞过荔枝公园的湖面，醒目的白色翅膀会让人奇怪是什么时候长出来的。原来，在它们站立时，白色飞羽会被灰暗的覆羽掩盖，方便隐藏自己。

夜鹭

池鹭

生化尖兵
——荔枝蝽

荔枝公园因园内589株亭亭如盖、自成体系的荔枝树而得名。广袤的荔枝林，是荔枝蝽（*Tessaratoma papillosa*）的大饭堂，春夏在荔枝林间走过几乎想避也避不开这些虫子。

夏天从阳台收起晾晒好的衣服，有时会发现上面有一堆淡绿色圆溜溜的小球。糟糕，又有荔枝蝽盯上了这件衣服在上面产卵……

这让人怀疑荔枝蝽是不尽职的母亲。事实上，即便相隔很远，孵化的若虫也能探测到寄主植物的化学分子以找到食物，把卵分散在不同场所是荔枝蝽的一种生存智慧。

荔枝蝽成虫胸部腹面及若虫的腹部背面均有臭腺，受惊扰时会喷射臭液防御。臭液有腐蚀作用，能使荔枝花蕊枯死，也能伤及人的皮肤和眼睛，招惹它们定会让你留下终生难忘的气味，因此它们得名“臭屁虫”。 荔枝蝽凭借着放臭气的本领捍卫自己，让大部分侵扰者狼狈离场，它们是昆虫世界里知名度极高的“生化尖兵”。

荔枝蝽

齐氏罗非鱼

失控的功臣
——齐氏罗非鱼

如果在荔枝公园的水域里看到密集的大鱼，大概率是齐氏罗非鱼（*Tilapia zillii*）。它们属于热带鱼类，产于非洲。因为腹部红色，也被称为“红腹罗非鱼”。与其他罗非鱼不同，齐氏罗非鱼并不用口孵化鱼卵，而是在沙质水底筑一个产卵床，每次可产 1000~6000 粒卵，并由双亲鱼共同守护直到孵化。

这种鱼多起来可不是什么生态好事，齐氏罗非鱼是臭名远扬的外来入侵种。自 20 世纪 50 年代起引入我国，因逃逸在野外扩散并大量繁殖，现在几乎所有江河、水库、排污口，甚至在咸淡水交汇处的入海口都能发现它们，所到之处对原生水生物种影响很大。

不过，齐氏罗非鱼并非一无是处。我们漫步荔枝公园能欣赏洁净透底的湖水，齐氏罗非鱼可出了份力。很多人工水体被不断繁殖的水生杂草及有害藻类困扰，还有大量蚊虫滋生，水质管理成了一道难题。水生杂草和蚊虫却是齐氏罗非鱼喜爱的口粮，齐氏罗非鱼能够控制水生植物和蚊虫的数量，水质也因此得到改善。只是，虽然在净水上有功，这种难以控制的外来物种对于生态的破坏依然不能忽视。

一岁一枯荣
——大花紫薇

初夏过后，在深圳的街头和公园，会看到很多开满或红或紫花朵的树，这就是被称作百日红的大花紫薇（*Lagerstroemia.speciosa*）。都说花无百日红，大花紫薇偏偏红过百日，花可以从 5 月一直开到 8 月。

有人说深圳没有四季的变化，其实用心观察会发现很多物种都在提醒着季节的变化。在百日花红之后，大花紫薇还有一段时间的红叶期。俗语说一叶知秋，如果突然有一天大花紫薇的叶片开始变黄，就标志着秋天到了，等变成酡红，就知道，噢，入冬了。从百日花红到叶片的色彩转换，它都在尽力为这个城市增添色彩。在深圳每年最冷的那几天，大花紫薇也耗尽了最后一丝力气，叶子全部掉光，只剩下秃秃的枝头。不过，蛰伏一段时间后，当春天来临，经过雨水滋润，枝干又会重新冒出嫩叶，焕发生机。

平常的植物身上，季节无声流转，留心观察，春芽嫩，夏叶绿，秋叶红，冬枝秃，一年四季，大自然充满乐趣。

NEAR BY

逛周边

荔枝公园位于罗湖区和福田区交界，也是深圳老商业区和新中心区的交会处，见证了改革开放后深圳在商业发展与文化建设方面的先行。

20 世纪 80 年代至 90 年代初，深圳商业的中心多集中于此，东门自不用说，长久以来是人们购物消费的必去之地；69 层的信兴广场在此拔地而起，问鼎“深圳第一高楼”，被称为“地王大厦”；100 层的京基一百大厦接过“地王”称号，成为城市新地标；随着深圳第一家万象城、中信城市广场（后更名为新城市广场）的开业，年轻一代周末有了更多去处。

荔枝公园周边还有改革开放后深圳最早建立的科学馆、大剧院、图书馆等大型公共文化设施，它们为深圳人率先开启了探索科学、文化知识奥秘的大门。

体验城市好生活
灵感碰撞之地

附近好去处

- Dongmen Old Street
  东门老街
- The Science Museum
  科学馆
- Shenzhen Grand Theatre
  深圳大剧院
- KK100
  京基 100
- Shun Hing Square
  地王大厦
- Shenzhen Museum(old building)
  深圳博物馆（旧馆）
- The Mixc
  万象城
- New Town Plaza
  新城市广场
- Shenzhen Children's Library
  深圳少年儿童图书馆
- Shenzhen Youth Activity Center
  深圳市青少年活动中心

深圳
国际园林花卉
博览园

Shenzhen International Garden and Flower Expo Park

占地面积

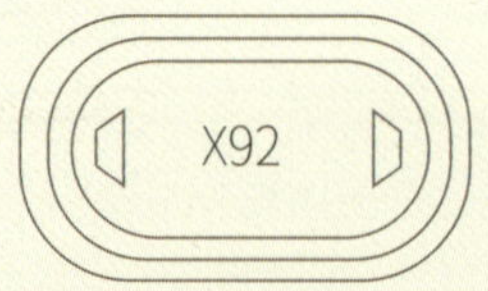

公园面积：66 公顷

1. 迎宾广场
2. 综合馆
3. 欢乐剧场
4. 映翠桥
5. 花卉馆
6. 天海广场
7. 福塔
8. 揽翠湖
9. 南苑
10. 汇萃湖

北
8 揽翠湖
9 南苑
7 福塔
10 汇萃湖
红荔西路
6 天海广场
3 欢乐剧场
4 映翠桥
1 迎宾广场
2 综合馆
深南大道
生态环境
草坪
湿地
山区林地
湖泊水库
功能配备
展馆
停车场
服务站
儿童友好
自然教育中心
跑步道
周边交通
地铁可达
洗手间
亭子
入口
管理处

深圳国际园林花卉博览园

荟萃中外园林美景的“百园之园”

地址：福田区深南大道 8002 号

福田区一块曾经寂寂无名的绿化隔离带因 2004 年第五届中国国际园林花卉博览会（以下简称“园博会”）的举行，迎来了举世瞩目的转变。

作为当时中国园林花卉业最高规格、最高水平、最大规模的国际性博览会，该届园博会以“自然、家园、美好未来”为主题，“人与天调、天人共荣”为规划理念。在 66 万平方米的广阔土地上，25 个国家、67 个国内友好城市和多个深圳企事业单位兴建起 101 个园林美景，1800 多种奇花异草恣意生长。整个园区布局分为两馆、三区、四园，即综合馆和花卉馆；国际园林展示区、国内园林展示区和深圳园林展示区；湿地植物园、阴生植物园、岩生植物园和瓜果园。登上园中的制高点——52.8 米高的九层福塔，游人即可俯览众园之妙。建筑、山水与花木融汇一体，园中气象万千。

在此之前，园博会多在现有公园内临时搭景展览结束后公园便恢复原貌。但深圳却史无前例地让这届园博会凝结成“永不落幕”的绿色交响音乐会。从“园博会”到“园博园”，深圳由此增添了一处中外园林艺术精品荟萃的市政公园，这充分体现了可持续发展的生态文明理念。

“百园之园”内，来自中国东西南北的多个代表性园林景点在此相聚，从岭南文化、吴越文化、到徽文化……每一处景点都蕴藏着现代工匠精神对某一中国古典园林流派的继承与发扬。像北京市建造的“知乐园”，萃取了皇家园林颐和园中谐趣园的“写意”之美；上海市的“石库新苑”则以上海乡土植物结合深圳本土植物的搭配，诠释对理想人居的想象；苏州展区则秉承苏州古典园林“虽由人作，宛自天开”的设计理念，将开门见山、曲折幽深、小中见大、虚实结合等传统造园手法融会贯通，配以具有江南情调的特色植物，呈现出诗情画意的“古吴山庄”。

河北展区的“柏坡人家”是园内唯一民居作品，它将革命圣地西柏坡的农家小院融入现代都市，以砖雕、木雕、石雕、剪纸等河北民间艺术装点出浓郁的地域民俗风情，“门前植柳，风帘翠幕，笑迎天下客；水边栽花，空谷流香，葱翠连天远”。坐在来自西柏坡的四棵柿子树下，遥想“决定中国命运”的那个时刻，还看今朝深圳特区的飞速发展，感慨之情油然而生。

汇萃湖旁，聚福山下，由深圳市园林设计装饰工程公司设计、深圳市城市绿化管理处承建的汇芳园是荣获第五届园博会最高奖项——室外造园综

合奖的五个作品之一。它巧用潮汕民宅布局，借助传统园林的表现手法，创造出韵味悠长的“潮味园林”。走进该园的明德居，品潮式生活美学，听“岭海潮声”，观瀑布银河；园中潮式叠石如海礁，透出海的力量；润翰轩如一叶小舟，半泊水中，水乡情趣荡漾。小园虽小，却蕴藏着儒家思想的博大精深。汇芳园的入口附近，还有一片名人林，多位国家领导人当年亲手栽种下的树苗现已其叶蓁蓁，亭亭如盖。

园博园也是饱览外国园林艺术的一扇窗。从日本园的严谨布局到印尼园的怪兽石雕……中外的园林艺术在此穿越时空，展开深刻的对话，至今余音绕梁。

十余年光阴弹指一挥间，深圳园博园万物生长，百幅园林如画，被人珍藏至今，经过岁月的洗礼，又添了历史的内涵。2015 年，深圳国际园林花卉博览园与仙湖植物园、深圳市莲花山公园一起入选“国家重点公园”。

以自然山水、奇花异草、造园艺术、绿色生态见长的深圳园博园与周边华侨城景区形成优势互补的“旅游圈”，也给深圳人的日常生活增添了一份小隐名园半日闲的情趣。树影婆娑虫鸟鸣，移天缩地在君怀。

Shenzhen International Garden and Flower Expo Park: The Garden of Gardens

In Futian District, a little-known green median strip underwent a metamorphosis that caught the attention of the world. All this is attributable to the 5th China International Garden and Flower Expo (hereinafter referred to as "Expo") in 2004.

The Expo was the international exposition with the highest standard, highest level and largest scale of China's garden and flower industry back then. Its theme was "Nature, Family, Bright Future" with the planning concept of "harmony and common prosperity between human and nature". On the vast land of 660,000 square meters, 25 countries, 67 domestic sister cities and many enterprises and institutions from Shenzhen built 101 beautiful gardens that homed over 1800 distinctive plants. The whole park is divided into two pavilions, three areas and four gardens, namely Comprehensive Exhibition Pavilion, Flower Exhibition Pavilion; International Garden Exhibition Area, Domestic Garden Exhibition Area and Shenzhen Garden Exhibition Area; Wetland Plant Botanical Garden, Shade-loving Plant Botanical Garden, Rock Plant Botanical Garden and Melon and Fruit Botanical Garden. On the 52.8-meter-high, 9-floor, octagonal pagoda, visitors can enjoy the beauty of all gardens in the park, where the buildings, mountains and plants are integrated into single whole, creating a kaleidoscope of landscapes.

Before the 5th Expo, previous Expo sites were all existing parks, and designs and scenes constructed for the Expos would be pull down afterwards. But Shenzhen broke the circle by turning the Expo into an "ever-lasting green symphony". From Expo to Expo park, Shenzhen is blessed with a new municipal park that boasts the exquisite garden artworks from home and abroad, which fully reflects the concept of the ecological civilization of sustainable development.

This "Garden of Gardens" is a collection of representative garden landscapes across the country, ranging from Lingnan culture to Wuyue culture and to Huizhou culture. Each landscape contains the inheritance and development of a certain Chinese classical garden genre by modern craftsman spirit. For example, the Zhile Garden built by Beijing extracts the beauty of "freehand brushwork style" from the Xiequ Garden in the Royal Summer Palace; the "Neo Shiku Garden" built by Shanghai interprets the imagination of ideal human settlement with the combination of plants local to Shanghai and Shenzhen; the Suzhou Exhibition Area adheres to the design concept of "imitating the uncanny workmanship of nature with human design". It skillfully brings together traditional garden design techniques, such as the combination of straight and roundabout, virtual and real, small and large, and presents them with local plants of Jiangnan region, showing a poetic and picturesque "ancient Wu villa".

Over ten years have passed in a snap, all plants and creatures are living and growing in the Expo park, following the rules of nature and time. Hundreds of picturesque gardens are cherished like treasures. The baptism of time endows them with a historical touch. In 2015, Shenzhen International Garden and Flower Expo Park, together with Xianhu Botanical Garden and Shenzhen Lianhuashan Park, was selected as "National Key Park".

ATTRACTIONS
赏景观

两馆与剧场

从南门进入园博园，穿过迎宾广场，就能看到傍水而建的综合馆。它的造型圆润现代，宛如绿水边的巨大珠贝。花卉馆的造型则如一把打开的折扇，其屋顶又似绿树环绕中的层层波光。这两座综合性展馆在面积上分别达 4900 平方米和 7600 平方米，在 2004 年的第五届中国国际园林花卉博览会中发挥了重要的作用：容纳了 250 个国际标准展位。盛会之后，两座展馆作为永久性建筑至今依然运作，承办大大小小的活动和展览。南门附近的欢乐剧场是园中重要的文化设施，每年都会上演丰富的文艺节目，给无数家庭带来欢乐。

三塔

在园博园的最高处，屹立着一座九层八角的石塔。在园内任何角落的游人都能望见它的身影。园博园地处深圳市福田区，该塔由此取名“福塔”。塔的正门可见一副对联：“福山拥翠，田地生辉”；其各门两侧镌刻有出自 144 个历代书法名家手迹的风格各异的“福”字。塔内一至九层依次命名为：觐福、祈福、种福、培福、拥福、知福、惜福、添福、洪福。因寓意喜庆吉祥，不少游人特意来此求得福气，同时远眺全园景观和深圳湾海景。此外，园博园还有东坡塔和仿造的杭州西湖雷峰塔与福塔合称“三塔”。

1 兆瓦并网太阳能光伏电站

倘若俯瞰这两座展馆，可见其屋顶中暗藏玄机。深圳市政府当年在此投资 6600 万元建成 1 兆瓦并网太阳能光伏电站示范工程，该电站分布区域就包括综合展馆和花卉展馆，另外三组则分别在游客服务管理中心、南区游客服务中心和东区南山坡 。该电站也是当时亚洲最大的并网太阳能光伏电站。与相关建筑屋顶紧密结合的电池板既美观又节能，为园中的姹紫嫣红增添光彩，昭示着太阳能技术的未来。

相对于火力发电，电站每年可以节省标准煤约 384 吨，减排二氧化硫约 7.68 吨，减排二氧化碳 170 余吨。园博园不只看上去很美，也在默默地为改善生态环境做着巨大贡献。

四湖

在中国古典造园艺术中，水是不可或缺的元素。岭南文化更是把水作为财富、运气的象征。园博园也在“水”上做足了文章。它以“翠”为题，将四片水域命名为映翠湖、鸣翠湖、揽翠湖、汇翠湖。湖边亭台楼阁小桥流水，兼有磅礴大气的现代建筑。水中倒影，如真如幻。

五园

园博园内有五处完整的古典园林，分别为苍苔园、知乐园、汇芳园、听香苑、南苑。这里的一砖一瓦都独具巧思，在鳞次栉比的高楼大厦间开辟出一片诗意栖居。闲来一坐，随意翻书，听流水潺潺，闻鸟鸣花香，为生活添一份情趣。天气晴好之时，这里常有身着飘逸传统服饰的人们在此闲逛、拍照，古典的身影与四周的绿水园林融为一体，恍惚间仿佛穿越了时空。

六桥

博览桥、欢乐桥、映翠桥、南苑曲桥、听香苑桥、万馨园单柱桥连接了园中的路、湖与人。人在桥上走，缘自身边来。路过我们身边的，也许是一只迷途的蝴蝶，也许是一只求偶的绣眼鸟，或者是一片飘零的黄叶，引人无尽思量。

DIVE IN
游公园

新春茶花争奇斗艳

茶花是我国“十大名花”之一，植株形姿优美，叶浓绿而光泽，花艳丽而舒展，从而备受世界园艺界的珍视。自 2007 年开始，园博园共举办了十三届“茶花展”，有来自世界各地的珍贵茶花品种在此争奇斗艳。层层绿意与精巧庭院，配以叠粉堆红的茶花，给你最美丽的春天。

汉服游园穿越时空

园博园内园林景观百转千回，细细品味可以逛上一整天。古典园林风景是拍摄古典大片的绝佳背景。身着汉服或简单的长裙素衣在此游园拍摄照片或视频，与典雅的园林景致相得益彰。这里也确实受到很多汉服爱好者青睐，节假日经常可见这样美丽又有时空穿越感的景象。

夜观公园探秘自然

“日出而作、日落而息”，是人类在适应自然过程中形成的生物钟。然而，自然界中，还有很多生物选择在夜色下释放光彩。像小水洼中吹泡泡的青蛙、如烟花一般绽放的玉蕊……夜幕降临时，园博园的水塘边、假山后、庭院中就是它们活跃的舞台。此时此刻，大手牵小手，带上手电筒，跟着具有丰富夜观自然经验的向导，避开蛇虫的滋扰，潜入夜间生物的领地，你们将会有惊奇的发现。

月下玉美人
——玉蕊

深圳园博园内有几棵临水而立的大树，白天看上去平平无奇，等到月亮爬上树梢，再看过去就大放异彩了：这些密密麻麻低垂着绚烂花朵的就是玉蕊（*Barringtonia racemosa*）。

玉蕊几乎全年有花，但最绚丽的还是在夏季。盛夏的傍晚，夜幕刚刚降临，排列成串的花苞们就已经准备好了；7 点左右，花朵开始绽放，每朵花都有很多细长的雄蕊，洁白或嫩粉，冰雕玉琢，卷曲的花蕊一根根慢慢舒展开来；到了 9 点多，花朵进入全盛状态，在月光的照射下，如一朵朵绽放的烟花，喷薄而出。玉蕊在尽情绽放的同时也会释放淡淡的香味，这些香味在寂静的夜晚蔓延，吸引着螟蛾、尺蛾等“夜猫子”直扑到花上吸蜜，也就帮玉蕊完成了授粉。

一夜的绚烂随着日出东方悄然落幕，清晨人们看到的往往仅剩一地落红，也正因短暂，这样的美好才催促人们去好好把握。

玉蕊（穗花棋盘脚）

黑暗中的“大声公”——纺织娘

我们将自然界里能发出声音的昆虫称为广义上的“鸣虫”，它们主要以摩擦发出声音。如蚊子、苍蝇、蜜蜂飞行时翅膀振动发声；金龟子通过鞘翅和腹部摩擦发声；天牛前胸背板和中胸盾片摩擦发声，等等。

狭义的“鸣虫”则主要是指传统文化里供人们玩赏的蟋蟀、螽斯两大类。它们的发音原理相同，都通过前翅弹器的振动摩擦弦器翅脉产生声音，并在镜区产生共鸣，使音量扩大。

纺织娘 (*Mecopoda elongata*) 属于螽斯的一种，是深圳体形最大的鸣虫，外形和体色与落叶相似十分隐蔽，雄性前翅基部能见到明显的发音器，雌性则有剑一般的产卵瓣。雄虫发出的声音类似“沙沙”或“轧织、轧织”，音高韵长，时轻时重，如织女在试纺车，因而得名“纺织娘”。

夏秋之夜，山区公路边或公园的灌木丛，常听到雄性纺织娘响亮且尖锐的求偶声。即便相隔一公里的距离，依然能听到它们的鸣声，纺织娘是出了名的“大声公”。

纺织娘

白蛾蜡蝉

白蛾蜡蝉若虫

抱团的白衣仙子——白蛾蜡蝉

深圳盛产龙眼，深圳人因而有幸能够品尝到本土龙眼肉质爽脆、浓甜带蜜的滋味。许多动物也一同享受着这份美味，例如白蛾蜡蝉 (*Lawana imitata*)。不过它们对龙眼果实反而没什么兴趣，只喜欢吸食龙眼树的树汁。

白蛾蜡蝉成虫气质素雅，呈黄白色或淡绿色。身体扁平，呈三角形，全身覆盖一层薄薄白色蜡粉，前翅上方还有多条棉絮状的长蜡丝，能随风飘逸。

刚羽化或越冬的白蛾蜡蝉成虫会聚集起来趴在一根嫩枝上静止不动，头部朝同一个方向，三角形的尖端朝上，这种景象会让大部分捕食者，包括人类都感到困惑畏惧，通常都不会想触碰它们。通过这种震慑作用，白蛾蜡蝉也就达到了保护自己的目的。如果真的有鲁莽的侵扰者，白蛾蜡蝉会快速蹦跳作短距离飞行逃走，等危机过后再回到树枝上。

白蛾蜡蝉的若虫更加有趣，它们也喜欢抱团，而且身体几乎全被白色棉絮状蜡丝覆盖，静止时毛茸茸一团，受惊时弹走逃逸好像会跳的蒲公英一样。

对于白蛾蜡蝉这样柔弱的小昆虫来说，抱团给它们谋得了生存的空间。

有生命的珠宝
——金斑虎甲、丽叩甲

置身园博园，群芳争艳的花草让人目不暇接，格调各异的园林使人流连忘返。如果仔细观察，会发现在美景之中还藏着一颗颗有生命的美丽宝石。

在有阳光照射的开阔地面能遇见一种甲虫，它身体呈金属蓝、绿、红三种色，背部有八个珍珠一样的白色斑点，美轮美奂，宛如一件维多利亚时期的珠宝。这就是金斑虎甲（*Cicindela aurulenta*）。它们视力极佳，双颚发达，行动迅速，喜欢捕食地面的小昆虫。金斑虎甲不善于长距离飞行，当有人靠近时便向前飞行一段距离停下，当人再次靠近时又继续往前飞，如同在给人带路。

在树荫下的枝头，时常停歇着另一种闪闪发亮的甲虫，外形修长精炼，带着蓝绿色金属色光泽，仿佛一枚新艺术时期的胸针。这是丽叩甲（*Campsosternus auratus*），胸部有一枚尖长的前胸腹后突，与中胸窝形成弹跳和叩头的关节，被天敌捉住时能向后叩头逃离，四脚朝天时又能向前叩头翻身，因而又得名“叩头虫”。在物资匮乏的年代，丽叩甲是孩子们最喜爱的玩具之一。

丽叩甲

金斑虎甲

NEAR BY

逛周边

深圳园博园的古典雅致令人流连忘返，其西侧的华侨城创意文化园则带给人来自设计之都、创意城市的视觉震撼。由旧厂房改造而成的创意产业工作室中，活跃着来自设计、摄影、动漫创作、艺术等多种创意行业的专业人士，其周边的概念餐厅、酒廊、咖啡馆等轻食类餐饮同时给你味蕾上的飨宴。每当举办大型活动，如城市 / 建筑双城双年展、OCT 国际爵士音乐节等，这里都会聚集大批文艺青年。

周边公园云集，有些公园甚至步行可达。华侨城湿地、儿童乐园、香蜜公园、深圳湾公园……不同主题、不同类型，漫步其中，可以感受各自不同的公园魅力。

体验城市好生活
灵感碰撞之地

附近好去处

OCT Loft
Creative Culture Park
华侨城创意文化园

Parks
公园云集

Bijia Hill Park

笔架山公园

地址：福田区笋岗路 26 号

面积：149 公顷 | **步道爬升：178m**

1/ 三峰鼎立

笔架山山如其名，是一片由十余座小山峰组成的丘陵起伏地。其中笔冠、笔俊、笔秀三座山峰东西鼎立，形似笔架台，笔架山因此得名。

2/ 主峰观景

主峰观景台是观景和摄影的绝佳位置。立于此处，深圳繁华城景皆在俯瞰之下，近与地标建筑——地王大厦遥遥相望，远可眺望香港元朗的田园风光。天气晴朗时，幸运者还可以目睹夕阳缓缓坠入深圳河的美景。

3/ 观鸟胜地

这里野生动物资源丰富。公园被誉为“深圳十大观鸟胜地”之一，鸟类多集中在山地森林、山麓林地、水域疏林、草坪疏林等区域。

生态环境

草地

湖泊水库

草原林地

山区林地

功能配备

停车场

周边交通

地铁可达

逛周边

深圳市体育中心

体能消耗 —— 流汗指数

Futian Mangrove Ecologi-cal Park

福田红树林生态公园

地址：福田区新洲路与福荣路交会口

面积：38 公顷 | **步道爬升：0m**

1/ 城市后花园

这里被誉为“深圳湾的小钥匙”，守护和开启了深圳湾的生态环境保护工作。它东临新洲河，南接深圳湾，西部与福田红树林国家级自然保护区紧密相连，北挨沙嘴村，与香港米埔自然保护区一水相隔。此处也是市民的后花园和城市物种的基因库。

2/ 近赏黑脸琵鹭

每年的候鸟季（10 月 ~ 次年 4 月），观鸟爱好者一定要来这里的新洲河故道，在这里可以裸眼观看近岸相距不足 30 米的全球濒危鸟类黑脸琵鹭。

3/ 自然教育课堂

公园设有自然教育中心和科普展馆，每周都有精彩的活动等着你的到来。展馆导览、认识红树林、动手清理外来入侵物种、捡拾海漂垃圾，这里为所有关注环保的人提供一个开放、自然、舒适的空间。

生态环境

草地

草原林地

湖泊水库

红树林湿地

功能配备

停车场

周边交通

地铁可达

逛周边

深圳文化创意园、红树林海滨生态公园

体能消耗

Huanggang Park
皇岗公园

地址：福田区福强路 2088 号

面积：**17.5** 公顷 | **步道爬升**：**52.8m**

1/ 昔日“鱼岭”

公园原址叫“鱼岭”，位置特殊，距离原驻港部队深圳基地官兵驻地一步之遥。它靠近福田口岸、皇岗口岸，只需几分钟车程或步行 10 分钟即可到达，可快速通关抵达香港。

2/ 登高小憩

沿着公园登山道，可到达山顶最高的观景亭——皇岗亭。登顶远望，小憩片刻，凉风习习，疲劳顿消。

3/ 木棉盛景

园内山林茂密、鸟语花香，你可欣赏到如大花紫薇、紫薇、海枣、红花羊蹄甲、鸡冠刺桐等常见花木。在每年 3 月份木棉花开的季节，高大木棉树火红一片，南国早春风情尽收眼底。

生态环境

草地

草原林地

山区林地

功能配备

停车场

周边交通

地铁可达

体能消耗

Meilin Park
梅林公园

地址： 福田区梅林街道梅林一村梅亭路 14 号

面积：27 公顷 | **步道爬升：100m**

1/ 地跨多区

元末明初，梅林先民在后山种植青梅，以梅林作为保护村落的吉祥物，梅林山因此得名。公园与银湖山隔路相望；西达福田区和南山区交界，与塘朗山郊野公园相接；中部被梅林水库及水源保护区一分为二形成南、北两区。由于其横跨福田、南山、宝安三区，又被称为“身份最复杂”的公园。

2/ 古荔枝林

园区保留有一片明清时代的古荔枝林，百年树龄的荔枝树达九百多株，最老的树龄约 400 年，是深圳市少有的自然景观。和风暖阳的日子里，在古荔树环绕的小道上慢慢行走，时光仿佛静止。

3/ 林中古庙

古朴清净的道观“三圣宫”，低调地隐藏在梅林山林中。300 多年前，一位名叫郑庭礼的人带着他的家族，从福建莆田来到当时新安县（今深圳市）的下梅林。郑氏族人立庙于此，以求神明保佑后代兴旺。

生态环境

草地

平原林地

山区林地

体能消耗

功能配备

停车场

周边交通

地铁可达

逛周边

梅林水库、梅林二线关绿道

Meilin Mountain Coun-try Park

梅林山郊野公园

地址：福田区下梅林二街

面积：690 公顷 | **步道爬升：335m**

1/ 移步换景

园中分布有梅林溢彩、梅山石趣、梅峰流霞、梅川曦照、梅韵掬香、梅海听涛等六大景点，错落有致，参差多变，一步一景。观赏植物群落，尽显公园野趣。

2/ 生态宝库

公园内有多种珍稀动植物。南区主登山道总长约 10 公里，可直达梅山苑和塘朗山郊野公园。

3/ 山水相依

漫步于梅林山郊野公园，能欣赏到梅林山与梅林水库的优美自然景观、感受到浓郁的山林郊野气息。

生态环境

草地

草原林地

湿地

湖泊水库

功能配备

停车场

体能消耗

流汗指数

第二章

朦胧海湾，南山歌谣

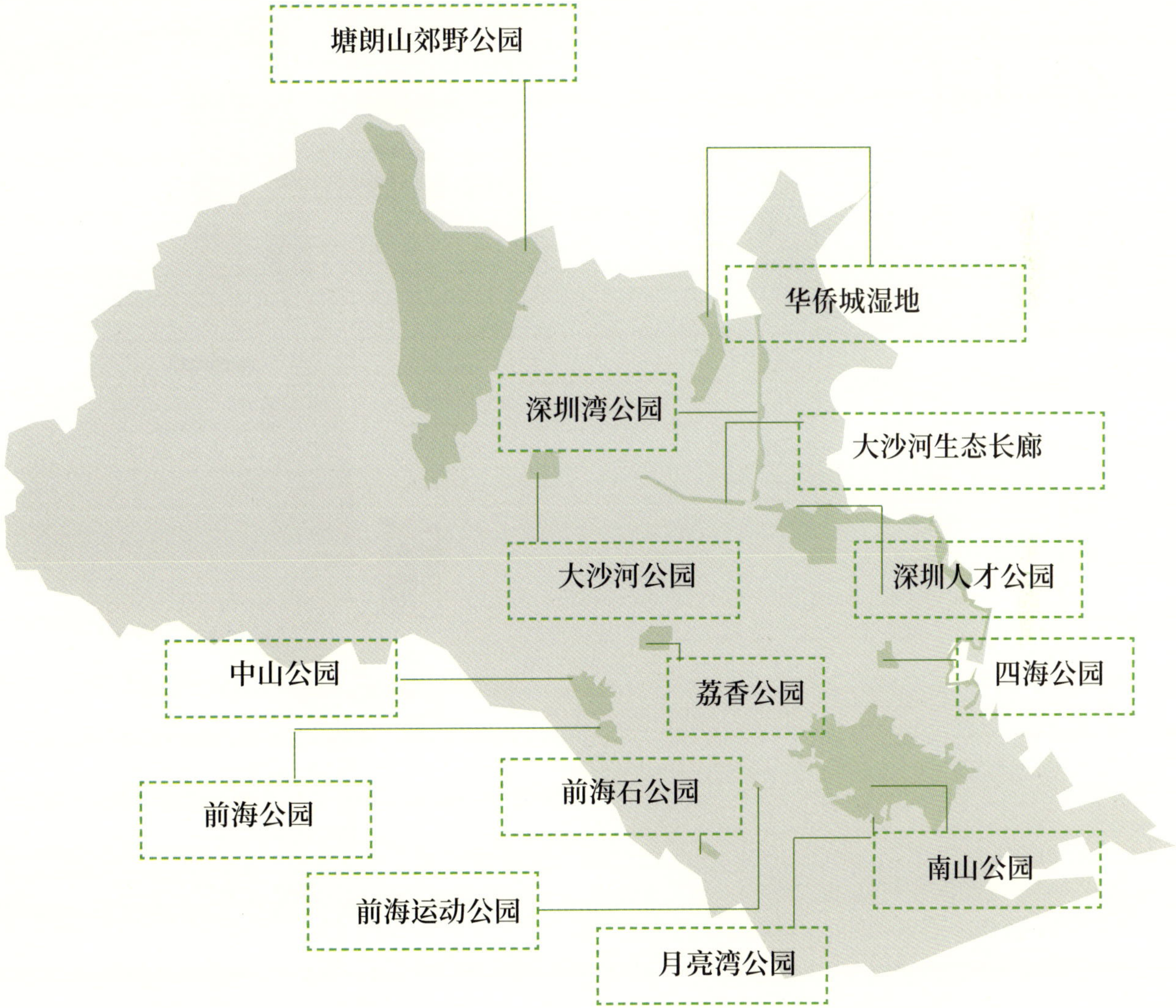
塘朗山郊野公园
华侨城湿地
深圳湾公园
大沙河生态长廊
大沙河公园
深圳人才公园
中山公园
荔香公园
四海公园
前海公园
前海石公园
南山公园
前海运动公园
月亮湾公园

深圳湾公园

Shenzhen Bay Park

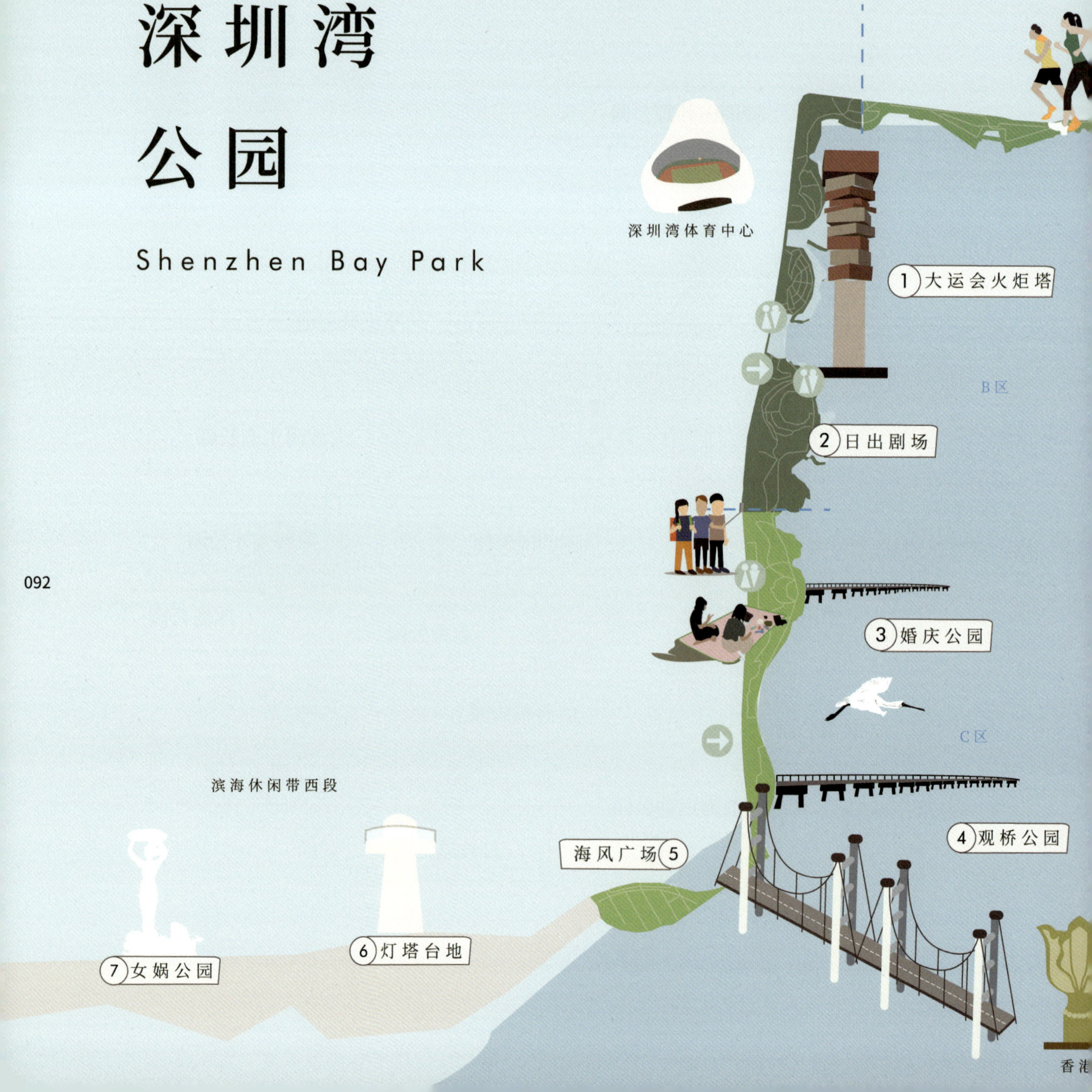

生态环境

草坪　湿地　海域

功能配备

展馆　停车场　服务站　儿童友好　自然教育中心　跑步道

周边交通

地铁可达

洗手间　入口　停车场

占地面积

公园面积：155 公顷

1. 大运会火炬塔
2. 日出剧场
3. 婚庆公园
4. 观桥公园
5. 海风广场
6. 灯塔台地
7. 女娲公园
8. 海韵园
9. 红树林海滨生态公园

深圳湾公园

连接海与城的浪漫长卷

地址：南山区滨河大道、沙河西路旁

深圳三面环海，拥有 260 公里海岸线，海的浪漫深嵌于城市的基因。然而，在深圳湾公园出现之前，深圳城区的人们并不能推窗见海。

2011 年，在第 26 届世界大学生夏季运动会召开之前，长达十几公里的滨海景观长廊在后海之滨全面开园，历时 8 年规划设计建设完成的它东起福田红树林自然保护区，西接望海路，南段临深港跨海大桥，20 多道“弯”蜿蜒布景，将沿途的十多个主题公园串联成一条熠熠生辉的项链。

海与城从此相连，心心相印。浪花轻拍着陆地，哗哗声中仿佛在诉说着这座城市的过去、现在和未来。在深圳的飞速发展史中，曾经历过 4 次大规模的填海。2003 年，随着深港西部通道口岸填海造陆工程结束，崭新的滨海岸线在深圳的地图上横向延伸。站在通往大湾区时代的转角处，深圳人面临着一个艰难的抉择：在城市的积极拓展和土地极度稀缺的背景下，深圳是否继续向海洋索取空间？ 而此时，在这片深港共有的河口型海湾周围，生态系统的脆弱与珍贵同样不容忽视。作为我国的重要湿地之一，这里是东半球国际候鸟通道的“中转站”和“加油站”，每年吸引了数十万候鸟在此停歇。与此同时，人们对滨海生活空间的美好向往也越发强烈。最终，深圳湾公园以“退”为“进”，顺应了回归自然的生命诉求，引领了都市生活的未来。

东端的红树林海滨生态园始建于 1999 年，是深圳湾公园中最早完成的地区，它的原址是深圳湾北部滩涂地，为了保护红树林，深圳市将原规划穿过红树林的滨海大道北移 200 多米，并将其西面已填海的路基改建成动植物的伊甸园。

一系列创造性规划的半岛形绿地在海滨地带蜿蜒，既最大限度地减少填海面积，又最大可能地延长了海岸线，丰富陆地与海、人与自然的连接与交融。深圳湾公园项目设计的负责人朱荣远曾表示，他们“实际是以支撑一个城市未来文明生活的方式在做设计，而非单一存在的资源或者场所”。为此，设计者们根据不同类型的生态特征和与城市邻近地区不同的功能区段，以差异化的观景空间和活动场所，将城市休闲文化活动引入公园规划中，展现了人与自然和谐共处的理想生活模式。

完善的步行、自行车系统将滨海休闲带上的所有主题区域串联在一起。休闲带上的 400 余种植物，既为城市抵御自然灾害提供了缓冲，也突显出主题区域的婀娜多姿。比如花团锦簇的流花山，一望无际。这不正是“面向大海，春暖花开”的真实写照吗？

公园里的游人或观鸟，或远眺，或涉水，或吹风，感受生活中的诗意；或开展科普教育、绿色健行、滑轮骑车等有益身心健康的活动；或来此看日出、晒月光、拍婚纱照，与最爱的人牵手偎依。他们对公园的喜爱，尽显在怡然自得的表情中。在 2013 年的“深圳公园之最”公众评选中，深圳湾公园获得了 6 个奖项之最。它也在国内外业界获得了多项殊荣。

深圳是改革开放的前沿阵地，也是中国极限运动发源地。自 2017 年起，每年 11 月，作为公园文化季的重点活动之一，世界极限运动表演便在深圳湾公园为公众带来国内最高水准的演出，观众趋之若鹜。现场人山人海，选手激情四射，青春活力扑面而来。作为深圳市唯一在密集型城市建筑群中修建的滨海休闲带，深圳湾公园是中国传统生态美学“天人合一”的现代书写，也展现出深圳创建全球海洋中心城市的勃勃雄心。未来，一条中央绿轴将由南至北，连接深圳湾公园与华侨城湿地。深圳湾公园将作为深圳重要的“海上门户”与“海上城市客厅”，承担大型城市庆典、地域文化展示、市民运动休闲等主要功能，在深圳湾畔的超级 T 台上大放异彩。

Shenzhen Bay Park: A Coastal Romance Connecting the City and the Sea

Bordered by the sea on three sides, Shenzhen boasts a 260-kilometre-long coastline. The romance of the ocean has been long engraved in the genes of the city. Shenzhen urban residents could not really enjoy the beauty of the ocean by simply opening their window, until the establishment of Shenzhen Bay Park.

In 2011, before the 26th Universiade, over ten kilometres of coastal landscape corridor was opened to the public in Houhai after eight years of planning, design and construction. It extends from Futian Mangrove Nature Reserve in the east to Wanghai Road in the west, border on the and Shenzhen Bay Bridge in the south and makes over 20 turns, threading more than 10 theme parks to create a shining necklace.

From then on, the sea and the city are connected, and their hearts and minds linked. The waves gently patted the land, telling the past, present and future of the city. In Shenzhen's history of rapid development, it has witnessed four large-scale reclamations. In 2003, with the completion of the reclamation project at the port of the western corridor between Shenzhen and Hong Kong, a brand-new coastline extended horizontally along the territory of Shenzhen. Standing at the turning point of the Grand Bay Area era, Shenzheners ran into a dilemma: facing the conflict between the active expansion of the city and the extremely scarce land, will they continue to reclaim space from the sea? Back then, the fragile and precious ecosystem of the estuarine bay shared by Shenzhen and Hong Kong was not to be neglected. As one of the important wetlands in China, it is the "transfer station" and "gas station" on the route of international migratory birds in the eastern hemisphere, attracting hundreds of thousands of migratory birds every year. At the same time, people's yearning for a better coastal living space is getting stronger. In the end, Shenzhen Bay Park takes a "retreat" as an "advance", meeting people's demand of returning to nature and leading to the future of urban life.

The Seashore Mangrove Ecological Park in the east was built in 1999 as the earliest part of Shenzhen Bay Park. Its original site was the tidal flat in the north of Shenzhen Bay, but, in order to protect mangroves, Shenzhen moved the Binhai Avenue, which was originally planned to go through the mangroves, to the north by more than 200 metres, and transformed the reclaimed roadbed in the west into an Eden of animals and plants.

A series of creatively planned Peninsula green space meanders along the seashore, which not only reduces the reclamation area required to the minimum. but also extends the coastline as much as possible, enriching the connection and integration of land and sea, human and nature. Zhu Rongyuan, the design director of the Shenzhen Bay Park project, once said that they "are actually designing in a way that supports the civilized life of a city in the future, rather than a single resource or place." Therefore, according to different types of ecological characteristics and different functional sections with the city's adjacent areas, the designers introduced urban leisure cultural activities into the park planning with different viewing space and activity places, showing the ideal life mode of harmonious coexistence between human and nature.

Visitors in the park can enjoy a poetic moment through birdwatching, overlooking, wading in the water and feeling the breeze; or they can carry out activities beneficial to physical and mental health, such as popular science education, hiking, roller skating and cycling, or they can watch the sunrise, enjoy the moonlight, take wedding photos or hold the hands of their lovers.Their love for the park is reflected in their complacent faces. In 2013, Shenzhen Bay Park won six awards in the public voting of "The Best Parks in Shenzhen", not to mention other many awards in the industry from home and abroad.

ATTRACTIONS
赏景观

红树林海滨生态公园

这是深圳湾公园内人流密度最大的公园。附近的地铁九号线深圳湾公园 D2 出口也是全国唯一“出口见海”的地铁口。在海滨生态公园的东面，是有着“绿色长城”之称的红树林。秀丽迷人的植物长廊、蔚蓝广阔的深圳湾，以及平坦宽阔的滨海大道等风景将色彩与空间融为一体。这里绿草如茵，林荫夹道，四季花开；大海、草坪、树林、飞鸟、彩蝶、鸣虫相映成趣，令人流连忘返，回味无穷。

大运火炬台

这是继“闯”“拓荒牛”之后第三个标志性的深圳城市雕塑，诞生于深圳第 26 届世界大学生夏季运动会结束之时。它身高 26 米，外观像一座书山，每一本“书”都代表着一届大运会，并刻有其举办的时间和地点，如“1977 索菲亚”“1985 神户”，一直到最顶端的“2011 深圳”，整体造型具有历史厚度。

海韵园

海韵园由缓坡堆积而成，周边树木掩映，游人可到草坪近海处观海，亦可步行登高望远或漫步绿茵花丛，伴随清晨曦照或落日余晖，静品海的韵味。

日出剧场

每一天的日出都是不一样的戏剧。日出剧场是深圳湾公园内为数不多、面向东方的休闲场所，这里有大面积的坡地，是观看海上日出、露营、野餐的诗意之地。

婚庆广场

这里是深圳湾公园内拍摄情侣照、婚纱照的绝佳场所。中央是圆形的“月光花园”主题广场，两侧则被分隔成近 300 平方米的户外婚庆、聚会空间。大门口有连理树、花架，营造浪漫氛围，满载着对有情人终成眷属的美好祝福。

海风广场

这里拥有大片开阔、平坦的活动场地，一排排高大的树木将公园主空间分隔为若干个方形草地。在海风的陪伴下，人们在这里休闲漫步、运动健身，好不惬意。

滨海休闲带西段

延续东段已经完工的 A、B、C 区域，深圳湾滨海休闲带西段划成了 D、E、F、G 共四段，全长 6.6 公里，总用地面积 25.2 万平方米，于 2017 年 7 月 3 日正式对外开放，其中包括阅海广场、灯塔台地、渔海栈道、女娲公园等特色景点，尽显海港风情。

DIVE IN
游公园

观鸟

2014 年 5 月，深圳出台并执行相关法规，决定在深港跨海大桥以东约 23 平方公里海域设置禁渔区，并实施全年全时段禁渔并禁止一切捕捞、养殖行为。那一年，成为深圳湾公园观鸟的起点。

深圳湾公园的存在让深圳这座现代化大都市多了几分野性的灵动。每年 10 月至次年 4 月，数十万只水鸟如约前来，在这城市繁华中心地带栖息。其中有全球濒危物种、深圳明星鸟黑脸琵鹭，有鸟中“超模”之称的黑翅长脚鹬，捕鱼高手普通鸬鹚……在深圳湾公园茂密的树林中还有可能邂逅尾如绶带的寿带鸟、圆润可爱的斑姬啄木鸟。

绿道健行、晨奔夜跑

在鸟语花香、绿树成荫的深圳湾公园，一条临海栈道沿着海岸线蜿蜒，健行或奔跑的人们仿佛与海风相拥。清晨或傍晚，你总能在此看到三三两两的运动爱好者。

深圳湾草地音乐会

自 2013 年举办首届以来，每年冬季，在深圳湾公园的日出剧场内都会举行深圳湾草地音乐会，汇聚众多世界著名音乐家来此倾情演出。每届音乐会都会推出为深圳量身定做的主题和曲目。来这里看演出，你无需拘谨，不需要盛装出席，也不需要门票，随音乐而动，尽情享受就好。

深圳湾公园自然教育中心

它掩藏在深圳湾公园的一个四合院中，由红树林基金会（MCF）与政府相关部门合作运营。中心常年设有“深圳湾自然史”展览，并根据不同季节、不同环保节日，开展自然体验活动，如候鸟季定点观鸟、制作环保酵素、观看生态影片、黑脸琵鹭摄影展等。

世界极限运动表演

作为公园文化季的重点活动之一，被业内誉为国内最高水准的世界极限运动表演自 2017 年起便于每年的 11 月约会深圳湾公园。日出剧场的草坪之上，人潮攒动，屏息观演。置身于面朝大海的弧形山体环抱空间中，选手们或高空腾跃、后空侧翻，或展现高空离位的 360 度旋转……以炫目的动作点燃全场激情。

“鸟类中的大熊猫”
——黑脸琵鹭

在每年秋冬聚集在深圳湾栖息觅食的大批候鸟中，有一种在浅滩低头悠闲摇晃脑袋觅食的鸟儿。经过一番寻觅，它们用长嘴将捕捉到的鱼儿提起，利索吞下，十分有趣。不只深圳人喜爱，全世界也都关注着它们。形状像琵琶一般的长扁嘴是它们的最特别之处。

它们就是全球濒危的黑脸琵鹭，被誉为“鸟类中的大熊猫”。深圳湾是黑脸琵鹭重要的越冬场所，每年约有 300 多只来到深圳湾一带，占到全球种群数量的近十分之一。

黑脸琵鹭（*Platalea minor*）全身雪白，除了酷似琵琶的长嘴是黑色，眼部到嘴基部的裸露皮肤也是黑色，形成鲜明的“黑脸”，与长嘴连为一体。此外它还长着较为粗壮的黑色大长腿。繁殖期间，其头后有长的黄色冠羽，前颈下部有黄色颈圈。它们最喜欢到海边潮间带或咸淡水交会处活动，主要以虾、蟹、鱼类及各种水生动物为食。深圳湾的环境正合它们心意。

黑脸琵鹭分布极为狭窄，数量稀少，是全球最濒危的鸟类之一，已被列为国家二级保护动物。值得一提的是，深圳湾虽然只是黑脸琵鹭的栖息地之一，也不是数量最多的地方，却以距离近、容易观察拍摄闻名。深圳湾给了黑脸琵鹭栖息觅食的地方，它们给了深圳人信任与亲近。

黑脸琵鹭

滨海鱼儿会上树
——大弹涂鱼

深圳有 260 公里的海岸线，岩矶、滩涂、红树林构成了无数生物赖以生存的“生命线”。深圳湾每天经历着 2 次涨潮和 2 次退潮，退潮时露出大面积的滩涂，此时大量藻类、有机物碎屑留在滩涂上，这是许多动物的口粮，比如一种会上树的鱼儿。大弹涂鱼（*Boleophthalmus pectinirostris*）体青褐色，身体上布满蓝白小斑点。它们是潮汐滩涂上最典型的居民，十分依赖潮汐过后带来的食物，在低潮时便出洞，摄食藻类及有机物碎屑。它们的胸鳍十分发达，能在泥滩上爬行，甚至能利用腹鳍吸附在石头或爬到树枝上防止被潮水冲走。大弹涂鱼用内鳃腔及皮肤辅助呼吸，只要身体保持湿润，便能较长时间露出水面生活。

每年 5 月到 9 月是大弹涂鱼繁殖季，雄鱼利用尾柄在滩涂上跳跃，展示鲜艳的背鳍吸引雌鱼注意。它们视力发达，警惕性高，遇到任何风吹草动，就立刻钻回泥洞里。但很多时候，大弹涂鱼的洞穴会被邻居——弧边管招潮蟹占据，以致大弹涂鱼恼羞成怒大打出手。久而久之，大弹涂鱼和弧边管招潮蟹便成了一对冤家。

大弹涂鱼

弧边管招潮蟹

“深圳欢迎您！”
——弧边管招潮蟹

每当来到深圳湾公园，在刚退潮后的那片滩涂，成千上万的招潮蟹一瞬间便从洞里爬出来，它们挥舞着大钳子似乎在说：深圳欢迎您！让人也情不自禁跟着挥手。

弧边管招潮蟹（*Tubuca arcuata*）是深圳湾里个头最大的招潮蟹。整体橘红色，背甲花纹黑色多变。头胸甲背缘圆弧形。眼柄细长像火柴棒。雄蟹有一对大小悬殊的螯，大螯用于打斗或求偶。因时常挥舞大螯，这动作好像在招唤着潮水，故得名“招潮蟹”。

外形彪悍的弧边管招潮蟹是素食者，它们取食滩涂上微小的藻类。用小钳子将泥沙送到嘴里，过滤其中的藻类和有机物碎屑，将沙粒吐出。雄蟹只有一个小钳帮助进食，比雌蟹费劲多了。滩涂上一个个圆圆的土球，就是招潮蟹进食后留下的。

为了躲避鸟类和其他捕食者，弧边管招潮蟹挖掘洞穴生活。在潮水来临之时，便钻进洞穴，把洞口用泥封住，防止海水进入，同时让洞穴储存一些空气。洞穴极具特色，露出的地面部分呈烟囱状。

红树为什么不红呢？
——红树林

在深圳生活的人一定对红树林不陌生，可是不管什么季节去深圳湾看到的明明是一片绿油油呀！

红树并不是指外表红色，很多种类的红树林植物的树皮富含单宁酸，它们与空气接触后会被氧化成红褐色，我们常说的红树林也不是由一种植物组成的。

真红树植物是指专一性地生长在潮间带的木本植物，深圳湾红树林植物群落中主要的真红树有秋茄、木榄、海桑、无瓣海桑。为适应海滩的高盐低氧的环境，红树演化出了气生根及独特的胎生现象，面对较高的盐分，它们的根系有排盐和储盐两种应付办法，有的叶片也具有盐腺。

深圳湾的红树林，不仅仅起到了良好的海岸防护林带作用，也是海洋生物繁衍生息的理想场所；同时还是重要的候鸟中转地和越冬地，每年在深圳湾红树林湿地停歇觅食的越冬候鸟及过境候鸟约有10万只，超过190种。

红树林里的“飞毛腿”——白胸苦恶鸟

白胸苦恶鸟（*Amaurornis phoenicurus*）体色黑白，界限十分鲜明。头顶和背黑色；额、脸、胸和腹部白色；嘴黄色，上嘴基部红色且略微隆起；脚淡黄绿色。它们的鸣声音似“kue，kue，kue”，才有了“苦恶鸟”这样特别的名字。

它们栖息在田野、河滩、水边灌木丛和红树林滩涂，也生活在靠近人居环境的池塘、公园。它们白天通常躲在植物茂密的草丛里，不轻易露面。到了清晨、傍晚和夜间才出来。常单独或成对活动，有时也集小群活动。以植物种子、小型水生动物、昆虫为食。

修长健壮的脚爪一看就是善于行走的选手，无论是碎石嶙峋的石滩、错综复杂的草丛或泥泞的滩涂，白胸苦恶鸟都能如履平地。它们几乎只在地面活动，偶尔才在水中游泳，飞行能力就更差了，只有在迫不得已的情况下才作短距离飞行。

白胸苦恶鸟警惕性高，多在草丛或树林边缘活动，很少走到空旷地带。在深圳湾公园茂密的红树林里它们悠然自得。即使已经躲避得够好，只要稍有风吹草动，这些“飞毛腿”就会一阵急走跑到更隐秘处躲藏，样子十分滑稽。

白胸苦恶鸟

黑翅长脚鹬

潮汐现象

不同时间去深圳湾，会发现水的高度不太一样。海水受到月球和太阳引力作用的影响，周期性地升起和落下，这就是潮汐。

习惯上把海面垂直方向涨落称为潮汐，而海水在水平方向的流动称为潮流。潮汐可能是半日潮（一天有两次高潮和两次低潮），或一日潮（每天一次高潮一次低潮）。深圳与绝大多数地区一样，潮汐都是半日潮。世界上最大的潮汐地位于加拿大的芬迪湾，每日海水潮汐相差高度可达 16 米。潮汐是一种有规律的海面升降现象，与人类生活息息相关。俗话说“涨潮落潮把鱼钓，平潮枯潮睡大觉”，意思是涨退潮时，鱼儿开始觅食，容易上钩；平潮、停潮时，鱼儿便停止觅食，足见潮汐对生物的影响。

观赏水鸟时也需要提前查看潮汐表。涨潮时雁鸭会比较靠近岸边，便于人们观察；退潮时底栖生物大量涌现，一些虾蟹和大弹涂鱼在滩涂上觅食，鸟儿则会趁这个时候聚集觅食。

投喂并不是爱鸟

深圳市位于“东亚—澳大利西亚”候鸟迁飞路线，每年9月开始，便有大量的候鸟来到深圳湾公园一带停息和觅食，这里是候鸟的温暖港湾，也是观鸟爱好者的乐园。

在入海口更是异常喧闹，成千上万的红嘴鸥（*Chroicocephalus- ridibundus*）飞起、水中觅食的场景成了深圳湾一张靓丽的名片。不少市民对鸟儿充满爱心，自发投喂面包、饼干，也有人是为了引诱鸟类靠近来拍摄进行投喂。“人鸥互动”的场面看起来“和睦”，殊不知，这看似和谐的画面实际上对鸟儿可不是好事。

胡乱投喂野生动物，百害无一利。面包、饼干等高热量低蛋白的食物，容易引起鸟类营养不良，导致其体重下降，翅膀畸形，无法完成后续迁徙的艰辛旅程。比起人们投喂的面包、饼干，红嘴鸥更倾向于鱼、虾等天然的食物。而且，长期接受投喂的鸟类逐渐形成对人类的依赖，甚至丧失野外觅食能力，对天敌戒心不足，更易被不法分子或者天敌捕捉。

此外，投喂的食物掉落水中，容易腐烂滋生大量细菌，对美丽的深圳湾也是一种危害。

我们有幸可以在城市中观赏鸟儿的美丽姿态，喜爱之余，也应当了解怎样才是正确的爱鸟方式。不投喂，不伤害，才是真正文明的与鸟儿共处的方式。

NEAR BY
逛周边

2018 年，经过对深圳湾景观环境、商务经济与文化艺术多元性的综合考量，深圳市提出打造“深圳湾超级总部基地”的创想，在顶层设计上充分考虑、调动、布局和盘活深圳湾公园周边的自然和人文资源。

公园东侧的福田红树林自然保护区是全国面积最小，而且是唯一地处一线城市腹地的国家级自然保护区；红树林海滨生态公园北侧即为深圳华侨城欢乐海岸，是深圳着力打造的高品质人文旅游、国际创意生活空间中心，人文色彩浓郁。

公园边，形似“春茧”的深圳湾体育中心经常举办演唱会、运动会等文体活动，也是全民健身的好去处；深圳湾口岸则是前往香港特别行政区最常用的口岸之一。

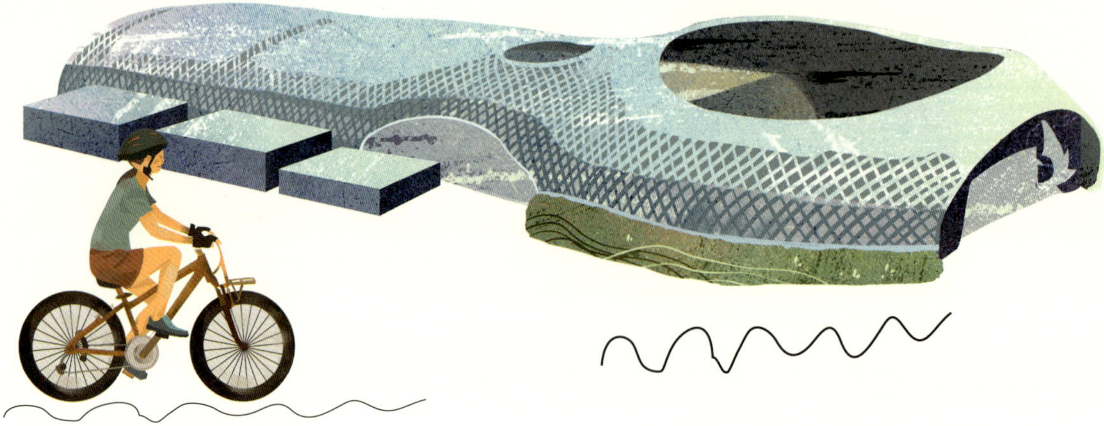

体验城市好生活
灵感碰撞之地

附近好去处

- ☑ Futian Mangrove Nature Reserve
  福田红树林自然保护区
- ☑ OCT Harbour
  深圳华侨城欢乐海岸
- ☑ Shenzhen Bay Sports Center
  深圳湾体育中心
- ☑ “Spring Cocoon” Gymnasium
  春茧体育馆
- ☑ Shenzhen Bay Port
  深圳湾口岸
- ☑ Shenzhen Bay Headquarters City
  深圳湾超级总部基地

深圳
人才公园

Shenzhen Talent Park

占地面积

公园面积：77 公顷

1. 大门广场
2. 风帆塔
3. 芦苇荡
4. 水岸岛群
5. π 桥
6. 星光桥
7. 人工岛
8. 人才功勋墙

生态环境

草坪 湿地

功能配备

展馆 停车场 服务站 儿童友好 自然教育中心 跑步道

周边交通

地铁可达

洗手间 亭子 入口 停车场

深圳人才公园

浓墨重彩书写“深爱人才”

地址：南山区科苑南路、东滨路、沙河西路中间

1979 年的春天，中国改革开放的总设计师邓小平在中国的南海边画了一个圈，作为中国改革开放的窗口和试验田，深圳以其海纳百川的胸怀，成为八方英才的向往之地。

2017 年，中国首个以“人才”为主题的公园深圳人才公园诞生。它也一举摘得了 2018 年度全球景观设计大奖（WAF Shortlist 2018 Landscape of the Year）。

人才公园地处后海的核心区，也是后海最大一块城市绿地。它的原名是深圳湾后海公园，曾举办过 F1 摩托艇世锦赛深圳站比赛。如今，凝缩而成的 32 万平方米内湖，延续了海的记忆。内湖与外滩潮汐相通，交换着咸淡水，也带来丰富的自然资源，滋养着众多在此停留的迁徙候鸟。

当长达 15 公里的深圳湾滨海带重新将海景引至人们窗前时，源自大海的“流动”也将南山的中心与海相连。在占地面积约 77 万平方米的人才公园中，处处可见曼妙的曲线与运动的特质。一条环湖而行的蓝色跑道延续了深圳湾公园的慢跑路线，并将其与深圳湾体育中心相连。

如果从天空俯瞰公园，你会发现其中隐藏着“一湖一岸四轴”的规整分布，它以人才公园为基点，串联起深圳湾后海片区的重点景观地带。一湖即公园的内湖主景，水域辽阔，烟波浩渺，白天鱼跃鸟飞海天一色，夜晚星月交辉流光溢彩；一岸即 15 公里深圳湾滨海休闲带，它犹如项链，而人才公园则是吊坠，两者互联互通、浑然天成；四轴即人才科技轴（科苑南路超级总部基地街区）、人才景观轴（登良路公园主入口街区）、人才艺术轴（创业路商业文化街区）、人才运动轴（海德三道深圳湾体育中心街区），丰富着都市的生活。

本着“人才赋予公园灵魂，公园彰显城市精神”的理念，环绕内湖，分布有 20 多个以“人才”元素为主题的景观，醒目地亮出深圳识才、爱才、敬才、用才的理念。园区内的 π 桥、最美公式长廊、汉字部首长廊彰显了深圳对知识和科学的尊重与追求；人才星光桥、人才故事汇、深爱人才馆，是深圳拥抱英才、传承发扬求才传统的写照；求贤阁、群英荟、人才驿站，效仿古人英杰相聚场所，让各类人才发挥自己的作用。

除了浓墨重彩地书写着深圳的人才文化，公园的设计还处处体现着人性化的细节，如人才星光桥和陆地的衔接平整，减少了环湖跑步者在过桥时的不稳定感；该桥的扶手向内倾斜 45 度角，更便于人

们凭栏观景或短暂休憩；公园内分布有 4 个公厕，在人才志愿者服务站旁公厕内设置了哺乳室，还设有手机充电站和免费直饮水。公园南侧的公厕则配备了可自助扫码进入的淋浴房，方便大汗淋漓的运动者回归清爽。此外，公园内还配备了儿童嬉乐园、Wi-Fi 等设施，服务贴心周到。

人才公园的人文关怀也体现在它的植物配置上。为了让身处亚热带的深圳人感受“四季分明”，设计者精心种下一片“四季花海”，借助落叶植物及植物色彩的变化，向人们提示着时间的流逝。凤凰花开之际，正是绚烂的夏天；湖边芦草微黄，暗示秋天渐近；南方的冬天，从来不缺生机，且看美丽异木棉、刺桐、宫粉紫荆等花木争芳斗艳；待到黄花风铃木、木棉与宫粉紫荆交相辉映时，春天也就到了。

寒来暑往，春去秋来，四十多年来，深圳始终是中国改革开放的前沿阵地，无数追梦人的圆梦之地。为什么会是深圳？人才公园生动立体地揭示了这座城市创新驱动的法宝：因为深爱人才，所以圳等你来！

Shenzhen Talent Park: A Manifesto of Shenzhen's Deep Love for Talents

In the spring of 1979, Deng Xiaoping, the chief architect of China's reform and opening up, drew a circle by the South China Sea. As a window and experimental field for China's reform and opening up, Shenzhen, with its open mentality like the sea embracing all rivers, has become a dreamland for talents from the whole world.

In 2017, China's first park with the theme of "talents" was established in Shenzhen. It has won the WAF Shortlist 2018 Landscape of the Year Award.

Shenzhen Talent Park, located at the centre of Houhai, is the largest urban green space in the area. It was called Shenzhen Bay Houhai Park and used to hold the GRAND PRIX of Shenzhen of F1 H2O UIM World Championship. Today, although the boundless water has become an inner lake of 320 thousand square metres, the memory of the sea goes on. As the tide flows, the inner lake continues its communication with the sea, exchanging salty water and freshwater and getting rich natural nourishment.

The 15-kilometre-long coastal belt of Shenzhen Bay brought the sea view back to people's windows, and the "flow" from the sea also connects the centre of Nanshan District to the ocean. In Talent Park, which covers an area of about 770 thousand square metres, there are graceful curves and sports characteristics everywhere. A blue track around the lake continues the jogging route of Shenzhen Bay Park and connects it with the Shenzhen Bay Sports Centre.

In line with the concept of "talents are the soul of the park, which highlights the urban spirit", there are over 20 landscapes with the theme of "talents" surrounding the lake. They reflect Shenzhen's respect, care, publicity and encouragement for all kinds of talents. The π Bridge, Corridor, and Corridor of Chinese Character Radicals indicate Shenzhen's respect and pursuit of knowledge and science; the Talent Starlight Bridge, Talent Story Collection, and Talent Museum are the portrayal of Shenzhen's embracing talents and inheriting and carrying forward the tradition of caring for talents; the Pavilion of Courting for Talents, Hall of Talents, and Post Station of Talents simulate the occasions where talents gather, allowing all kinds of talents find joy, resonance and themselves. There are stories and QR codes engraved on the benches at some important nodes. You can scan them to listen to talent-relevant stories.

In addition to stressing the talent culture of Shenzhen, the design of the park also embodies the humanized details. The smooth connection between the Talent Star Bridge and the land is more friendly and safer for the runners around the lake when crossing the bridge; The handrail of the bridge inclines inward by 45°, more convenient for visitors to have a rest or enjoy the view when leaning on the handrail; there are four public toilets distributed in the park, and the public toilet near the volunteer station has a nursing room, a cellphone charging station and free drinking water nearby; the public toilet in the south of the park is equipped with a shower room with the self-service code scanning system, which is convenient for sweaty sporters to refresh themselves. Besides,the park also has playgrounds for children, Wi-Fi and other facilities. The service is very considerate.

The humanistic care of Talent Park is also reflected in its plant configuration. In order to allow Shenzheners to feel the "four seasons" in the subtropical zone, the designer carefully planted a "sea of flowers of four seasons". The deciduous plants and the change of colour remind people of the passage of time. It is summer when the royal poinciana comes into flower; the autumn is approaching when the reed by the lake turns yellowish; the winter of the south is never lack of vitality the gorgeousl flowers and trees such as silk floss trees, India coral trees and purple orchid trees competing with their beauty. When golden trumpet trees, silk floss trees and purple orchid trees blossom, spring is coming.

Over the past 40 years, Shenzhen has always been the forefront of China's reform and opening up, and a place for countless dream seekers to realize their dreams. Why Shenzhen? Talent Park vividly reveals the secret that drives the city's innovation: Shenzhen loves talents; Shenzhen is waiting for you!

ATTRACTIONS

赏景观

人才功勋墙

在公园西北林荫广场原有的斜向景墙上有一面人才景观墙，面积达 37 平方米，长 31.8 米，高 1.4 米。上面刻有中国古代典籍关于人才论述的名篇，如《吕氏春秋 · 赞能》、欧阳修《王公神道碑铭》、刘基《照玄上人诗集序》等。它采用架空耐候钢板镂空方式加以表现，设计风格简约现代。

π 桥

还记得小时候背过的 3.1415926…吗？无限不循环的 π，让多少代人去追逐去思考。在公园南侧的内湖湿地上，便有一座架空廊桥，取名 π 桥。桥长 171 米、宽 3 米，桥体栏杆铺写了 2017 个数字，一直到 π 的小数点后的第 2017 位，以纪念人才公园于 2017 年建成开放，同时展现圆周率无穷尽的特点，寓意人才的智慧和探索精神。

最美公式长廊

来最美公式长廊，换个角度看看那些在课堂上让我们挠头的公式吧！在这条长 14.9 米、宽 5.3 米的长廊顶部镌刻着密密麻麻的公式，它们有小朋友也能看得懂的 1+1=2，也有富含深意的 $E=mc^2$。晴天，当阳光透过长廊顶部照射下来，将公式映在地面，它们就像闪耀在人类历史长河中的智慧之光。长廊的地面采用木质铺装，中和了钢结构廊架给人的冷酷感。长廊内的坐凳以石材和木材相结合，和周围环境自然相融。

鹬鸻鸟类的乐园：水岸岛群

秋冬季节，人才公园内便会呈现候鸟集群飞翔的盛况，这其中还有个暖心故事。人才公园的建设虽提升了原荒地的景观价值，但也改变了候鸟们栖息的环境。在深圳市观鸟协会及政协委员的建议下，人才公园在人工湖中专门设计了几片人工礁石，让远道而来的候鸟们在此歇脚。事实证明，鸟儿们也确实很喜欢这些沙石滩。当然，人才公园目前的候鸟规模与过去高峰期相比还有一定距离，鸟类需要一段时间适应，请游人们保持距离观鸟，一起见证小鸟天堂的回归。

人才星光桥

人才星光桥不仅是园中的重要交通节点，也是设计别致的景观之一。目前星光大道上矗立着 65 根星光柱，映照着 30 位深圳杰出人物的肖像，涵盖了科学家、实业家、公益人士等，向为深圳发展做出贡献的杰出人才致敬。未来，星光柱上的人物肖像还会不断增加，展现出深圳尊重人才的风度。

DIVE IN
游公园

打卡人才功勋墙及群雕

人才功勋墙及群雕是公园人才艺术塑造最为集中的区域。这些雕塑由鲁迅美术学院院长李象群领衔创作。人才功勋墙利用公园现有墙体，采用固定和 LED 显示屏相结合的方式，以时间为主轴，用群雕的方式，梳理出最具代表性的人才群体，分“春天的故事”“火红的年代”“创造的时代”三大主题，集中表现深圳人才的进化脉络，以纪念为深圳经济特区建立、发展和繁荣做出贡献的各类人才，也引发每一位深圳人的共鸣。其中纪念个体雕塑有两座：一座是中国改革开放事业的重要探索者袁庚，一座是深圳引进的第一位全职院士牛憨笨。

观看灯光秀

如果说福田区市民中心的灯光秀让人近距离感受光的震撼，那么南山区人才公园的灯光秀则是在更大的空间尺度上给人以遐想。

人才星光桥上是欣赏此处灯光秀的最佳地点，眼前的画面堪比 16 ：9 的宽画幅荧幕大片。它与阿里巴巴大厦、深圳湾一号、春笋等深圳湾地标性建筑上的灯光同时联动，将璀璨与音乐谱成歌剧，又因置身湖海而愈发灵动。

环湖慢跑

围绕人才公园内湖有一圈环湖塑胶跑道，全长 2.5 公里，呈莫兰迪蓝色，十分醒目，这样的设计在城市公园中也并不多见。它为周边人才日常锻炼提供了便利。在酣畅淋漓的运动过后，人们可至公园南侧公厕内的淋浴房淋浴。

求贤阁人才书吧

公园内设有深圳图书馆“求贤阁分馆”，虽然面积不到 200 平方米，却内涵丰富，服务多样，这也是深圳在城市公园设计中第一次把图书馆纳入其中，体现了“图书馆之城”——深圳在地区图书馆服务建设上的科技含量。

求贤阁由深圳图书馆负责配置优质图书和丰富的数字资源，配备了电子图书借阅机，并配有咖啡吧。此外，公园内还设有人才驿站，兼备党群服务中心，为人才提供政策咨询、创业指导等服务。

黑衣捕鱼郎
——普通鸬鹚

普通鸬鹚

“远处一只小船上，渔人坐在船尾，悠然地吸着烟，灰黑色的鸬鹚站在船舷上，好像列队的士兵在等待命令……”郑振铎的文字是很多城市孩子对鸬鹚的最初印象，在我国如鄱阳湖、漓江等地，都有驯养普通鸬鹚(*Phalacrocorax carbo*)捕鱼的习俗。

普通鸬鹚确实非常擅长捕鱼，它们在水中的速度非常快，最深可以潜到水下 10 米处追逐鱼类，而且喜欢抱团捕食，形成庞大的“鸬鹚军团”。普通鸬鹚体形硕大，全身黑色，带有金属光泽，面部裸皮黄色，眼睛绿色，上嘴末端下弯，像个鱼钩一样，在捕食时用来固定鱼类。如果见到头部有白色羽丝的鸬鹚，多半是在繁殖期。

每年夏季，普通鸬鹚在我国北方、青藏高原等地方繁殖，秋冬季节南迁越冬。深圳湾是它们重要的越冬地，在人才公园、深圳湾公园经常能看到它们大批聚集。

如果在深圳见到“大雁列队飞行”多半也是普通鸬鹚，秋冬季节它们经常排成“V”字飞过深圳上空，好不壮观。

海岸沙堤卫士
——黄槿

海子把“面朝大海，春暖花开”描绘得明朗温暖，但对于植物来说，要在海边扎根生存谈何容易，它们需要非常顽强才能适应海边的高盐、大风环境，继而开花结果。

人才公园的黄槿（*Hibiscus tiliaceus*）就是能在这种环境下生存的顽强植物，每年的6~8月能够开出漂亮的花朵，花朵还会在下午由黄色变成橙色，一天之中能看到颜色的渐渐转变。

花朵美丽，靠的是内在坚硬的木质支撑。黄槿木质坚实，树皮韧性极强，因此能够耐受海边的大风。通常木质坚硬的植物生长都十分缓慢，黄槿却还能保持较快的生长速度，它的秘密武器就是对阳光和养分极高的利用效率。当海风吹袭的时候，坚硬的黄槿就像一个个坚毅的卫士，守护沙堤，减轻风力，保护沿岸的建筑物。

沙地上的爬山虎
——厚藤

在海边的沙地，一般是很少有植物覆盖的，如果看到沙地上有爬山虎一样匍匐蔓延的植物，还开着“喇叭花”，那很可能就是厚藤（*Ipomoea pes-caprae*）。它长圆形叶片顶部有个凹缺，左右对称，因此也被称作“马鞍藤”。

厚藤能够在贫瘠的海边沙地上生长是有它的独门绝技的：首先叶片肉质非常肥厚，能够储藏更多的水分来对抗太阳的暴晒；其次紫红色的花朵则“晨开午合”，这也是它们自我保护的一种机制，合起来之后的花朵受阳光照射的面积就小了很多，能够减少水分的蒸发；最后，厚藤的根茎也非常发达，平卧的茎不容易招风。成片生长的厚藤就像爬山虎爬墙那样把海沙掩护在自己身体下面，不让海风轻易把它们吹走。

人才公园处于深圳湾生态圈伸延范围内，公园水体面积约占一半，跟深圳湾海域衔接，因此公园建设的时候种植了较多的厚藤。

NEAR BY
逛周边

人才公园宛如深圳湾畔的一颗明珠，在带状的深圳湾公园中加上一处点缀。站在人才公园中向四处望。最醒目的就是极具设计感的摩天大楼——中国华润大厦（“春笋”），此外还有一排中国顶级企业的高楼在此，尽可感受澎湃的商业脉搏和“人才”们在经济发展中的重要作用。

不远处的深圳湾万象城在 2018 年底开业，与第一座位于罗湖的万象城相隔整整 14 年，见证了深圳商业格局的剧变。

体验城市好生活
灵感碰撞之地

附近好去处

- China Resources Tower
  中国华润大厦（“春笋”）
- Shenzhen Bay Mixc
  深圳湾万象城
- “Spring Cocoon” Gymnasium
  春茧体育馆
- Parks by Shenzhen Bay
  深圳湾公园群

华侨城湿地公园

OCT Wetland Park

占地面积

X96

公园面积：68.5 公顷

① 大门
② 岗亭
③ 翩影轩
④ 觅幽阁
⑤ 生态展厅
⑥ 芦苇荡
⑦ 零废弃生态园

生态环境

湿地

功能配备

展馆　停车场　服务站　儿童友好

周边交通

地铁可达

洗手间　亭子

北
2 岗亭
3 翩影轩
1 大门
123
白石路
欢乐海岸

华侨城湿地

都市腹地的自然柔情

地址：深圳市南山区沙河街道滨海大道 2008 号

穿过深圳湾畔热闹的“欢乐海岸”，向北，忽而都市的乐章切入一片莺飞草长之中。这里就是“华侨城湿地”，在都市商业体的围绕中带来属于自然生态的别样活力。

这里是中国唯一地处现代大都市腹地的滨海红树林湿地公园，先后获得了“国家生态旅游示范区”和“国家级滨海湿地修复示范项目”等多项称号。2016 年，它以全国最小的面积成为深圳市首个国家湿地公园。深圳市第一所“自然学校”也在这里创立。如今，自然教育已经成为华侨城湿地乃至深圳市的一张名片，为这座处处争先的年轻城市又添一笔光彩。

时光倒流回 1990 年以前，这里仍是大片绵延的滨海滩涂，遍布着茂密的红树林和栖息于此的生灵。这一方水土默默守护着深圳最初的居民。然而，在那个拓荒年代，人们还无暇顾及一片湿地的美丽与哀愁。经过浩大的填海工程，高楼大厦在此拔地而起，这一方土地见证着深圳的华丽巨变，自己却伤痕累累。填海之后遗留下的 125 公顷滩涂，在涨潮之际会形成一个湖区，被分为北湖和南湖，北湖即为华侨城湿地的前身。2007 年，华侨城集团成为首个受托管理城市湿地的企业，接管华侨城湿地。经过多年“保护、修复、提升”的努力，曾经沉沉睡去的湿地被感念自然的人类温柔唤醒，重现绿色活力。如今的华侨城湿地是深圳湾湿地的重要延伸，在深圳湾滨海湿地生态系统中起着重要作用。

根据记录，华侨城湿地平均每年记录鸟类超 1 万只次，目前共记录鸟类 175 种、植被 369 种。2018 年底还记录到豹猫种群的繁育。这里的鸟类种数占到深圳湾的 80%，使得深圳湾成为林鸟种类最多的区域。每年，几十万只候鸟经此迁徙，让这片湿地愈加充满活力。

生灵的怡然自得，成就了人类的自然之乐。华侨城湿地的管理者始终谨记着：人类只是这里的匆匆过客，大自然才是它真正的主人。也正因此，园内的解说牌大都以生物本身的“我”为第一人称。2012 年，华侨城湿地正式对外开放，为了减少游人对生态环境的干扰，实行“网上预约，免费入园”的模式，以控制游园人数，并设置芦苇屏障、观鸟屋 、远程观鸟系统等，引导人们文明观鸟。由 2015 年起，更是取消了园道的垃圾桶，让游客不把废弃物留下，践行“无痕湿地”的理念。

园内鲜有人工雕琢的痕迹，因循“自然、生态”的规划理念，不仅保留了原海岸线上的哨所岗亭，

还保留原始海岸线的原貌及原生红树林群落，并践行“还自然一个自然的状态”的创新管理理念，不做化学消杀，不采取景观园林式修剪，夜晚不开灯，践行“零废弃”理念，绿化垃圾不外运并充分再利用。人们设计维护并改善了这里的自然环境，又隐藏起自己的身影，把一切交给自然。

沿着园道绕湖而行。狭窄的园道是保留了原始的边防巡逻道，主要以人行为主，两边被恣意生长的绿植包围。经过红树啼莺、平湖飞鹭、翩影轩、轻纱绿苇、华侨城湿地生态展厅等景点，其中偶遇亲水栈道探向湖心，犹如悠扬旋律线上突然划过的装饰音，为周边美景的“四季”协奏增添欢愉的注脚。在这条旋律线上，滩涂、浅海、红树林、芦苇荡和天然形成的独立小岛“鹭岛”，一同演奏出诗意的优雅乐章。

一段“零之路”，巧妙记录着自然的痕迹。孩子们用“山竹”台风留下的断枝、树桩、芦苇秆等自然废弃物，加入想象力和缤纷色彩，精心制作成自然艺术装置。贯彻真正的自然理念，这些艺术装置并没有做永固处理，有着自己的生命轨迹，随着时光和风雨洗礼变化，最终又会“化作春泥更护花”。

在寸土寸金的都市腹地保留这样一片自然和谐的湿地，这是深圳在耀眼经济成就之外的诗意与对自然的敬畏和温柔。

OCT Wetland Park: The Tenderness of Nature in the Urban Hinterland

North to the bustling OCT Harbour by the Shenzhen Bay, the rhythm of the city suddenly enters a chapter of nature. This is the Guangdong Shenzhen OCT National Wetland Park (hereinafter referred to as OCT Wetland Park), which carries the unique vitality of ecology in the surrounding of urban commercial entities.

OCT Wetland Park is the only coastal mangrove wetland park located in the hinterland of a modern metropolis in China. It has won the titles of National Ecotourism Demonstration Area and National Coastal Land Restoration Demonstration Project. In 2016, it became the first national wetland park in Shenzhen despite its smallest size in China. Shenzhen's first "nature school" was also founded here. Today, nature education has become a signboard of OCT Wetland Park and even Shenzhen, bringing glory to this young city striving for the first place in every area.

Before 1990, the park was a vast tidal flat, covered with dense mangroves and abundant in creatures. This land has been silently guarding the original residents of Shenzhen. However, in that pioneering era, people were too busy to care for the beauty and sadness of a wetland. After massive reclamation projects, high-rise buildings have sprung up here, but the land witnessing the magnificent changes of Shenzhen was scarred.

Reclamation left 125 hectares of tidal flat, which, at high tide became a lake divided into two parts, the north lake and the south lake. And the north lake is the predecessor of OCT Wetland. In 2007, OCT Group took over the wetland, becoming the first enterprise entrusted with the management of an urban wetland. After years of efforts to "protect, restore and upgrade", the once sleeping wetland was gently awakened by the people who are nostalgic for nature and once again unfold its green vitality in front of us. Nowadays, OCT Wetland is an important extension of Shenzhen Bay Wetland and plays an crucial role in the Shenzhen Bay coastal wetland ecosystem.

According to the records, more than 10000 birds are recorded every year in OCT Wetland Park. At present, 175 species of birds and 369 species of plants are recorded; the breeding of leopard cat was also recorded at the end of 2018. The bird species recorded here account for 80% of the Shenzhen Bay's, and OCT Wetland Park is also the area with the most forest bird species in the Shenzhen Bay.

Every year, hundreds of thousands of migratory birds fly over here, making this wetland even more energetic.

Human beings can enjoy the happiness of nature only because wild creatures can live a free life.. The administrators of OCT Wetland Park always keep in mind that human beings are just passers-by, and nature is the real master here. As a result, most of the interpretive boards in the park take the first person, "I", to tell the stories of wildlife. In 2012, the OCT Wetland Park officially opened to the public. In order to reduce the disturbance of visitors to the ecological environment, the park adopts the mode of "booking online with free admission" to control the flow of visitors. There is no reed barrier, bird watching house or remote bird watching system to guide people to watch birds in a civilized way. Since 2015, even the trash cans are cancelled, so that tourists can practice the concept of "traceless tour in the wetland" and won't leave their waste behind.

This natural and harmonious wetland in the pricey downtown area indicates Shenzhen's poetic feature beyond its glorious economic success and the reverence for nature.

ATTRACTIONS

赏景观

华侨城湿地生态展厅

展厅结合科技设置了很多体验式的环节，像是一个迷你湿地生态系统，展示关于湿地的一切。这里介绍了全球濒危物种黑脸琵鹭等湿地特色物种，在室内也可以看鸟类在头顶飞翔、招潮蟹在脚边横行；潮汐模拟池清晰还原了 50 年前深圳湾天然潮汐的景象；巨型滨海湿地剖面图油画，深入呈现滨海湿地的居民们如何生活。

除了宏大的装置，也有从园区收集的种子、蛇蜕等小物件，它们反而才是这里最“宝贝”的藏品。

展厅内的文字材料和湿地宣传片，翔实而生动地将公园的前世今生、起伏流转、爱与哀愁展现出来，凝结着人们对湿地的感情。

观鸟屋

园区北岸共设有两处观鸟屋，其中名为“翩影轩”的小木屋是望向鹭岛观鸟最合适的位置，另一处名为觅幽阁，为登高望远提供了便于观鸟的角度。观鸟屋内设有鸟类科普图，可以边观察边对比学习。春秋和冬天是这里最适合观赏鸟类的季节，数一数，一天可以在这里看到多少种鸟？

芦苇荡

深圳最富代表性的芦苇荡就在华侨城湿地。自然爱好者可以在其中寻觅黄腹山鹪莺等鸟儿的身影，或者观察昆虫在此期间的忽隐忽现；普通游人也能在如烟的苇花中感受到美的体验，拍出不同于深圳其他地方的照片。跟着湿地的环保志愿教师，你还会了解到芦苇荡藏在水面以下的秘密，饱眼福，长知识。

岗亭

华侨城湿地满目的自然柔情中，还留存着过往历史的痕迹。两处岗亭墙面上还可见隐约的字迹，触摸表面的斑驳仿佛经历时光穿梭。值得一提的是，也许很多年轻人不知道，经典电影《羊城暗哨》就是在这里的三层岗亭取景的。

零废弃生态园

湿地引入了“零废弃”的概念，在“零废弃生态园”推介厨余堆肥、自然农法等理念和技术。走进北岸的“零之路”，还有各种脑洞大开的“零废弃”装置，展现一种质朴自然的现代生活。如果看完跃跃欲试，想要亲手为保护环境，减少垃圾和资源消耗出一份力，就关注“华侨城湿地”公众号，快报名参加活动吧！

DIVE IN
游公园

来这里拥抱自然

身处都市中心，也可以跟自然离得很近。与小朋友一起，放下电子产品，打开你的感官，来华侨城湿地拥抱自然。2014 年，全国第一家自然学校在华侨城湿地诞生。秉承“一间教室，一套教材，一支环保志愿教师队伍”的原则，华侨城湿地开始筹办深圳第一家自然学校，目前已经有超过 500 位志愿者，开展教育活动超过 4000 次，针对不同年龄、不同季节，研发了涵盖湿地导览、“滨”fun 自然课、生态讲堂等在内的 33 套多元化课程。与经验丰富的讲解员一起，边走边学，大自然比你想象中更有趣！

“自然艺术季”

2018 年，华侨城湿地自然学校以“零”感源自然为主题，举办了第一届“自然艺术季”系列活动。该艺术季系列活动源于“零”的理念，包括自然艺术装置制作大赛、“自然艺术小旅”公众生态讲堂、自然艺术工作坊以及自然课堂等，来自深圳的各中小学的学生从艺术的角度体验、理解自然，创造大自然的艺术品。最终入选的作品被安放于湿地公园的“零之路”上，向访客传递“零废弃”的环保理念。

戴珍珠项链的鸟儿
——珠颈斑鸠

“咕咕咕咕——”来到华侨城湿地，请你留心这样的叫声，这里有一种戴着珍珠项链的鸟儿——珠颈斑鸠（*Spilopelia chinensis*）。

珠颈斑鸠是深圳最常见的一种斑鸠，因颈部一串黑底白点的领斑得名，看上去像戴着一圈华美的珍珠项链。它适应力强，喜欢在村落和农田附近的地面活动，也能在高度城市化的市区马路边和公园里栖息。

珠颈斑鸠性情大胆奔放，爱吃各种果实、谷物和高蛋白的昆虫，也会捡拾人类留下的食物，因此总是与人类做邻居。观察珠颈斑鸠，可以测试一个城市人与野生动物的关系：如果它们总是气定神闲地散步在行人眼前，毫不畏惧，想必这座城市的人们待动物不错；如果它们总是与人保持疏远的距离，见人便大惊逃走，大概它们是从不少苦头中得到了教训。

在华侨城湿地还有另一种咕咕叫的鸟——山斑鸠，后颈两侧有黑色横斑，仿佛系着褶皱的围巾。

蒹葭苍苍话芦苇

《诗经》有云："蒹葭苍苍"，描写的便是一片芦苇(*Phragmites australis*)茂盛的样子。

华侨城湿地就保留有大片大片的芦苇荡：春夏翠绿，秋冬金黄，到了花期，白茫茫的芦花随风摇曳，如梦似幻。在这座城市的日出与日落中，霞光洒满芦苇花穗，美不胜收。

芦苇不只构成了梦幻美景，它的全身都是宝：芦苇秆可以用于造纸、制作芦席、芦帘，一些地区的老百姓还会利用芦苇花蓬松发散的特性制作"芦花扫帚"。在生态方面，芦苇是湿地生态系统中广泛分布的重要植物，能够起到吸附重金属、净化水质的作用，而且是天然的消浪器，帮水岸挡住波浪的冲击。芦苇荡更是许多野生动物的乐园，繁茂的芦苇给动物们提供了隐蔽的栖身之所，让它们能够在其间觅食繁殖而不用担心暴露在天敌面前。鸟类中专门的"苇莺属"（*Acrocephalus*），就是一类喜欢栖息于芦苇荡中，黄褐体色与枯黄的芦苇荡高度融合的小鸟。在深圳，芦苇荡中则常有纯色山鹪莺、黄腹山鹪莺在其中跳跃鸣唱。

芦苇

斑鱼狗悬停

斑鱼狗俯冲捕鱼

擅长悬停的"捕鱼大师"——斑鱼狗

华侨城湿地水草丰美，鱼儿游弋湖中，自然吸引了很多"捕鱼大师"光顾。翠鸟家族在英文中称为 Kingfisher，意即"捕鱼大王"，捕鱼能力可见一斑，中文则称之为"鱼狗"。

斑鱼狗（*Ceryle rudis*）属于翠鸟科鱼狗属，有着黑白斑驳的羽色和朋克风格的羽冠。成年雄性胸口有一宽一细两条黑带，好像打了个领结，雌性则没有这个特征。

斑鱼狗是翠鸟家族里的大个子，性情似乎也大大咧咧一些。不像普通翠鸟、白胸翡翠那样总是孤僻地站在水边等待，斑鱼狗喜欢扎堆，会两三只在一起活动，好不热闹。人们通常是远远地就看到它悬停在水面上方，不停扇动翅膀，十分招摇。不过，它们可不是真的在炫耀自己，这是它们惯用的捕鱼技巧：在水面上方停留以方便观察，一旦锁定目标，便以与水面垂直的姿势，快、准、狠地一头扎进水中，得手了便会衔着一条鱼或水中昆虫弹出水面，激起一片水花。

深圳最后的猫科精灵——豹猫

猫是深受人们喜爱的伴侣动物，但即使是最忠实的爱猫人，对猫咪的野外亲戚大多也知之甚少。你可能难以想象，在深圳这座现代化城市人口密集的市中心地带，华侨城湿地中，就有一种野生猫科动物——豹猫（*Prionailurus bengalensis*）存在。

豹猫体形只比家猫略大，头部至肩部有 4 条棕褐色条纹，两眼内缘向上各有一条白纹，耳背长着淡黄色斑，全身布满褐色斑点，与豹相似，因此得名豹猫。豹猫在这片生态绿洲中自在地捕猎、玩耍、繁衍，湿地的红外线相机中频频出现它们的身影。

如果时间倒流，深圳这片土地上曾经还分布着华南虎、云豹等威风凛凛的大型猫科动物，如今都了无踪迹，而且再也没可能回到这里。

豹猫，是精灵般美丽的猫科动物留存在深圳最后的希望，随着自然保护区和郊野公园的建立，以及法律法规的不断健全，深圳能够保护这些在濒危边缘的野生动物，给它们营造更加完整、安全的乐园。

鸟中有个小“佐罗”——棕背伯劳

棕背伯劳（*Lanius schach Linn*）属雀形目伯劳科，是深圳的留鸟之一，体长约 23~28 厘米，跟成人手掌的长度差不多，算是雀形目中比较大的。和伯劳科的其他亲戚一样，棕背伯劳最引人注目的就是从前额到眼周和耳羽一条宽阔的黑色贯眼纹，和正义化身“佐罗”的眼罩一模一样。

这个鸟中小“佐罗”的确有侠客的威猛。华侨城湿地经常有棕背伯劳出没，机警地站在树枝高处，它们善于模仿其他鸟类的叫声，歌声算得上婉转动听，而对于它们所寻觅的猎物来说，这歌声背后可暗藏杀机。棕背伯劳是坚定的肉食主义者，主要以昆虫、小鸟、蜥蜴、蛙类等为食，偶尔才吃一些植物果实及种子换换口味。它们有个骇人的癖好，喜欢把杀死的猎物挂在树刺上固定，然后用锋利如钩的上喙撕碎猎物享用，因此也常被称为“小猛禽”或“屠夫鸟”。如果在树枝上看到串起的鸟雀尸体或者已经风干的小蜥蜴，那多半是它们的杰作。

——八声杜鹃的巢寄生故事

鸟类大多都会尽心尽力抚育自己的孩子，从筑巢、孵蛋到喂食、引导飞行，都蕴含着浓浓爱意，但也有一些另类。

在深圳的春夏，常常能听到独特的八音一度鸣唱声，那便是八声杜鹃求偶的歌唱。之后，雌鸟会寻觅合适的寄生巢把蛋生在里面，通常，每个寄生巢里只放一个，有时还会拿走宿主的一枚鸟蛋，而且蛋的外观高度模仿宿主的鸟蛋以避免被宿主鸟发现。杜鹃幼鸟往往是第一个孵化出来的，小杜鹃凭着本能眼睛都没有睁开就努力将宿主鸟的鸟蛋推到外面，这样小杜鹃便成了“独生子”，养母养父只能将全部的精力都放在它身上。

杜鹃寻找的宿主对象并不固定，多是体形较小的雀形目鸟类，常见的有北红尾鸲、长尾缝叶莺、纯色山鹪莺等。所以，人们经常会看到这样令人惊奇的画面：壮硕的杜鹃幼鸟卧在小小的鸟窝里或蹲在鸟窝附近，张着大嘴索要着体形娇小的宿主亲鸟喂食。

当然，鸟儿们也不会坐等着被狸猫换太子，一些鸟儿进化出了反巢寄生策略，比如通过卵的底色、斑纹、大小识别杜鹃蛋并丢弃，或者对杜鹃成鸟严防死守。

静默的大个子
——苍鹭

苍鹭（*Ardea cinerea*）是湿地常见的大型水鸟，体长约 98 厘米，长着修长的腿和脖颈。独特的青灰色体色和黑色的头顶令它通常不会与其他鹭类混淆，但也有不了解鸟类的人把它们当作“鹤”，其实与鹤相比，它们还是不够高挑。

苍鹭性情寂静而有耐力，行动极为灵活敏捷。有时它可以站在一个地方等候食物长达数小时之久，因而有“长脖老等”的绰号。一旦机会来临，“长脖老等”会迅速从静默中出击，捕食鱼类或其他水生动物。仗着自己的大个子，苍鹭会捕捉别的鸟无能为力的大鱼，但是身为鹭鸟，苍鹭也无法撕咬，只能吞咽，因此经常可以看到苍鹭拧着脖子努力想要把鱼吞下的滑稽样子。

与其他鹭鸟相似，在繁殖季节，苍鹭的头部也会长出细长的饰羽，在湿地芦苇荡的微风中飘逸，十分好看。

美丽鹭影
——大白鹭

白鹭家族有白鹭、中白鹭、大白鹭，好像俄罗斯套娃一样，初识鸟类的人们一下就会被搞糊涂。

大白鹭（*Egretta alba*）可不是长大了的白鹭，如名字所描述，它确实是白鹭家族中最大的，体长约 90 厘米，但在细微之处其实与其他种有很多不同。

大白鹭与白鹭很好区分，首先体形上就相差很多，而且嘴和脚爪都不相同。大白鹭的嘴可以随着一年四季变色：在春夏繁殖季，和白鹭一样是纯黑色的；到了秋冬季节，就变成黄色了。脚爪也不像白鹭那样是黄色。与中白鹭的对比就没有那么显著，通常要注意嘴裂是否到了眼睛后面，还要综合脖子的长度判断。

白鹭家族繁殖期的“婚羽”都很美丽，大白鹭没有白鹭那种长在头顶的小辫子，不过从背部延伸到尾端的洁白婚羽长而分散，有的甚至超过尾部 30~40 毫米，真的像穿着婚纱一样，风吹起来更加招摇。

苍鹭

大白鹭

NEAR BY

逛周边

周边有着丰富的“美景、美食、美物”。华侨城湿地北侧是中国最早的大型文化主题公园锦绣中华，它是世界上面积最大、内容最丰富的实景微缩景区；还有充满挑战的主题乐园欢乐谷，里面有着各种惊险刺激的游乐体验设施；西北方向的世界之窗主题公园，把世界奇观、历史遗迹、古今名胜、民间歌舞表演融为一体展示给各国游客。游玩之余，去欢乐海岸购物中心，又能尽享美食和购物乐趣。

体验城市好生活
灵感碰撞之地

附近好去处

- Splendid China Theme Park
  锦绣中华
- Window of the World Theme Park
  世界之窗
- Happy Valley
  欢乐谷
- OCT Harbour
  欢乐海岸
- KK100
  京基百纳

大沙河
生态长廊

Dasha River Ecological Corridor

1. 自然教室
2. 九祥岭湿地公园
3. 赛艇中心
4. 大沙河公园
5. 悠时光环保书吧

北

占地面积

X133

公园面积：95 公顷

生态环境

草坪　湿地　湖泊水库

周边交通

地铁可达

功能配备

展馆　停车场　服务站　儿童友好　自然教育中心　跑步道

大沙河生态长廊

蜿蜒十三公里的“绿飘带”

地址：南山区沙河西路

在中华人民共和国成立70周年之际，深圳在南北方向画下绿色的一笔——大沙河生态长廊于2019年11月正式开放。它蜿蜒13公里，连通了深圳湾滨海休闲带和深圳人才公园。白天，它犹如一条绿色飘带，穿行于繁华尘世间，沿河繁花似锦，水清鱼跃；晚上，它化身为一条光路，点亮都市水畔，流光溢彩。

大沙河源于阳台山，纵贯南山全境，串联起西丽湖、大学城、高新区与深圳湾。一直以来，柔美的大沙河默默守望着它的儿女们。然而，随着城市的发展，繁忙的都市人渐渐远离了河流，城市与河流一度停止了对话。大沙河生态长廊作为南山区建设的又一重大民生工程、一项生态景观修复的示范工程，拓展了城市亲水空间，让河流成就都市中诗意的栖息。

大沙河生态长廊是深圳市内最长的滨水慢行系统，更是粤港澳大湾区最美景观河。它依河而建，通山达海，以生态为核心理念，致力于大沙河生态系统的恢复与保育，实现了人与自然共生的绿色生态发展。根据沿线用地性质的不同，长廊分为上中下游三段：学院之道、城市森林、活力水岸。其间一带一园一廊互联互通、珠联璧合，构成一幅错落有致、层次分明的滨水图景，展现出山水相依、水城共融的都市魅力。

这是一条人文气息浓郁的河流。大沙河的上游从大学城片区穿过，在学院之道上缓步而行，可遇水上湿地花园、室外剧场、研理平台等节点，一路繁花点缀。

这也是滋养大地的绿色血脉。中游一段两岸腹地较宽，途经多个居民点，与大冲公园、大沙河公园、塘朗山、九祥岭湿地公园、西丽水库等多个生态绿地串联，仿佛为城市戴上一条光彩夺目的绿玛瑙项链。步入城市腹地中的小森林，山景与河景“相看两不厌”。在规划过程中，原有植被尽可能得到了保留，岸坡的大树、草坡、密林不仅为休闲的游人一片清凉，也是野生动物共享的家园。沿途设置了观鸟点、昆虫屋、鸟桩、鸟巢，为野生动物与探索自然的人们提供了更多可能。

这里也不缺动感。大沙河的下游由深南大道径直入海，与深圳湾公园无缝衔接。近50米宽的河面使这片水域成为举办水上赛艇、龙舟赛事等水上活动的优良场所。每逢赛事激烈时，看台上呐喊声不断，河道中桨橹翻飞，给这条“绿飘带”带来更多活力。

水，是大沙河生态长廊生动的灵魂；岸，是大沙河生态长廊绿色的脉络。沿途的亲水平台、河边栈道为繁忙的都市人提供了松弛身心的驿站。值得一提的是，园内卫生间（含母婴室及第三卫生间）、游客服务中心、茶室、书吧等配套建筑一应俱全，提供直饮水、遮阴廊架、休闲座椅、Wi-Fi、广播系统以及显示天气信息的智能电子标识牌等便民设施，为游园者提供贴心舒适的服务。水草、芦苇、沙洲与白鹭造就了这里的诗情画意，让在此休憩的人们能够在咖啡清茶的醇香、清风吹拂的温柔之间被自然治愈。“草在结它的种子，风在摇它的叶子。我们站着，不说话，就十分美好。”顾城的诗句正是游览大沙河生态长廊时的心情写照。

夜间的大沙河有更多匠心体现。长廊夜间的光环境设计以景造境，秉承现代简洁的风格，在微妙变化中体现层次，低调却不会被忽略。比如景观廊道空间特别采用的 3500K 非常规色温，使得大沙河的夜景在周边河岸步道和市政道路照明的包围中仍有辨识度；对沿岸赏花植物的照明则采用低色温的光线，使花容不被夜色掩盖。光线的装饰不仅点亮了自然深处的景观小品，也重新定义了被人一贯淡化的“灰空间”——比如原本荒草丛生的白石桥底，增加了潜入线性灯光的坐凳，有了光，原本让人匆忙穿过的地带成了一处休憩空间。

白天，黑夜，潮起，潮落，大沙河这条绿飘带缓缓流动，向两岸荡漾起诗意的涟漪。

Dasha River Ecological Corridor: A Thirteen-Kilometre-Long "Green Ribbon"

On the 70th founding anniversary of the People's Republic of China, Shenzheners painted a green stroke from south to north—Dasha River Ecological Corridor opened to the public in November 2019. It winds for 13.7 kilometres, connecting the Shenzhen Bay Coastal Leisure Belt and Shenzhen Talent Park. During the day, it is a green ribbon, threading through the bustling world with gorgeous flowers along the river and fish swimming in the clear water; at night, it becomes a boulevard of light that illuminates the urban waterfront with neon lights shining like stars.

Dasha River Ecological Corridor is the longest waterfront footpath in Shenzhen and the most beautiful landscape river in the Guangdong-Hong Kong-Macao Greater Bay Area. It is built along the river, connecting mountains to the sea. And with ecological protection as its core concept, the corridor is committed to the restoration and conservation of the ecosystem of the Dasha River and to realize eco-friendly development by achieving the symbiosis of human and nature. According to the different uses of land, the corridor is divided into three sections: Path of Universities, Urban Forest and Vigorous Waterfront. Dasha River Ecological Corridor, Shenzhen Bay Coastal Leisure Belt and Shenzhen Talent Park are interconnected, forming a perfect combination with multiple layers and showing the charm of the city through the close relationship among the city, water and mountains.

Water is the vivid soul of Dasha River Ecological Corridor, and banks are its green veins. Along the corridor, the waterfront platforms and riverside plank roads provide a post station for busy urbanites. It is worth mentioning that the corridor is equipped with toilets (including nursing rooms and unisex toilets), service centres, tea houses, book bars and other supporting buildings. The corridor also provides visitors with convenient facilities such as drinking water, sunshades, seats, WiFi, announcement system and intelligent electronic signs displaying weather information. Water plants, reeds, sandbanks and egrets create a poetic and picturesque scenery so that people living nearby can be cured by nature while enjoying the mellow fragrance of coffee and tea, and the gentle breeze. "The grass is seeding, and the wind is shaking its leaves. We stand in silence. It's wonderful." Gu Cheng's poem perfectly reflects the mood that Dasha River Ecological Corridor brings you.

ATTRACTIONS

赏景观

景观廊道

大沙河生态长廊沿河设置了景观廊道、人行步道、自行车道三条行道，分隔明显，各不干扰。顺着景观廊道而行，游人可从森林舞台到山地森林，再到水岸、湿地森林。结合地形高低错落而建的台阶式花园和别具特色的空中廊道，让行走更添惬意。草丛、绿林、湿地，这些美好的廊道节点不应只是人类的，人类也应与诸多野生动物共享。来与自然不期而遇吧！

临水照花

长廊近水岸区种植有蓝花楹、紫花风铃木等特色开花乔木，形成极具视觉震撼效果的花廊。二级平台的主园路旁搭配种植了常绿遮阴的乔木香樟，营造出宜人的林荫大道。同时，一些景观节点处还点缀有大腹木棉、无忧树、花旗木、宫粉紫荆、凤凰木等开花植物，给河滨带来四季花开的浪漫气息。地被设计则从生态浪漫的景观风格出发，种植有蓝雪花、泰国大红花、雪花木等，且有较多的观赏草，如狼尾草、铺地毛冠草等配置，与流水相映更加柔美自然。

DIVE IN
游公园

赛艇

随着大沙河水质的提升，深圳首个赛艇中心在此成立，深圳人从此可在家门口观看赛艇运动，甚至可亲自体验一番。同时，大学城段设置有近100米的学院赛艇练习区，致力于赛艇运动的普及。

在河道的宽阔水域开辟有水上赛艇、龙舟赛事等水上活动区，为水上运动爱好者及市民户外休闲亲水提供了方便。开园后，这里已举办多场大型赛事，吸引了大量市民前来参赛、观赛。

骑行跑步

风含笑水含情，从清晨到夜晚，在大沙河生态长廊跑步、骑行、散步的人络绎不绝。长廊全线设置有单独的自行车道、人行步道，并在深南大道至留仙大道区域设置有健康跑道。从活力海岸跑到城市森林，相当于完成一场微型马拉松。不管清晨或夜晚，沿途都风光宜人，令人心情舒爽。

AN EYE FOR NATURE 探自然

“张飞鸟”——白鹡鸰

鲁迅先生的《从百草园到三味书屋》中写道:“……但所得的是麻雀居多,也有白颊的‘张飞鸟’,性子很躁,养不过夜的。”文中的“张飞鸟”推测指的就是白鹡鸰(*Motacilla alba*)。不过,可不只“张飞鸟”性子躁,大部分野生动物被捕捉后都会有应激反应,表现出强烈的躁动行为。

白鹡鸰身体细长,由黑、白两色组成,黑色的尾巴又长又细。不同亚种长相略有差异,深圳常见的白鹡鸰的头顶、背、肩都是黑色,脸颊不似张飞,与腹部一样洁白,胸前的大黑斑像个围嘴。它们主要活动于水边或水源附近的开阔地带,如草地、水田、堤坝、公园、人行道等。它们常在草坪行走寻觅昆虫,是城市常见鸟类之一。

白鹡鸰不管停歇还是走路,它们的尾巴都在不停地上下摆,这是白鹡鸰行为的重要特征,也是英文名“wagtail(摇晃尾巴)”的由来。对比鲜明的黑白色身体乍一看去,颇有一种熊猫的气质,给人留下深刻印象。

白鹡鸰多单独活动或结成小群在地面活动,飞起来姿势十分特别,呈波浪状,两翅一展一收,起伏很大,还会随着飞行唧唧地叫几声。

中国最小的蛇
——钩盲蛇

在大沙河生态长廊的阔叶林下，生活着一种特殊的蛇类：它们不在树上也不在水里，甚至不在地面上活动，舍去了蛇类通常粗壮美艳的身躯，也没有毒牙，以小昆虫为食，像蚯蚓一样生活在泥土中，低调得让人忽略。这就是钩盲蛇——中国最小的蛇。

钩盲蛇（*Indotyphlops braminus*）体长仅 15 厘米，双眼退化到仅保留一定的感光能力，细小而圆润。即使见到，大多数人也会把它们当成蚯蚓。其实仔细观察，它们并没有蚯蚓身体那样的明显分节，而是覆盖着蛇类的鳞片，吐信子的时候更是一下就暴露了身份。

这样特别的迷你小蛇，还是蛇类中唯一孤雌繁殖的物种，不需要雄性参与就能独自产下后代，每次产卵 2~7 枚。钩盲蛇种群是现实版蛇类“女儿国”。

漫长的生物进化给生物多样性带来了各种意想不到的结果。丰富多彩的大自然时常给善于观察的人们埋藏着惊喜，欣赏美景之余，停下脚步观察自然吧。

春夏的信使
——蝉

在温暖的深圳，季节的轮换总是不知不觉，而一些小生灵对季节的感知比人类敏感。斑蝉（*Gaeana maculata*）在三月发出第一声鸣叫，把春天带来，并唤醒了大地；黑蚱蝉（*Crypototympana atrata*）开始爬上高树大声地鸣叫，夏天不期而至。它们是春夏的信使。

每年三、四月份，斑蝉若虫陆续爬到地表高处蜕变为成虫，到了五月，大部分斑蝉都完成了交配和产卵，成虫生命也到了尽头。它们身体柔弱，飞行缓慢，颜色很艳丽，黑色的身体点缀许多明亮黄斑，在阳光下格外耀眼。斑蝉警觉性较差，人们慢慢靠近观察通常不会惊吓到它们。

进入炎热的七月，黑蚱蝉老熟若虫陆续羽化。当气温达到 20℃以上，黑蚱蝉便开始鸣叫。同类之间通过不同的鸣声交流，有召唤声、惊吓声、警戒声和求偶声等，通常我们听到的都是求偶声。黑蚱蝉鸣叫声可达 80 分贝，靠近听一会儿简直震耳欲聋。它们还有齐鸣现象，一只发出鸣声，其他的也跟着发出鸣声，就更热闹了。

斑蝉

黑蚱蝉

木麻黄

大沙河生态长廊沿岸有很多不结松果的“马尾松”，其实它们并不是松树而是木麻黄（*Casuarina equisetifolia*）。

木麻黄的“叶子”看起来犹如一束马尾，所以得名“马尾树”，与马尾松可没关系。木麻黄是一种来自澳大利亚的植物，因为根系深而发达，木质坚硬，耐旱，抗风沙，耐盐碱，被选为海岸防风固沙的优良先锋树种，在沿海地区广泛种植，沙滩上常常有它的身影。与马尾松相比，常年受风的它树形要凌乱飘逸很多。

有趣的是，我们平时看到的绿色的像松针一样的“叶子”其实是它的小枝，它的叶片已经退化得非常小了，捡起一节落下来的小枝，仔细观察才可以看到那鳞片状的叶子。木麻黄一节一节的小枝是像水管一样连接起来的，稍微一用力就可以抽离开。

NEAR BY

逛周边

大沙河畔分布着哈工大深圳校区、北大深研院、南科大等多所高校，另有南山云谷创新产业园、留仙洞总部基地等创新载体，活力四射。漫步校园中，又可以找回青春气息，感受人文气质。大学城也是价格实惠、风味独特的美食聚集地。

高北十六创意园每周都有时髦的精彩活动，逛一逛创意集市，点一杯经典咖啡，看一场酷炫演出，在大沙河畔有都市里最潮流的生活方式！

体验城市好生活
灵感碰撞之地

附近好去处

- University Town of Shenzhen
  深圳大学城
- Block Sixteen Creative Park
  高北十六创意园
- The MixC
  万象天地
- Europe Town
  欧洲城
- Yi Tian Holiday Village
  益田·假日里
- Dasha River Park
  大沙河公园

塘朗山
郊野公园

Tanglang Mountain
Country Park

①	公园大门
②	天梯
③	极目阁
④	自然教育中心

占地面积

X1388

公园面积：991.133 公顷

北
南平快速路
深圳北站
梅丽路
下梅林一路
北环大道
生态环境
湿地
河流
山区林地
功能配备
服务站
自然教育中心
周边交通
地铁可达
洗手间
亭子
入口

塘朗山郊野公园

“离尘不离城”的“山海经”

地址：南山区龙珠六路 51 号

山径通幽，流水潺潺，怪石嶙峋，奇花异果，蝶舞鸟鸣，风景清丽可人。沉醉在塘朗山郊野公园的山林美景中，人们很难想象，这一带的生态系统曾经处境堪忧，70%以上的自然林遭到毁坏，水土流失，山溪细弱，水塘干涸，是郊野公园的成立，让塘朗山的生态系统得以恢复与优化，成就了今天的“山海经”。

这一切要从 2002 年说起，有感于香港郊野公园在缓解城市扩张压力、保护生态环境的成功经验，深圳市出台了《深圳市绿地系统规划（2002—2020）》，提出了建设 21 座郊野公园的目标，在深圳铺开一张连绵不断的生态绿网，塘朗山郊野公园便是本次规划中首批建设的郊野公园之一。它位于南山区内，深圳北环大道与龙珠大道以北，东至福田区的分界线，西至红花岭山脚，总占地面积为 991.133 公顷，2005 年起局部开园。

以“自然、野趣”为建园宗旨，塘朗山郊野公园建设以生态保护为主，休闲康乐服务为辅，突出保护生物多样性和生态资源，保护郊野地区的观赏价值。为方便游人而设的基础配套设施也根据保持原有地形地貌、保护森林生态环境的原则逐步增加，尽量避免了过多的人工痕迹。

如今园内已建有三条主要登山道，分别为由龙珠六路口往塘朗主峰的盘山公路（全长 4.8 公里）；由塘朗山主峰至梅林山的茶香径登山道（全长 4.5 公里）；由盘山公路口通往塘朗主峰的荔云登山道（全长 1.7 公里）。细心的游人会发现，就连铺就登山步道的石材也是来自本地的西丽红与芝麻灰花岗岩，与周围自然环境协调相融。园内 90% 以上的登山径为林荫小路，让登山者更加惬意，因为再猛烈的阳光也只能透过浓密的枝叶间隙温柔地洒下一地碎影。

山中诸多景点也是因自然而生，但经园林造景的匠心渲染，更加意境深远。如山顶的大观亭，选址在一组自然石景之上，营造出临石而立的险峻。其中一条山道原先沿途便已种植了油茶，索性发展为茶香登山径，让更多游客近距离体验花自暗香来的浪漫。沿着荔云登山径，来到主峰南面的海拔 300 米处，恰遇云雾弥漫，宛若仙境。正是“误入荔影深处，沉醉不知归路。”

山间散布着十多个大小不一的溪谷，其中深云水库附近的沟谷溪水资源最为丰富；塘朗山主峰及其相邻山脊两侧和昂掌坪山谷中，仍生长着天然次生林。进入野生桫椤和野生仙湖苏铁两大保护区，

原始森林的神秘气息扑面而来，想象着它们曾经与恐龙共处，让人恍然有时光交错感。

登山径上少不了登高望远的游客，这里的所见往往超越了他们的预期。半山腰处，人们便可望见深圳与香港间的交界河。行至盘山路的尽头，爬过百尺天梯，抵达塘朗山顶峰。再继续向茶香径往梅林方向前行，便是从前深圳特区边界的“二线关”，边防巡逻虽已不复存在，但青石板路和铁丝网还是保留了下来，作为一段历史见证。而塘朗山主峰两侧分立有塘朗村与桃源村，其中仍保存有一些广府人家的老建筑，同样古韵悠长。

傍晚时分，当人们置身于深圳西部的制高点——海拔 430 米的塘朗峰极目阁上，可以全方位感受蔚为壮观的深圳夜景：向南环视，东方之珠高楼隐现；近俯市区，南山、福田、罗湖等繁华景象尽收眼底；向东眺望，梧桐山、鸡公头（银湖山）等山峰绵延起伏；北边的阳台山轻绕云纱，西丽水库和铁岗水库等仰映天光；西观珠江口，大小岛屿如龙吐珠。

城市之巅，灯海茫茫处，闪动着人们的梦想与期待。塘朗山“离尘不离城”，它犹如生命方舟，载着人们向着生态城市的方向前行。

Tanglang Mountain Country Park: Away from the Secular World but Close to the City

Secluded mountain paths, gurgling flowing water, grotesque stones and ridges, exotic flowers and fruits, dancing butterflies and the singing birds, exquisite and admirable scenes. In such a beautiful landscape of Tanglang Mountain Country Park, it is hard for tourists to imagine that the ecosystem in this area was once hanging on a thread, 70% of the natural forests destroyed, soil eroded, mountain streams dying, ponds dried out. It is the country park that has restored and optimized the ecosystem of Tanglang Mountain, which makes today's "romance of mountain and sea" come true

The story began in 2002. In view of the successful experience of Hong Kong's country parks in relieving the pressure of urban expansion and protecting the ecological environment, Shenzhen issued the Shenzhen Green Space System Planning (2002-2020) and put forward the goal of building 21 country parks to create an ecological green network in Shenzhen. Tanglang Mountain Country Park is among the first batch of country parks to be built. It is located in Nanshan District, to the north of Beihuan Avenue and Longzhu Avenue in Shenzhen,bordering on Futian District on the east and Honghualing Mountain on the west. It covers an area of 991.133 hectares and has been partially opened to the public since 2005.

Following the principle of "nature and wild fun". Tanglang Mountain Country Park is built to serve the primary purpose of ecological protection and the supplementary purpose of leisure and recreational service, emphasizing on the protection of biodiversity and ecological resources and protecting the ornamental value of rural areas. According to the principle of maintaining the original landscapes and protecting the ecological environment, facilities for the convenience of tourists are gradually installed to avoid too much human interference

There are more than ten stream valleys of different sizes scattered in the mountains. Among them, the valley near Shenyun Reservoir is most abundant in water resources; in the Angzhangping Valley located between the main peak of Tanglang Mountain and its two neighbouring ridges, there is still a natural secondary forest. Entering the Wild Flying Spider-Monkey Tree Fern Reserve and the Cycas Fairylakea Reserve, you will be overwhelmed by the mysterious atmosphere of the primitive forest. Imagining that they once coexisted with dinosaurs makes you feel like a time traveler.On the top of the city, in the ocean of lights, people's dreams and wishes sparkle. Tanglang Mountain is far from the secular world but close to the city. It is like an ark of life, carrying people to the destination of ecocity.

ATTRACTIONS

赏景观

望天螺景区

景区以沟谷季雨林景观为特色，适合登高眺远。昂掌坪山谷保存着塘朗山最大面积未受破坏的沟谷季雨林。利用丰富的森林资源，可开辟树木研习径和穿林探秘游线 使游人沐浴原始森林的芬芳 ，感受大自然的勃勃生机。

塘朗山自然教育中心

公园里丰富的生物多样性使它成为开展自然教育的理想场所。公园内有国家一级保护珍稀濒危野生植物仙湖苏铁和刺桫椤群落；山谷林泉间生活着超过 62 种鸟类、611 种植物。

塘朗山自然教育中心坐落在山脚下，以塘朗山的“豹猫”为吉祥物，以优越的自然环境为载体，面向不同群体精心设计开展多样化的课程，如夜间观察、清除入侵植物、自然美育、自然绘本阅读等，带市民亲近自然、更加了解这座山的自然居民。

教育中心内有自然图书供免费阅读，展示着塘朗山上的动植物标本等，还可以观看纪录片《塘朗山里的设计师》。

山径寻幽

主峰南面海拔 300 米，以荔枝林为主。雾起时云罩半山，在荔云登山道上行走，身边荔枝林层层叠叠，隐于云中，若隐若现，宛若仙境。另一处茶香登山径沿途则种植着一片油茶。花开之际，清香扑鼻，令人神往。由大观亭深入北段，可邂逅一片原生的小琴丝竹林，清幽可人。

DIVE IN
游公园

赏夜景

塘朗山之美在于白日也在于夜色。离尘不离城，这里是欣赏深圳都市夜景的好位置。在塘朗山的极目阁，可将南山、福田、罗湖区域的夜色尽收眼底。霓虹灯照耀出这座年轻城市的活力和魅力。

当然，夜景是人类文明的产物，自然之景更加精彩。跟随塘朗山自然教育中心的夜观活动，或者自行带上手电筒探访塘朗山上众多夜晚“居民”，你会发现，自然世界还有太多奥秘等待我们发现。

手作步道

修路不一定要用水泥？普通人也能上山修路？来试一试吧！参加由塘朗山自然教育中心组织的“‘手’护塘朗山”手作步道活动，一起体验用传统的、生态的、对大自然伤害最小的方式，用双手、智慧和最简单的工具，就地取材，在山林中修建出一条舒适健康的步道。“修路”的过程，也是修复人与自然关系的过程，期待你参与其中。

AN EYE FOR NATURE 探自然

都市里的母系族群——猕猴

继人类和黑猩猩之后，猕猴（*Macaca mulatta*）是第三种基因组被成功破译的灵长类动物，它们与人类的基因相似度接近 97.5%，仿佛是远古人类的一个倒影。

与人类历史上某些阶段相似，猕猴是母系社会，雌猴之间等级明显，每个种群成员达数十只或上百只。群聚休息时，成员彼此梳理毛发是重要的社交活动，相互增进情感，而且低等级的先给高等级的理毛。每个种群里通常只有一只成年公猴，也就是猴王。一旦猴王衰老，年轻的公猴便会前来挑战争夺王位。猴王只是猕猴母系族群里的过客。

猴子与人类相似而不相同，主要以树叶、果实为食，同时也捕捉昆虫、蜥蜴、鸟类等小动物。脸部有颊囊，可以暂存食物。

深圳的猕猴主要分布在内伶仃岛，数量达 1000 多只，市区最容易看到它们的地方就是塘朗山郊野公园了。

行走山野，遇到猕猴应该保持冷静，停止饮食并将食物藏好，以免引来猕猴抢食。尽量远离，不高声恐吓，不追逐，更不应该投喂。

命运坎坷的土沉香

《宝莲灯》中刘沉香劈山救母的故事大家一定都很熟悉，主人公的名字就是源自其父与三圣母结缘后，临别时留下的一块沉香。

中国人向来爱香，古时候重大的仪式更是要焚香沐浴，传统所用的香料大多来自植物。深圳的塘郎山郊野公园分布的土沉香（*Aquilaria sinensis*），就是沉香的来源植物。

其实土沉香的木材本身并没有香味，它的香本是一种自身的防御措施：老茎在受伤后会分泌出含有白木香醛、愈创醇等芳香物的油脂。香江也因为出口沉香而得名“香港”，意思是出口香料的港口。

土沉香在我国的两广、海南和福建均有分布。因为沉香名贵，一些人以为其树皮树枝都能卖钱，用非常粗暴低效的方式破坏土沉香，使原本在两广、海南、福建均有分布的土沉香种群数量逐年减少。现在，土沉香已被国家列为二级重点保护野生植物。

“为爱献身”的——广斧螳

《黑猫警长》中雌螳螂吃掉“丈夫”的一幕被很多人戏称为“童年阴影”，在塘朗山郊野公园生活的几种螳螂中，广斧螳（*Hierodula petellifera*）体形最大，也最容易发生“弑夫行为”。

有研究发现，雌性螳螂竟然懂得“美人计”：在饥饿状态下会释放出寻求配偶的信息素，吸引雄性螳螂前来。凭借体形上的优势，雌性螳螂轻松获得了这顿“免费午餐”。雄性螳螂不清楚“美人”的真实目的，也无法抗拒雌性螳螂的爱情陷阱，明知可能被吃也要前来交配，可谓“死了都要爱”。

雄性螳螂会找恰当的时机跳到雌性螳螂背上进行交配，过程可持续长达 10 个小时。幸运的话，交配结束后，雄性螳螂会迅速开溜，否则会成为雌性螳螂的食物；而有些就没那么好运，在交配过程中可能就已经被雌性捕食。

这种“弑夫行为”，普遍被认为是雌性处于饥饿状态急需补充食物所致。雌性螳螂弑夫，雄性螳螂“为爱献身”，在这场相爱相杀的过程中，一切都是为了后代得以延续。

广斧螳

野蕉

在塘朗山寻找香蕉的祖先——野蕉

古印度和波斯民间认为，金色的香蕉乃是“上苍赐予人类的保健佳果”。

香蕉味香、富含营养、口感极好，深受大家的喜爱，成了我们日常食用最多的水果之一。香蕉受欢迎，除了味美，还食用方便，大家习惯了香蕉没有种子，剥皮就能吃。其实，香蕉并非本来如此，这是因为我们吃的香蕉是人工培育没有种子的三倍体。

经过栽培选育而来的香蕉，也无法通过种子自然繁育后代，而是人工采用分株繁殖。香蕉的主要亲本来源是野蕉（*Musa balbisiana*），在塘朗山郊野公园就有不少分布，它们多喜欢生长在潮湿近水源的山谷里。这些野蕉植株高可达 6 米，浆果有明显的棱边，剥开就会发现香蕉的本来面目：里面充满了坚硬的种子。

你若芬芳，蝴蝶自来

全世界蝴蝶约有 18000 种，中国有 2000 多种。深圳蝴蝶种类目前已知有 139 种。

蝴蝶一生经历卵、幼虫、蛹、成虫四个阶段。成虫大多以花蜜、成熟果实、树汁为食。幼虫主要以植物叶子为食，不同种类的蝴蝶幼虫取食的植物对象也不同。蝴蝶种类及数量，与当地植物的种类、数量和蜜源植物密切相关。

深圳塘朗山郊野公园有野生维管植物 144 科 611 种，其中许多都是蝴蝶的寄主植物或蜜源植物，如紫玉盘、潺槁、降真香、苎麻、南美蟛蜞菊，等等。丰富的植物资源使蝴蝶幼虫在寄主植物上有多样化的选择，不同季节开花的蜜源植物为成虫繁育后代、抵抗寒冬提供了重要食物来源。“水往低处流，蝶往花多处飞”，于是便有了现在的塘朗山蝴蝶小道，游人走在山林小道上，各种蝴蝶沿途翩跹起舞，令人眼花缭乱。

随着城市发展，绿地面积逐渐缩小，保护野生动物天然栖息地的重要性越加显现，希望在我们共同努力下，更多的蝴蝶小道能够出现。“你若芬芳，蝴蝶自来。”

绿灰蝶

银线灰蝶

恐龙时代的“活化石”——桫椤

你可能想象不到，在塘朗山郊野公园山谷有一种曾经与恐龙同行的古老植物，它们是恐龙的主要食物之一，也是我国第一批公布的八个一级濒危保护植物之一——桫椤（*Alsophila spinulosa*）。

桫椤是一种蕨类，靠孢子繁殖，但不同于其他蕨类的草本样貌，桫椤是树状的，茎干可以达到 6 米，甚至更高。桫椤主要分布在热带和亚热带地区湿润、隐蔽的山谷里，幸存的种群和个体十分有限。塘朗山郊野公园的植株不算高，最高的 2 米多，最矮的仅 0.2 米，加上附近杂草丛生，看起来真难以想象它有那么威风的历史。

桫椤由于其自身的古老性和孑遗性，在关于物种的形成和植物地理区系的研究中具有非常重要的价值。目前，市政府已经在塘朗山成立了“桫椤核心区保护站”，来保护和监测这片珍贵的野生桫椤群落。

桫椤

NEAR BY

逛周边

公园北侧有深圳最繁忙的交通枢纽之一——深圳北站，川流不息的脚步和旅人匆匆的身影是“深圳速度”的侧写；西北侧的深圳野生动物园，拉进人与动物的距离，是很多深圳孩子第一次看大象、长颈鹿的地方；东面的梅林水库，为都市添上一份灵动。

北京大学深圳研究生院、清华大学深圳国际研究生院、南方科技大学、深圳大学（西丽校区）等一流高等院校错落在塘朗山脚下，为城市储备着英才。

有的户外爱好者会选择从塘朗山一路穿越到相邻的梅林山。主峰海拔 386 米的梅林山，是观澜河的源头。

体验城市好生活
灵感碰撞之地

附近好去处

- Meilin Reservoir
  梅林水库
- Shenzhen Wild-life Zoo
  深圳野生动物园
- University Town of Shenzhen
  深圳大学城
- Shenzhen North Station
  深圳北站
- Meilin Mountain
  梅林山

中山公园

Zhongshan Park

占地面积

公园面积：49 公顷

1. 大门
2. 鉴波亭
3. 孙中山雕像
4. 南山青铜博物馆
5. 南山时代精神纪念墙
6. 棒球场
7. 聚英坪
8. 南头城北城墙

北

生态环境

草坪　湿地　山区林地　湖泊水库

功能配备

展馆　停车场　服务站　儿童友好　自然教育中心　跑步道

周边交通

地铁可达

洗手间　亭子　入口　停车场

中山公园

与厚重历史擦肩而过

地址：南山区南山大道 3109 号

中山公园，是世界上同名数量最多的公园，因其分布之广、影响之大而闻名于世。它的兴起，源于对中国民主革命的先行者孙中山先生的纪念。1925 年 3 月 12 日，孙中山与世长辞，中山公园建设运动随之蔓延全国。据统计，在其最高潮时期（1925 — 1949），全国共建有 267 座中山公园。目前，全球以“中山”命名的公园仍有 70 余座。深圳的中山公园便是其中之一，它也是深圳市内历史最为悠久的公园。

位于南山区中山西街的中山公园始建于 1925 年，是时任宝安县县长（香港绅士）胡钰为纪念孙中山而率领民众自发筹建，其最初面积仅有 13 万平方米，后经不断扩建、改造，发展至今天占地达 49 万平方米的综合性公园。

步入公园，厚重的历史感迎面而来。在大多数人的印象中，深圳是一座新兴的移民城市，是因中国改革开放而腾飞的经济特区。实际上，这一片热土的人文记忆可追溯至 1600 多年前的东晋时期。

东晋咸和六年（331 年），原南海郡一分为二，划出南海郡的南部和东部，设置东官郡，其郡治建于如今南山区南头古城一带。东官郡下辖宝安、安怀等六县，其中宝安为首县，而宝安的辖地则包括今天的香港、深圳、东莞、番禺南部、中山、珠海及澳门等地区。

深圳市中山公园正位于南头古城的西北处，如今园内仍保存有一段明洪武二十七年间（1394 年）修建的南头古城墙，全长 646 米，是深圳最早的重点文物保护单位。此外，园区内还建设有“解放内伶仃岛纪念碑”及众多历史名人雕像，其中包括全国最大的孙中山雕像，吸引着怀古寻幽的目光。

改建后的公园于 1999 年 11 月 12 日——孙中山先生诞生 133 周年纪念日重新开园，它利用原有植物、地形，结合各种园林建筑、历史文化遗迹、名人雕像、喷泉水景、娱乐休憩设施等，为都市人提供了一处幽静的休闲之地。

由东门入园，开门见湖。无论是到湖中的情侣

岛上谈心，还是在湖旁的中宁亭闲坐，眼前的景物总少不了湖镜的映照，微风吹过，心也随之泛起淡淡的涟漪。沿湖散步，听涛观鱼，同样惬意。湖中拱桥，优雅玲珑，颇有苏州园林的意趣。园内种植了 32 棵有上百年历史的古树名木，200 多种观光树种，近 6 万平方米的疏林草地和 3 万平方米的人工湖区，新园区的雅致与老园区的古典相互映衬，时代气息与传统特色融合一体。

鲜花飘香，草地如茵，古木参天，生机勃勃的公园景象让人很难想象，身处 2020 年的它已是公园界的九旬老人。它仍肩负着自己最初的使命，作为具有历史文化教育意义的主题纪念地和综合性公众休闲公园而熠熠生辉。它所立足的城市，也正延续着孙中山首倡的“敢为天下先”的精神，在新时代的改革浪潮中乘风破浪，一马当先。

Zhongshan Park: Brushing past a Rich History

Among the parks around the world, Zhongshan Park has the most namesakes and has been famous for its wide distribution and great influence. The park was built in honour of Mr Sun Zhongshan (also known as Sun Yat-sen), a forerunner of China's democratic revolution. After his death on March 12th 1925, the wave of building Zhongshan Park spread across the country. According to statistics, there were 267 Zhongshan Parks nationwide when the wave was in full swing (1925–1949). Now, more than 70 Zhongshan Parks exist worldwide, and Shenzhen Zhongshan Park is one of them. It is also the oldest park of Shenzhen city.

Located in West Zhongshan Street of Nanshan District, Shenzhen Zhongshan Park can date back to 1925, when it was founded in memory of Sun Zhongshan by the public under the leadership of Hu Yu, the then administer of Bao'an County (also a gentry from Hong Kong), which later became Shenzhen city. It covered an area of only 130 thousand square metres in the beginning and now has become a comprehensive park that spread over 490 thousand square metres after continuous expansion and reconstruction.

Shenzhen Zhongshan Park is in the northwest of Nantou Ancient City, and the remaining ancient wall of Nantou, 646 metres long, built some 600 years ago, is preserved in the park. It is the earliest Key Cultural Relics Protection Unit of Shenzhen. In addition to the ancient relics, this park has the Monument to the Liberation of Nei Lingding Island and many statues of historic celebrities, including the biggest statue of Sun Zhongshan in China. They attract people to pay tribute to the heroes and learn about history.

Fragrant flowers, lush grass and towering ancient trees, the vibrant scene of the park make it difficult for people to picture the park as a 90-year-old in 2020. It still shoulders its original mission: shining as a cultural and educational themed memorial and as a comprehensive public leisure park. The home city of the park is carrying forward the spirit of "daring to be first " initiated by Sun Zhongshan, riding the wind and waves and taking the lead in the new era of reform.

ATTRACTIONS

赏景观

孙中山雕像

位于公园南门入口右侧的孙中山雕像令人过目难忘。这座巨大的雕塑出自著名雕塑家钱绍武先生之手，由重达 88 吨的花岗岩雕刻而成，是目前全国最大的孙中山雕像。

雕塑以深圳梧桐山及起义者浴血奋战的场面为背景，整体高 10 米，横跨 27 米，背面刻有孙中山先生的手迹“吾志所向，一往无前，愈挫愈奋，再接再历，用能鼓动风潮造成时势”。孙中山的革命精神和为国为民的奉献精神为公园增添一份厚重，使它有别于一般城市公园，更具纪念和教育意义。

鉴波亭

1930 年 10 月，由南山华侨陈鉴波先生捐款，在园内兴建了一座钢筋混凝土结构的凉亭，时任县长胡钰将此亭命名为“鉴波亭”并亲自题词。1995 年，为重建“解放内伶仃岛纪念碑”，人们拆除了年久失修的亭子，并将它在公园老园区东北处按原貌重建。

雕像群

聚英草坪处安放着众多雕塑名家创作的作品，展现了在深圳历史中留下重要影响的名人群像，如人们所熟悉的爱国诗人文天祥、民族英雄林则徐、“师夷制夷”的汪鋐、英勇将军关天培、抗英名将赖恩爵等，他们提醒着人们在这片土地上曾经发生的悲壮往事。

南头城北城墙

公园老园区北边保存有一段明代修建的南头城北城墙，它沿山形走势而筑，以红砂岩奠基，灰色巨石砌成，城墙全长 646 米，高约 6 米，城基宽 3 米，最早始建于明洪武二十七年（1394 年）。南头城北城墙遗址于 1983 年被列为深圳市第一批重点保护文物，2002 年被列入广东省文物保护单位。

深圳南山青铜博物馆

公园人工湖旁有一座以中国古代青铜器收藏为主的民间博物馆，馆场建筑面积约 2000 平方米，主要展示了精心收藏的近千件青铜文物，上起商周，下迄明清，跨越绵绵三千余载。

南山时代精神纪念墙

南山时代精神纪念墙由一扇开放之门、三组浮雕墙和一组人物群雕组成。“开放之门”的墙体采用花岗岩材料，外侧为代表南山建设者的青铜浮雕像和“创新、务实、高效、和谐”南山时代精神八个大字；内侧镌刻着礼赞南山发展的《南山赋》。其下镶嵌着改革开放以来南山最具影响力的 20 个人物的事迹。浮雕墙背面为南山改革开放大事记。人物群雕由青铜铸造，表现幸福、欢快的南山儿女向往美好的未来。

DIVE IN
游公园

观鸟

得益于公园幽静的环境和茂密的树木，这里成为观鸟爱好者寻觅林鸟的最佳场所之一。2018 年，深圳市首次发布“十佳观鸟地点”，中山公园与深圳湾公园、华侨城湿地一起入选“南山区最佳观鸟地”。在这里观鸟，虽没有深圳湾公园中数十万候鸟群的壮观场面，但环境更加静谧、舒适。

来打棒球吧

棒球是一种以棒击球，以团队性、对抗性为显著特征的球类运动项目。棒球在国际上开展广泛，主要流行于美国、日韩，以及拉丁美洲和中国的台湾地区。它与孙中山先生也有一段缘分。据说，孙中山年少时便在美国夏威夷学会打棒球，还于 1911 年在长沙成立了棒球协会。中山公园内设有一个活力四射的棒球场，举办过多场国际性棒球赛事，为中国培养新生代的棒球力量。

安全教育趣味体验

南山区安全教育体验馆位于南山区中山公园内人工湖北侧，总建筑面积为 2600 平方米，共两层八个功能体验区，是一座以展示深圳市安全教育为目标、全方位向全民普及安全教育为主要使命的体验馆。馆内采用大量现代化高新多媒体展陈技术，打造六类事故安全模拟场景，营造真实、趣味、生动的互动体验氛围，全面展示安全知识，教授自我防护、自我营救技能，为安全教育知识技能的传递，提高市民安全意识起了重要推动作用。其中线下实体场馆大量运用了 AR、VR、互动投影等多媒体技术，由游戏化有奖制度全程串联，很好地增强了学习教育内容的黏性。结合南山区实际，线下场馆设置工业安全、交通安全、居家安全、消防安全、建筑施工安全、灾难体验中心等六个体验区以及序厅、临时展厅等。线上仿真馆则可以对线下实体场馆进行线上的三维虚拟仿真，真实再现线下展览的全部内容，体验者通过电脑、手机等网络通信设备登入线上系统，360 度无死角在虚拟馆内进行游览。

AN EYE FOR NATURE 探自然

昆虫界的美人儿
——龙眼鸡

龙眼鸡（*Pyrops candelaria*）成虫头部有细长向上弯曲的红色锥状突起，散布白色斑点，醒目的“长鼻子”颇有美人般精致玲珑的气质。前翅底色为深墨绿色，密网状绿色脉纹，并有多个大小不一的黄褐色白边斑点，后翅鲜黄色，顶角有一宽大黑色斑，这是多么美丽的衣裳。复眼大而乌黑，宛如黑珍珠。六只脚细长高挑，一半黑色，就像穿着长靴。龙眼鸡这一身装扮绝对是昆虫界里的“美人儿”。

龙眼鸡成虫栖息在龙眼、荔枝、山乌桕、芒果等植物上吸食汁液。若虫则独爱山乌桕，这是为了避免同类间的竞争，同时也避免被天敌一窝端。

雌虫将卵产在树干表面或附近植物或枯枝上，并将腹部白色蜡粉涂抹在卵块上，起到保护作用。孵化后的若虫颜色灰暗，静止不动时就像树皮，形成很好的伪装。若虫有群集性，受到惊扰就会快速散开，等到感觉安全了才再次聚集，就像一群无助的小鸡。随着多次蜕皮，最终“丑小鸡”脱掉旧衣，羽化为成虫，开始了靓丽的新生活。

龙眼鸡

火红的“英雄树”——木棉

“粤江二月三月来，千树万树朱花开”，在别的地方还在赏梅的时候，走进中山公园则能看到树上挂着硕大的血红色花朵，这就是被称作“英雄树”的木棉（*Bombax ceiba*）。

木棉被广泛种植在南方城市的公园、小区以及路旁，关于“英雄树”这个称呼的来源有不同的说法。有考证最早称木棉为“英雄”的是清人陈恭尹，他在《木棉花歌》中形容木棉“浓须大面好英雄，壮气高冠何落落”。

从外形上来看，“英雄树”的美名确实贴切：木棉树干上遍布粗壮的瘤刺，树形高大挺拔，早春叶子还没长出来便一树血红花朵。花朵的坠落更加有英雄气概，伴随着重重一声掉落地面，还保持着树上盛开的样子，十分决绝。鸟儿也十分喜爱木棉花，或吸食花蜜或寻觅花朵上的小虫子，树每到花朵盛开时木棉便成了鸟儿的乐园。

中山公园种植了不少木棉树，春天开花时，鲜红一片如革命道路上烈士们洒下的热血，亦如孙中山一生为革命事业奔波的丹心。木棉花开，色艳如血，有道是：碧血丹心，光照千秋。

深圳人最熟悉的鸟儿——红耳鹎

红耳鹎（*Pycnonotus jocosus*）羽色艳丽，整体灰黑色，喉部和颊部为白色，头顶羽毛黑色，并且具有特别明显的黑色羽冠，时刻竖起头上的羽冠，用于警示和威慑侵扰者。眼下后方的红色“耳朵”和臀部的鲜红非常醒目，因此得名“红耳鹎”，俗称“红屁股”。

红耳鹎主要生活在低海拔山林里，由于胆子较大，对人类警戒心较低，常成群结队出现在人居环境附近，也在公园树冠层和灌木丛觅食，在深圳非常常见。它们不挑食，主要吃果实和种子，尤其喜爱榕果，也是捕虫能手。

它们对繁殖环境也不挑剔，在人来人往的行道树上就能筑巢，有时甚至还跑到阳台的绿植上。雌鸟负责孵卵，雄鸟则在巢穴附近守卫。幼鸟孵化后，雌雄共同喂哺，是负责任的父母。

红耳鹎性情活泼，社会性和领地意识较强。傍晚时分，常可见成群红耳鹎轮番在小水坑洗澡，齐齐地站成一排在附近树枝上晾晒和梳理羽毛。红耳鹎这种美丽的鸟儿，因为超强的适应性和大方的性格，在这个大都市中找到了立足之地。

植物有智慧
——海芋

海芋 [*Alocasia Odora*] 是深圳最常见的园林观叶植物之一。在中山公园里栽种了很多海芋，带来四季的绿意。

除了观赏价值，海芋还有一些小心机让它们的种群在南方蓬勃壮大。海芋的花里面是肉穗花序，分为四部分：最上面是附属器，会散发臭味，吸引昆虫前来传粉，其次是可育雄蕊，然后是不育雄蕊，最后才是雌蕊。可育雄蕊和雌蕊先后错开，避免同株授粉，以提高后代质量。在夜里，它们的花还会变热，吸引更多的昆虫前来。

授粉成功后，附属器及雄蕊部分会枯萎掉落，减少养分消耗；同时，苞片收紧，保护着尚未成熟的果实，等到果实成熟后，苞片裂开，露出红艳的浆果，像是在说：“美味在此，欢迎光临！”

红耳鹎、黑脸噪鹛等鸟儿受到吸引便纷纷前来，享受这大餐。而海芋的种子有着厚实的种皮，不会被消化，会随着鸟类的粪便排泄出来，完成扩散。

需要提醒的是，海芋全株都有毒，根茎的毒性最强。常有人把海芋误认为是芋头挖回家食用，造成严重的中毒事件。

NEAR BY

逛周边

公园一旁的南头古城和南山博物馆还藏着更多深圳往事。六百多岁的古城楼上，青砖瓦砾被岁月冲刷，周围的街坊邻居仍保留着老一辈人的生活习性。跟他们聊天，你会知道更多关于南山的过去。南山博物馆内的展览充满文化气息，同样让人受益匪浅。

体验城市好生活
灵感碰撞之地

附近好去处

- Nantou (Xin'an) Ancient City
  南头古城（新安古城）
- The Nanshan Museum
  南山博物馆
- Nanshan Culture and Sports Center
  南山文体中心
- Nanshan District Safety Education Experienced Hall
  南山区安全教育体验馆
- Dutch Flower Town
  荷兰花卉小镇

Dasha River Park

大沙河公园

地址：南山区北环大道 8228 号

面积：31.2 公顷 | **步道爬升：50m**

1/ 林荫漫步

环园行走于林荫大道上是一种享受。道路宽阔，树荫遮天。星星点点的阳光洒下林道，点缀在周围的绿植之上，还有园内种植的锦绣杜鹃、红花羊蹄甲、腊肠树、凤凰木、美丽异木棉等，一年四季，鲜花不断。

2/ 山顶草海

山顶的“无边草坪”是不能错过的打卡地。从幽深的登园道一路往上，视野突然开阔。乍一看见这么大片毫无遮挡的绿，真的有几分“天苍苍，野茫茫”的意味。锦簇花团隔开一旁的风铃径及三生亭。风铃径有一定坡度，天气好的时候，很多市民在此放风筝。

3/ 约会小鸟

公园外围有大沙河流经，丰富的动植物资源也给鸟类提供了丰富的食物，在此可以观赏各类水鸟，如小白鹭、池鹭、夜鹭、翠鸟等，还有叉尾太阳鸟、鹊鸲、八哥等可爱的精灵等您来欣赏。

生态环境

- 草地
- 草原林地
- 河流
- 山区林地

功能配备

- 停车场

体能消耗

Lixiang Park
荔香公园

地址：南光路 288 号

面积：23 公顷 | **步道爬升：0m**

1/ 荔枝飘香

荔香公园是鹏城闻名的赏花地。这里一年四季常青，植物蓊郁繁茂，以古荔枝树为多，夏秋硕果摇红，香播遐迩，公园故而得名荔香。还有杜鹃园，连片的锦绣杜鹃美不胜收。

2/ 风格石雕

各种石雕也让人大开眼界。除了高 9.9 米的标志性雕塑“南山明珠”之外，还有其他雕塑如“深圳精神”等，是了解早期深圳改革开放建设的窗口。

3/ 阳光草坪

园内有阳光大草坪，立有憨态可掬的十二生肖雕塑群，此处视野开阔，是观赏对面深南大道的著名建筑腾讯大厦的绝佳点位。

生态环境

草地　草原林地

功能配备

停车场

周边交通

地铁可达

逛周边

深圳大学

体能消耗

Nanshan Park

南山公园

地址：南山区蛇口别墅路 8 号

面积：352 公顷 | **步道爬升：335m**

1/ 传递长寿祝福

“福如东海，寿比南山”是中国人对“长寿”最美好的期待和祝福。南山公园以“寿”文化为主题，处处寄托着对每一位来到公园的老人的美好祝福，与长辈游园，其乐融融。

2/ 远眺深圳湾畔

南山公园很适合眺望拍摄深圳湾畔。山顶近可观深圳中心区的摩天大楼群与香港流浮山脉，远可眺望南山半岛、宝安新城。主峰高度适中，适合不同年龄层人群的日常锻炼。周末远足、观赏夜景，都是不错的选择。

3/ 自然风情浓郁

丰富密集的植被，让公园充满了别样的自然风情。桉树林带来芳香和清凉感受；西坡至西南坡的古荔枝林，则是深圳荔枝名产地的写照。与南山公园相连的还有“小南山公园”，很多自然爱好者会选择南山公园—小南山公园这条路线，寻找并观察两栖类、爬行类、昆虫等种类的动物。

生态环境

草地

平原林地

山区林地

功能配备

停车场

交通易达：

地铁可达

逛周边

海上世界

体能消耗

Universal Park

四海公园

地址：南山区公园路 6 号

面积：12.5 公顷 | **步道爬升：0m**

1/ 秋冬池杉如画

来一场超级植物观赏秀吧。除了有传统水生植物荷花、睡莲之外，公园内九孔桥旁的池杉林也美如诗画，每年秋末冬初，池杉叶子变红，一片秋韵盎然。同时，各种湿地鹭鸟飞翔觅食，一派都市里的和谐自然景观。

2/ “盖世金牛”雕塑

公园艺术雕塑“盖世金牛”高达 30 米，是世界上最大的，由铅铜材料制作的牛雕塑，由我国当代美术家韩美林设计，著名剧作家魏明伦为其作赋，书法家康赢题碑。

3/ 仿古桥韵味深

具有岭南特色的亭、台、廊、桥等园林建筑，在此致敬了古代园林的匠心独具，两湖之间有仿松树建成的九曲桥、具有苏州园林水乡特色的玉带桥，还有小巧精美似木桥一样的弯板桥和仿北京颐和园的园林九孔桥。

生态环境

山区林地　平原林地

湖泊水库

体能消耗

功能配备

停车场

周边交通

地铁可达

逛周边

蛇口青少年活动中心、四海大舞台

Yueliangwan Park
月亮湾公园

地址：南山区南山街道荔湾社区前海路 332 号

面积：28.3 公顷 | **步道爬升：0m**

1/ 走进古荔枝林

这里百年树龄以上的荔枝古树有 3800 余棵，是深圳市内保存最好、范围最大的古荔枝林群。寂静幽深，落叶厚实。正是“灼灼若朝霞之映日，离离如繁星之著天”。

2/ 湖面树影飘摇

园内有一狭长的人工湖泊——月晓湖，种植睡莲等水生植物。碧绿的湖面倒映着云朵和临水的树木，蜿蜒的湖面上建有小木亭。一阵风吹过，树影在湖面浮动。

3/ 月夜游园戏梦

夜晚来一场月夜游园，畅游景区：嫦娥奔月、桃花谷、月晓风清、荷塘月色、银河揽月……让视觉、听觉和嗅觉奔赴一场浪漫的旅行。

生态环境

草坪

平原林地

湖泊水库

功能配备

停车场

周边交通

地铁可达

逛周边

青青世界

体能消耗

Qianhai Park
前海公园

地址：深南大道与月亮湾大道交会处

面积：13.6 公顷 | **步道爬升：0m**

1/ 芦趣湖

公园有个超大的芦趣湖，湖边有成片的芦苇丛及水草，湖心的安全岛可供鸟类休憩，喜欢水的鹭鸟、翠鸟都是这里的常客。从不同角度望向湖面，能看到不同的景色。

2/ 花卉小镇

在浪漫的植物中寻找甜蜜的回忆。园区内有美丽的木棉、火焰木、簕杜鹃、大花紫薇，四季有花可赏。花卉小镇内还有传说中的“荷兰三宝”：木鞋、风车和郁金香，随手一拍就是清新美图。

3/ 草坪相会

空旷的大草坪是适合全年龄的交流空间，周末在这里放风筝、阅读、听音乐、开分享会，令人惬意。

生态环境

草地

平原林地

湖泊水库

体能消耗

功能配备

停车场

周边交通

地铁可达

逛周边

荷兰花卉小镇、花卉博览馆

Qianhaishi Park
前海石公园

地址：南山区前海桂湾河水廊道入海口处

面积：**8.5** 公顷 | **步道爬升**：**0m**

1/ 前海石

园内有一块镌刻着“前海”二字的巍峨巨石，是前海具有代表性的标志景观，公园也因此得名。前海石见证了前海“一张白纸，从零开始，可以画出最美、最好的图画”的蝶变历程。

2/ 感受深圳脉搏

五年的时间，让前海从一片滩涂，变成如今的繁荣模样，成为中国梦的前沿代表。这里是观赏深圳西部风光的好去处，横跨海面的西部沿江高速大桥，徐徐落入大海的傍晚夕阳，以及离公园不远处的深圳宝安机场，飞机起飞降落忙忙碌碌，处处跳动着深圳城市脉搏。

3/ 文艺拍照点

公园栽种着很多热带风情的棕榈科植物，跟海滨气氛非常贴合，有着“椰林落日”之海韵。夕阳之下的芦苇荡、网红植物粉黛乱子草、花海紫荆园等，都是拍摄文艺美图的最佳背景。相比中心区的网红公园，这里可让人拥有更多私人空间。

生态环境

草地

平原林地

海域

Qianhai Sport Park
前海运动公园

地址：南山区梦海大道与前湾二路交会处

面积：6.9 公顷 | **步道爬升：0m**

1/ 粤港澳体育文化交流平台

这里是前海城市新中心首个运动主题公园及粤港澳三地体育文化交流的重要平台，每年有超过 100 万人次在这里挥洒汗水，感受运动带来的舒适和惬意。

2/ 运动设施一流

公园内设有先进的运动设施。3 个篮球场、2 个网球场、1 个标准足球场、1400 米的环形塑胶跑道等设施，皆选用一流材料建成，满足多样化的运动需求。足球场的天然草、高标准的塑胶跑道，为人们带来非凡的运动体验。

3/ 花草树木清新可人

丰富的园林观赏植物让人目不暇接。草坡树林，草长莺飞，三季有花，四季有景。人们在大自然中运动，挥洒汗水，获得身心放松。

生态环境

草坪　平原林地　山区林地

功能配备

停车场

周边交通

地铁可达

体能消耗 —— 流汗指数

第三章

凤栖梧桐，烟火人间

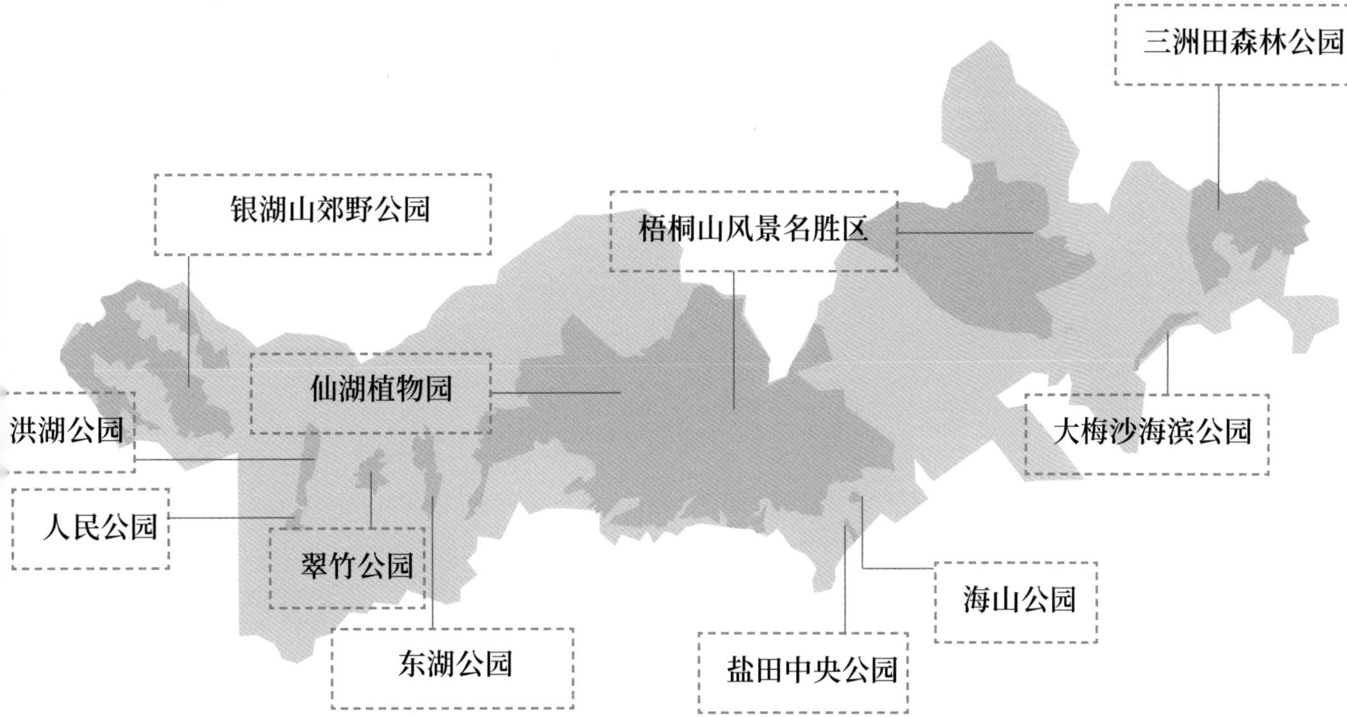
三洲田森林公园
银湖山郊野公园
梧桐山风景名胜区
仙湖植物园
洪湖公园
大梅沙海滨公园
人民公园
翠竹公园
海山公园
东湖公园
盐田中央公园

深圳市
梧桐山风景名胜区

Wutong Mountain National Scenic Area

占地面积

X5888

公园面积：4204 公顷

1. 北大门
2. 梧桐烟云
3. 鹏城第一峰
4. 好汉坡
5. 凤凰台
6. 万花屏
7. 十里杜鹃
8. 电视塔
9. 南大门

生态环境

山区林地　湖泊水库

功能配备

展馆　停车场

服务站　儿童友好　跑步道　自然教育中心

洗手间　亭子　入口　停车场

北
北大门
2 梧桐烟云
3 鹏城第一峰
5 凤凰台
好汉坡 4
万花屏 6
正坑隧道
里杜鹃 7
9 南大门

深圳市梧桐山风景名胜区

聆听繁华城市间的“野性呼唤”

地址：罗湖区罗沙路 2076 号

深圳市梧桐山风景名胜区成立于 1989 年，1993 年被评为省级风景名胜区，2009 年被国务院列为国家级风景名胜区，是国内罕有的位于城市市区、以滨海山地和自然植被为景观主体的城市郊野型自然风景区。

根据规划，它分为梧桐烟云、凤谷鸣琴、西坑、仙桐、仙湖植物园、东湖烟雨、碧梧栖凤、布峰塔影八大景区。

位于深圳中南部的梧桐山，历史上早已闻名，传说众多。公元前 111 年（汉元鼎六年），汉武帝平南越、设九郡之际，它属南海郡博罗县地。无论是东晋以降的宝安县、唐代以后的东莞县，还是明代万历元年新建的新安县，都能在地理脉络中找到梧桐山的身影。梧桐山为“新安八景”之一。明代诗人、籍贯东莞的江西左布政使祁顺在游新安境内梧桐山后，欣然作诗《梧桐山》，由此可以想象其当年的生趣盎然：

梧桐山，高倚天。

冬来积霜雪，雨后多云烟。

山中奇植人争宝，笼葱之竹龙须草。

更有梧桐栖凤凰，紫云枝叶年年好。

我欲剪梧桐，制琴献穆清，坐弹南薰歌太平。

又欲招凤凰，来仪天子廷，效灵堪与龟龙并。

凤兮不来梧桐老，目极空山无尽情。

《新安志》也曾记述“仙女嬉于天池，凤凰栖于梧桐”。《梧桐山集》《道脉总源流》等资料还认为，梧桐山是道家洞天福地，虽然目前山中已无人文古迹可寻，但“梧桐烟云”仍是“深圳新八景”之一。此处峰峦秀丽、云雾缭绕、溪涧幽邃、植物茂盛，是珠江三角洲地区珍稀动植物的庇护地和资源库之一。

梧桐山也是深圳河的发源地。灵动的山水滋养着万物的生长。在这片面积达 42.04 平方千米的土地上，森林覆盖率达 88.6%。数不胜数的动植物找到了它们栖息与生长的家园。据不完全统计，梧桐山分布的天然植被有维管束植物 233 科 764 属 1376 种，其中包括刺桫椤、穗花杉、白桂木、土沉香、粘木等珍稀、濒危物种；当地野生动物资源也非常丰富，有 24 目 64 科 196 种。其中不乏国家重点保护的野生动物，如蟒蛇、黑鸢、赤腹鹰、褐翅鸦鹃、穿山甲、小灵猫等。

梧桐山属莲花山系，东南濒临烟波浩渺的大鹏湾，与香港新界山海相连。它是粤港澳三地协同保护生物多样性的重要一环。如何为深圳湾以及香港山脉的野生动物在基因交流、种群交流、种群扩大、物种繁衍等方面提供良好的栖息地和扩散地，保护好梧桐山—红花岭之间的生态廊道，已成为人们共同关注的焦点。

梧桐山内的景观，以滨海山地和自然植被最为突出。山脉自西向东渐次崛起，分布着小梧桐、豆腐头、大梧桐等三大主峰，合称“三峰秀拔”。其中大梧桐海拔 943.7 米，是深圳的第一高峰。立于山峰之巅，闲看云卷云舒，但见雄伟的山势与变幻的云雾刚柔相济，与广瀚的大鹏湾山海辉映，人的心胸也因此豁然开朗起来。

梧桐山山高林密，有着丰富的水资源。凤谷鸣琴景区内，由 6 条山涧小溪汇集而成的马水涧在山石间跌

宕徘徊，形成飞瀑流泉，水声潺潺，时缓时急；水质冰澈，洗涤人心。梧桐烟云景区内的泰山涧与马水涧相似，由 14 条山涧小溪汇集而成，同样形成丰富的水资源和植物资源。不同的是，因地势起伏较缓，泰山涧水流较为平和。与溪涧瀑布交错并行的还有龙湖、凤湖两个水库，周围风景幽静秀美，引人入胜。

据史料记载，明嘉靖四十年（1561 年），黄佐在编著的《广东通志 · 卷十三 · 舆地志》中，最早提到梧桐山名源于“其木多梧桐”。可在二十世纪八九十年代的梧桐山植物资源调查中，人们却没有在此发现天然的梧桐树。原来，当地人所称的梧桐实际上是形似梧桐的“爆梧桐”，学名为黧蒴栲（黧蒴锥），每当四月花期，黧蒴栲开出淡黄色的小花，漫山遍野如霞云舒展，甚为壮观。

春季也是毛棉杜鹃争奇斗艳之时。这是深圳市区内唯一可见的高山杜鹃。毛棉杜鹃主要分布在小梧桐的杜鹃谷、万花屏等处。每年三月中下旬，花海绵延数百米，上千株毛棉杜鹃热烈绽放，灿若云霞，被誉为深圳第一花景。它是深圳人的春天印象，也是深圳的重要生态名片。

在梧桐山的南亚热带季风常绿阔叶林、山地常绿阔叶林与山顶灌丛中，还生长着浙江润楠、吊钟花、红花荷等群落。它们以林海为舞台，随时光流转，不断变换缤纷的花颜，带给人应接不暇的惊喜。

一座山就是一部植物进化史。从山脚到山顶，不到千米的海拔高度范围内，植物种类丰富，可让人直观感受从低等植物到高等植物的进化奇迹。山中植被类型复杂多样，自下而上依次分布南亚热带季雨林、山地常绿阔叶林、山顶矮林与山顶灌丛。可以看到热带亚热带的棕榈科植物，也可以看到温带的高山杜鹃、耐贫瘠酸性土壤的映山红灌木丛，不同气候带类型的植被在山里闪现。你看，溪流山涧里绿色丝状植物是有着 4.2 亿年历史的水藻，溪水旁、石缝中探头探脑的是最早为地球装点绿妆的苔藓，它微小的身体里，蕴藏着植物 4 亿年进化的智慧结晶；仔细留意，还可以发现吃肉的茅膏菜，淡定地把刺须伸展出来，等着昆虫的自投罗网。地球孑留植物，恐龙的主要食物——刺桫椤，在梧桐山也大片分布。

梧桐山不仅是飞禽走兽们的植物王国，距深圳市区 10 公里的它也是深圳市区最重要的生态绿地。犹如“肺泡”，它维系着城市的“呼吸”——保持二氧化碳与氧气的动态平衡、近地微气候的相对稳定，为我们吸收有害气体、保持水土、涵养水源。

作为城市中最宝贵的自然及人文遗产，如何保育这一方净土使其不被打扰、野性不改，显得尤其重要。站在城市之巅，面对旖旎风光，深圳人心中谨记：唯有保护青山绿水，方得美景永续流传。

Wutong Mountain National Scenic Area: Listening to "the Call of the Wild" in the Prosperous City

Founded in 1989, Wutong Mountain National Scenic Area was ranked one of the Provincial Scenic Areas in 1993 and listed as a National Scenic Area in 2009 by the State Council. As a country natural scenic area, it combines coastal mountains and natural vegetation as the main body of its landscapes but is located downtown, which is very rare in China.

It is divided into eight parts: Mist and Cloud of Wutong Mountain, Gurgling Streams in the Phoenix Valley, West Valley, Xiantong, Fairylake Botanical Garden, Rain and Mist of the East Lake, Green Wutong Forests and Towers on the Mountain.

Located in the mid-south region of Shenzhen, Wutong Mountain has been famous in history and enjoys many myths. In 111 B.C., when Emperor Wu of the Han Dynasty conquered Nanyue (an ancient Chinese kingdom in southern China) and established nine provinces, the mountain belonged to Boluo County, Nanhai Province. The trace of Wutong Mountain can be found in geographical shape and structure no matter what the geographic names are, like the Bao'an County in the Eastern Jin Dynasty, the Dongguan County after the Tang Dynasty, or the newly built Xin'an County in the first year of Wanli reign in the Ming Dynasty. Wutong Mountain is one of "the Eight Scenes of Xin'an". In the Ming Dynasty, Qi Shun, a Jiangxi provincial government official born in Dongguan, was delighted to write the poem "Wutong Mountain" after visiting it in Xin'an, which manifested its vitality and joy at that time.

Wutong Mountain is also the cradle of the Shenzhen River. The vibrant mountain and river nourish the growth of all creatures. Covering an area of 42.04 square kilometres. It has a forest coverage rate of 88.6%. Countless animals and plants have found their home here for living and growing. According to incomplete statistics, there are 233 families, 764 genera and 1376 species of vascular plants distributed in Wutong Mountain, including rare and endangered species such as Alsophila spinulosa, Amentotaxus argotaenia, Artocarpus hypargyreus, Aquilaria sinensis, and Ixonanthes reticulata. It also has abundant wild animal resources up to 24 orders, 64 families and 196 species. Among them are many wild animals under national protection, such as pythons, black kites, Chinese sparrowhawks, great coucals, pangolins, small Indian civets, etc.

Wutong Mountain is not only the plant kingdom of birds and animals, but also the most important ecological green space of Shenzhen, which is just 10 kilometres away from downtown. Like the "pulmonary alveoli", it sustains the "breath" of the city by maintaining the dynamic balance of carbon dioxide and oxygen, and keeping the relative stability of the microclimate near the ground, so as to absorb harmful gases, preserve water and soil, and conserve water resources for us.

Since Wutong Mountain is one of the most precious natural and cultural relics in the city, how to keep this pure land from being disturbedand maintain its wildness is particularly important. Standing on the top of the city and facing the beautiful scenery, Shenzhen people should bear in mind that it is only through protection that the green mountains and rivers can be sustainable forever.

ATTRACTIONS
赏景观

梧桐烟云

梧桐烟云是“深圳新八景”之首。梧桐山常年云雾缭绕，时而轻烟淡抹，轻柔飘渺，时而浓雾成盖，如同万马奔腾。在蓝天的映衬下，绿色植被随峰谷起伏，山野一展质朴，变幻莫测的浩瀚烟云，恰似一幅清新脱俗的中国画。赏云不妨攀登“好汉坡”，来“鹏城第一峰”前留影，在深圳最高处眺望美景。

小梧桐电视塔

该电视塔位于梧桐山的小梧桐之顶，既有广播电视发射传播功能，也有观光赏景之便利。深圳电视塔内安装了目前国际上最为先进的发射传输设备，信号能覆盖珠江三角洲的大部分地区。

凤凰台

凤凰台位于梧桐山北路和好汉路的交叉位置，丁字路口对面就是蝴蝶谷，蝴蝶谷有一排供休息的观光廊。很多登山客选择在此稍作休息，顺便一赏山野美景。

万花屏

从凤凰台沿梧桐山北路步行 300 多米，到达的第一个沟谷就是毛棉杜鹃古树分布最集中的区域。每年三月中下旬，来自南海的潮湿气流不断吹向梧桐山，1000 多株毛棉杜鹃竞相绽放，如同一面繁花锦簇的屏风，故名“万花屏”。1000 多株毛棉杜鹃从坡顶一直开到谷底，绵延数百米，仿佛一只凤凰静卧梧桐山上。观景平台与上山园路正处于凤凰颈部，上坡面则戴有精致的凤冠，山谷下部是它绚烂的尾羽。穿行花海中，赏花于咫尺。

DIVE IN

游公园

攀登鹏城第一峰

作为深圳第一高峰，这里无疑是登山爱好者不容错过的游览胜地。在此登顶的成就感虽然比不上攀登中国“五岳”，但登高眺望深圳繁华城景的感觉也有其独特的趣味。对于资深户外运动爱好者而言，海拔 944 米的梧桐山可以说是“小菜一碟”，但对于大多数人而言，我们还是建议大家做足准备运动，注意充分活动筋骨，穿着舒适的衣物，必要时带上登山杖。深圳常年气温较高，充足的饮用水和遮阳物品也是登山者必不可少的装备。

杜鹃谷内赏花趣

小梧桐广场北侧沟谷中海拔 500 多米处生长有面积 20 多公顷的毛棉杜鹃。每年 3~4 月，整个山谷鲜花怒放，一丛丛，一片片，毛棉杜鹃犹如撒落在斑斓阔叶林中的粉珍珠。烟云缭绕之时，它们如同披上乳白轻纱，远远看去，好似在飘渺仙境里轻歌曼舞的精灵，格外绚丽动人。

无论平视、俯瞰还是仰视，杜鹃谷都给你不同寻常的视觉之美。游客还可沿拾芳径、寻香径与花溪径等赏花步道，在花中穿行直达谷底深处，踏幽拾芳于林间。

AN EYE FOR NATURE 探自然

朴实无华的黧蒴锥

平时在山野中有一种很朴实低调但常见的植物，它的叶子乍一看过去有点像枇杷。它们就是黧蒴锥（*Castanopsis fissa*），也称黧蒴栲，因为叶片比较大也叫大叶锥（栲）。

黧蒴锥在森林的形成和修复过程中起着十分重要的作用，森林遭到砍伐时它能很快地萌发以弥补植被的空缺。黧蒴锥的根系发达，涵养水源能力强，并且它的生长速度也很快，一年可以长高 1 米，特别适合用于荒山造林。

作为华南地区常见的建群树种，黧蒴锥的身影在深圳梧桐山的阳坡处随处可见。虽然花色和花形并不显眼，但是每年 4 月份长达 8~18 厘米的花序展开时形成的大片米黄色景观也是很壮观的。

有一点一定要注意，有一种叫作致命白毒伞的蘑菇很喜欢长在黧蒴锥林子里，这可是一种有剧毒的蘑菇，千万不要采回去当美味！

爱吃蛇的鸟——蛇雕

蛇雕（*Spilornis cheela*）是梧桐山的空中王者，在晴好的天气，常能见到它们在高空盘旋飞翔，发出啸声。蛇雕在飞行时，翅膀的后缘有一条明显的宽阔的浅色带，而且体形壮圆，非常容易识别。蛇雕全长约 60 厘米，头顶有一大丛冠羽，因此在我国台湾地区被称为“大冠鹫”。从蛇雕的名字就可以看出，蛇类是蛇雕最喜欢的食物，不管是有毒的眼镜蛇，还是无毒的黄斑渔游蛇、翠青蛇等，都是它的美餐。它们抓蛇的技巧非常高超，跗跖上的鳞片比其他猛禽更厚且坚硬，因而不惧蛇的攻击，而锋利的喙能够把蛇撕成小块，再慢慢进食。

除了蛇，蛇雕也会捕食青蛙、蜥蜴、鼠类和小鸟等，是生态系统中的顶级消费者，对维持生态平衡有重要作用，同时也是国家二级保护野生动物。

蛇雕

果子狸

命运坎坷的果子狸

白天热热闹闹的梧桐山，在夜晚恢复了寂静，有些小动物就趁着夜色出门了，比如我们熟悉又陌生的果子狸。

果子狸以各种植物的果实为食，是森林中重要的种子传播者。它们的脸部为黑色，中央有一条白线，耳下各有一小块白斑，身体以棕褐色为主，尾巴末端黑色。

很多北方人都是因为 2003 年席卷全国的非典型肺炎知道了果子狸的名字，果子狸曾被认为是传播 SARS 病毒的元凶，也因此一度从南方的野味市场绝迹。因为恐惧，非法捕捉和食用得到了有效的禁止。虽然最新的研究发现，SARS 病毒的天然携带者是蝙蝠，果子狸只是中间宿主，但因祸得福，果子狸的数量得以回升不少。

幸而随着人们生活水平和生态意识的提高，大多数人不再把野生动物视为食物。实际上，许多野生动物都携带着复杂的病毒，许多病毒能够与宿主长期共存，而一旦人类接触、食用这些动物，病毒就有可能传染给人类。因此，保护野生动物，不吃野味，也是对自己的保护。

会关门的蜘蛛
——拉土蛛

梧桐山是座物种宝库，隐藏着许多奇异的生物。这里有一种会关门的拉土蛛（*Latouchia* sp.），要一睹它们的庐山真面目，必须找对时机，不然，你会吃闭门羹。

拉土蛛身体十分强壮。背甲近乎六角形，头部隆起，中窝横向弯曲。8只眼聚为一团。头部前方有一对强大触肢，状如步足，用以把握物体，并有触觉和嗅觉功能。触肢之间是一对长有毒牙的螯肢，弯曲且强壮，向前突出，用于捕杀猎物，8条步足粗壮，具有黑色刚毛。腹部椭圆形，密布长短不一的黑色刚毛。

拉土蛛是一种不织网的蜘蛛，用螯肢挖掘洞穴，营地穴生活。隧道内壁附以蛛丝。洞口有圆盖，与周围环境平齐或略微突出，其上以蛛丝网加土粒、苔藓等做伪装，难以被发现。多在夜间活动，满布全身的黑色刚毛此时发挥极大作用，它们能感知地面的轻微振动，也能感知声音传播时带来的空气振动，从而判断物体大小、方向、轨迹等。当感知小虫在洞口经过时，它们会迅速冲出洞穴将其捕获。遇到威胁时，洞内的拉土蛛迅速用触肢和第一对步足将盖门关闭。

要想不吃闭门羹，观察拉土蛛时，除了选择入夜后出行，还要注意保持动作轻盈。

NEAR BY

逛周边

梧桐山周边同样充满山野之趣，既有超过百年历史的古村，又有以农家乐为主题的休闲之地。梧桐山南坡半山山坳里，坐落着有 200 多年历史的恩上村，它是福建客家人的聚居地。

兰科植物是世界性的濒危物种，山脚下的兰科植物保护研究中心是全国最大兰科基地，游客能看到近 1000 种兰花。

7 个自然村联合打造的“梧桐山艺术小镇”，集文化、创意、艺术、旅游为一体，为游客提供专属的艺术之旅。

森林公园周边 10 公里范围内的重要旅游景区还有闻名遐迩的沙头角“中英街”、东部华侨城，大梅沙海滨旅游中心、深圳海洋世界、仙湖植物园等，皆名声在外，且各具特色。

体验城市好生活
灵感碰撞之地

附近好去处

- Agritainment
  农家乐
- Orchidaceae Plant Protection Research Center
  兰科植物保护研究中心
- Wutong Mountain Artistic Town
  梧桐山艺术小镇
- Ancient Towns Nearby
  周边古村
- Luohu Greenway line 5
  罗湖绿道 5 号线
- Shenzhen Reservoir
  深圳水库

仙湖
植物园

Fairy Lake Botanical Garden

占地面积

X765

公园面积：546 公顷

① 两宜亭	⑩ 蝶谷幽兰
② 龙尊塔	⑪ 阴生园
③ 邓小平手植树	⑫ 水生园
④ 仙湖	⑬ 竹园
⑤ 弘法寺	⑭ 木兰园
⑥ 揽胜亭	⑮ 棕榈园
⑦ 香港回归林	⑯ 仙人掌和多肉园
⑧ 化石森林	⑰ 百果园
⑨ 天上人间	

生态环境

草坪　湿地　山区林地　湖泊水库

功能配备

展馆　停车场　服务站　儿童友好　自然教育中心　跑步道

周边交通

地铁可达

洗手间　亭子　入口　停车场

北
7 香港回归林
8 化石森林
16 仙人掌和多肉园
12 水生园
17 百果园
揽胜亭 6
4 仙湖
3 邓小平手植树
13 竹园
1 两宜亭
2 龙尊塔
15 棕榈园
14 木兰园
5 弘法寺
10 蝶谷幽兰
9 天上人间
11 阴生园
P

仙湖植物园

珍稀植物的诺亚方舟

地址：罗湖区仙湖路 160 号

地球上的生命从初始阶段就在享受植物带来的馈赠，人类对植物的热爱与生俱来。远古祖先依靠森林的生存，从野果中获取糖分和维生素、用树皮树干遮风避雨；古代先民学会了将野生植物驯化为作物，逐渐为人类提供了稳定的食物和营养，而进入农耕文明时代。虽然，现代意义上的植物园源自十六世纪中期意大利的帕多瓦植物园，但有研究表明，我国植物园的雏形可追溯至汉朝长安的“上林苑”之“扶荔宫”，在其中种植多种来自南方的果树，如荔枝、龙眼、棕榈，和从西域引进的黄瓜、葡萄、胡萝卜、石榴、大蒜、苜蓿等。今天的植物园，不仅以收集奇花异草满足人们的观赏需求，更是植物多样性保护、研究与开发应用的重要基地，并是科普教育与大众休闲的理想场所。在全世界一千八百多个植物园及其附属机构中，保存了占世界植物种数三分之一左右的种类，即超过 10 万种。

改革开放以后，中国内地兴建的第一座植物园就位于改革开放的前沿——深圳。1983 年初，市政府邀请著名的园林和植物园专家孙筱祥教授就植物园的选址和规划提出建议。孙教授带队调研了深圳的自然环境，发现梧桐山西北山麓，介于深圳水库东畔的大坑塘（原深圳林场内）最为合适，确定为植物园址。该处占地 668 公顷，整体地势为中间低，四周高，由山地、丘陵、水体等组成，地形多变，具有良好的自然山水骨架；本地有“凤凰栖于梧桐，仙女嬉于天池”的传说，加上周围山高林密、常年云雾缭绕，也渲染了几分扑朔迷离的仙气，故定名为仙湖植物园。随后孟兆祯院士主持总体规划设计。依据我国古代重要的园林理论和造园专著《园冶》中“相地合宜、构园得体”的理念，从相地和构园这两方面入手，构建以山环水抱的“仙湖”为全园之中心。同时，以中国古典造园手法中“因地制宜、随势生机、巧于因借、因境成景”的理法作为规划设计指导思想，在景观视线良好的近水区、山腰和一些小山头处设置亭、台、楼、阁，成为景观点，建筑以北方平正、稳重、大方风格为主，白墙黄瓦（琉璃瓦）。在观景点，近观秀丽仙湖，远眺巍巍群山、深圳水库和市中心区，达到了“极目所至，晴峦耸秀、绀宇凌空”的景观效果；在此基础上，秉承“结合自然、尊重自然”的观念，将一个个富有科学内涵的植物专类园镶嵌在湖区周边和山谷之中，并因山构室、就水安桥，通过各级道路系统把景点、景区、植物专类园有机地联系成一个整体，最终形成一个个生态景观点、一条条生态景观线、一片片生态景观林相互连接的有机体，让仙湖植物园成为一座既风景优美，又富科学内涵的植物园。建设工作于 1984 年 12 月正式启动，1988 年正式对外开放。

经过三十多年的发展，仙湖植物园已经发展成一座

集物种保育、科学研究、科普教育、旅游休闲为一体的多功能植物园。凭借其优美的景致、良好的基础设施、丰富的活植物收集、创新的自然教育和高水平的专家队伍在业界地位日益显著，并先后被授予国家“4A级风景区”“国家重点公园”“2018年度中国最佳植物园”和“全国绿化模范单位”等荣誉，在国际上影响也日渐提升。近年到访的游客人数已经年均超过400万，成为本地最受游客欢迎的游览地之一；保育的活植物约12000种（含品种），是中国最主要的植物保育基地之一，在苏铁、蕨类、木兰科、秋海棠科、苦苣苔科、苔藓等类群的资源收集方面居于领先地位，百余种国家保护植物，包括银杉、红豆杉、攀枝花苏铁、观光木、刺桫椤、金毛狗、半枫荷、长叶竹柏、金花茶、虎颜花、降香黄檀、土沉香等保育于园区各处；在科学研究上，特别是苏铁、木兰、苔藓类、蕨类、苦苣苔和秋海棠等类群和基因组的研究上，有不少原创成果；在垂直绿化、城市生态等领域，有高水平的技术；在服务市民休闲娱乐、提供青少年科普教育方面，越来越具特色。“粤港澳大湾区·深圳花展”和“深圳森林音乐会”等文化活动也深受市民喜爱。

名刹弘法寺坐落于仙湖东侧、梧桐山半山，是本地最重要的佛教圣地，常年禅音悠扬。每逢佛教假期，弘法寺成为市民皈依礼佛、陶冶性情的首选地。

园外，都市节奏繁忙；园内，生命安然如素。仙湖植物园，植物科学的理性之光与诗意园林的感性之美在此相遇，给人带来无限遐想。

Fairy Lake Botanical Garden: A Noah's Ark for Rare and Threatened Plants

After more than 30 years of development, the garden has developed into a multifunctional botanical garden integrating species conservation, scientific research, science education, tourism and recreation. With its beautiful scenery, sophisticated infrastructure, rich collection of living plants, innovative natural education and high-level experts, its position has become increasingly prominent and also received international recognition. The garden has been awarded many prestigious titles, including 4A-level Scenic Area, National Key Park, China's Best Botanical Garden in 2018 and National Model Unit for Greening, etc. In recent years, the number of tourists has exceeded 4 million annually, making it one of the most popular tourist destinations in the city. About 12,000 species (including cultivars) of living plants are preserved, making it one of the most important plant conservation bases in China. We are leading in collection of cycads, ferns, Magnoliaceae, Begoniaceae, Gesneriaceae, and bryophytes national wide. More than 100 national protected plants, including Cathaya argyrophylla, Cycas panzhihuaensis, Michelia odora, Alsophila spinulosa, Cibotium barometz, Camellia petelotii, Dalbergia odorifera, and Aquilaria sinensis are also conserved in the garden. We have achieved a series of academic accomplishments in basic research, with special reference to certain groups such as cycads, magnolias, bryophytes, ferns, Gesneriaceae, and the study of plant genomes. To serve the rapidly growing city of Shenzhen, we have developed core technologies and products in applied research on urban gardening and landscapes, vertical greening, and the utilization of medicinal and ornamental plants. We supply exhibitions and courses in novel ways for the general public, with a special focus on children and teenagers. Some cultural activities, such as Shenzhen Flower Show and Shenzhen Forest Concert are also quite popular and attract many visitors.

The Hongfa Temple is located in the east of Fairy Lake, halfway up Mount Wutongshan, is the most important local Buddhist holy place. During Buddhist holidays, this is an important destination for people who practice the Buddhist faith, and want to gain a peaceful mind via self-cultivation.

Outside the garden, the rhythm of the city is busy, and life in the garden is quiet. In the garden, you will be away by the Shangri-La of hills, lakes, pavilions, beautiful and intriguing plants, bird song, and the buzzing of pollinating insects.

ATTRACTIONS
赏景观

邓小平手植树

1992 年 1 月 22 日，邓小平同志视察深圳时在仙湖湖畔亲手种下一棵高山榕，现已长成一棵高 9 米、冠幅 10 多米的大树。这棵高山榕，倾注着小平对深圳的深情，象征着深圳特区的建设事业就像高山榕一样有强大的生命力，无论遇到什么样的艰难险阻都将勇往直前，蓬勃发展。如今它用巨大的树冠给游人带来阴凉，人们时常聚集于此，感念着改革开放总设计师为深圳带来翻天覆地的变化。

国家苏铁种质资源保护中心

苏铁类植物是一群起源古老的裸子植物，也是现存最古老的种子植物，是与恐龙同时代的植物。全世界现存苏铁类植物 350 余种，星散分布于热带与亚热带地区，它们对研究种子植物的起源、演化、植物与动物的协同进化、古地质和古气候的变迁等具有重要意义，因而受到重点保护。苏铁保护中心（苏铁园）位于植物园东南侧，先后收集了 240 余种苏铁类植物，是国内收集苏铁类植物种类最为齐全、规模最大的专类园。徜徉于苏铁园，气势恢弘的篦齿苏铁林让人叹为观止，纤细柔美的德保苏铁和姿态各异的石山苏铁令人驻足停留，众多的异国风情苏铁令人耳目一新，精心打造的园林景观呈现出苏铁世界的千姿百态。

化石森林

化石森林位于植物园东北角，是世界上规模最大的迁地保存、展示硅化木的景区，分为国内展区和国际展区。硅化木是真正的木化石，它的形成源自百万年或上亿年前的树木被迅速埋葬地下后，木材中的有机质被地下水中的二氧化硅替换，但其木质结构和纹理依然保持不变。国内展区收集了来自辽宁、新疆、内蒙古等地的松杉类硅化木 400 多株，分别模拟戈壁滩和绿洲两种环境布景，再配以古老的硅化木，形成较有视觉震撼力的景观效果。国际展区在国内展区西侧，收集了来自马达加斯加、印度尼西亚、美国、蒙古、缅甸等地的松柏类、落羽杉型硅化木 200 多株。

揽胜亭

揽胜亭位于仙湖西侧、裸子植物区中央，湖区的正对面。登揽胜亭，居高临下，可一览仙湖的美丽风景、弘法寺全貌及远处梧桐山的烟云，是仙湖植物园最佳的风景观赏点之一。周边遍植杜鹃和月季，早春花期极美。

天上人间

天上人间景区位于植物园南部，包括木兰园、阴生园、蝶谷幽兰、杪椤湖、珍稀树木园、月季园（天池）等景点。其中珍稀树木园保存了诸如观光木、穗花杉、土沉香、银杏、青梅等多种珍稀濒危植物。阴生园里的植物， 在藤本植物或高大林木的蔽护下，犹如玲珑可爱的小公主。经过花境升级后，天上人间周边更是花团锦簇，婀娜多姿。景区中的杪椤湖，水源来源于梧桐山的山泉，湖水从出水口经幽溪流入仙湖，湖水明亮宁静，湖畔漫步，诗情画意。

蝶谷幽兰

蝶谷幽兰位于天上人间景区南部，景区前为大草坪，右临阴生园，背倚木兰园和珍稀树木园，是一个集保育、观赏、科研和科普为一体的兰科植物专类园，保育了众多的兰科植物。春季景点内兰花盛开，色彩旖旎，幽香怡人。园内蝴蝶蹁跹，色彩斑斓。

阴生园

该园建于 1991 年，面积约 1.2 公顷，划分为不同区域，栽培了蕨类、苦苣苔科、秋海棠科、苔藓类、大戟科、天南星科、百合科、竹芋科、凤梨、球兰、竹类、兰花、食虫植物等数百种耐阴植物。其中，国家保护植物，如桫椤、福建莲座蕨、金花茶、中华水韭等也生长于此。

水生园

位于园区东北角，面积约 0.3 公顷，栽培有荷花、睡莲等多种水生植物，其中心有一座美丽的听雨亭，是该区的视觉焦点，北岸有船坊，不时举办科普和文化活动。沿岸种有落羽杉、水松等冬季落叶植物。随着气候季节交替呈现不同景观，夏日以观荷为主题，莲叶田田，菡萏妖娆。暮冬初春时节，落羽杉叶逐渐变红，碧水青山，嵌以红叶，形成一年中最色彩斑斓的风景。

木兰园

面积约 3.3 公顷，分为木兰区、木莲区、含笑区、杂交苗木区四个片区。先后引进木兰科植物 130 多种，定植 25000 余株，其中包括中国珍稀濒危植物华盖木、长蕊木兰、厚朴、天女花、红花木莲、大叶木莲、观光木、云南拟单性木兰等近 20 种，还有 50 余个杂交品种，如二乔玉兰、红运玉兰、丹馨玉兰、红笑星玉兰、红寿星玉兰等。

竹园

中国是竹子分布的中心，也是世界上竹类植物资源最丰富的国家。竹子的适应范围很广，多分布在南北回归线之间的热带、亚热带季风气候区的平原，丘陵地带。广东是中国竹类资源最丰富的地区，深圳的气候条件非常适合竹类的生长和繁衍。竹园面积约 2 公顷，保育有湘妃竹、人面竹、泰国暹罗竹、黄金碧玉竹、甜竹、麻竹等 200 多种竹子。

棕榈园

位于仙湖东岸，临近湖区大草坪，面积约 3 公顷，是植物园内最早建立的植物专类园之一，始建于 1986 年，已收集来自世界各地的棕榈科植物 170 余种。巨大的草坪上，绿草茵茵，椰林、葵树分布其间，呈现一派浓郁的热带风光。除了有常见的大王椰、假槟榔、散尾葵、蒲葵、三药槟榔外，还有许多树形奇特、观赏性极高的种类，如酒瓶椰、贝叶棕、糖棕、霸王棕、狐尾椰等。

仙人掌和多肉园

面积约 1 公顷，保育物种以仙人掌和多肉植物为主。为了收集和培育沙漠植物，从建园起就建立了 3 个大型展览温室和 3 个生产温室，至今为止共引进 1000 多种，其中仙人掌科植物 40 多个属 600 多种，芦荟科植物 100 多种，其他多肉植物 300 多种。较为珍贵的种类有直径超出 80 厘米的金琥，树龄 200 年、高达 6 米的巨人柱。

百果园

百果园面积约 2 公顷，自然环境优越，茂密的次生林覆盖大部分区域，种植常见果树及观果类树木，包括荔枝、龙眼、黄皮、树菠萝、枇杷、杨梅、洋蒲桃、铁冬青、假苹婆、海红豆、山油柑等。园内有两条怡人的石材步道穿越，周边山色葱茏，伴着石泉溪流，幽林秘境，恬静舒适。

弘法寺

弘法寺是深圳市最大的佛教寺庙，位于仙湖东侧、梧桐山半山，是 1949 年新中国成立后国内兴建的首座寺院。弘法寺坐东南，朝西北，背倚陡峭叠翠的梧桐山，前观碧波荡漾的仙湖。庙宇建筑宏伟壮观，金碧辉煌。走进寺庙，人们在幽淡的檀香味中寻觅清净，在缥缈的木鱼声里搁浅纷扰。眼前的佛像庄重慈悲，让人宁静。

DIVE IN

游公园

粤港澳大湾区·深圳花展

“粤港澳大湾区·2019 深圳花展”于 2019 年 3 月在仙湖植物园举办，这是深圳首次举办综合性国际花展，也是深圳目前举办的规模最大、最高端、最国际化的一次花展。花展集中展示了深圳作为粤港澳大湾区核心引擎城市和公园城市在城市绿化、生态治理方面的成就，让市民在深圳欣赏世界花卉美景，共享“打造世界著名花城”的绿色福利。花展期间，还伴有约百场学术论坛、文艺演出、国际花艺大师表演、自然教育、摄影比赛等活动。

摄影胜地

近年来，仙湖植物园成为热门的摄影之地，尤其在仙人掌和多肉园，很多人来此拍摄沙漠风情写真或视频。球形的温室屋顶结构让摄影者的构图更添巧思。在仙人掌和多肉园前方的湖边，生长着一大片落羽杉，每年的 12 月和 1 月，树叶由绿转红，是深圳秋景最浓的地方之一。

仙湖植物园内的花鸟也备受摄影爱好者青睐。每当化石森林的几株虾子花在春季盛放时，便会吸引来平时难得一见的朱背啄花鸟等羽毛艳丽的鸟儿，很多摄影爱好者从四面八方赶来，只为一睹其芳容，留下美影。

森林音乐会

在仙湖植物园，每年冬季都会举办森林音乐会，这里的听众不用像到音乐厅那样西装革履、正襟危坐，而是在森林环抱的露天草地和星空下，随意地坐着，伴着微风拂面，鸟唱虫鸣，欣赏著名交响乐团的精彩演奏和知名歌唱家的倾情放歌。

自然学校

仙湖自然学校是深圳市首批自然学校之一，也是“国家级自然学校试点单位”，于2014年12月成立，通过打造一间教室、编制一套教材、培训一支环保教师志愿者队伍，为青少年与市民提供植物和植物园有关的环境教育。快带上宝贝一起参与各类高水平的环境教育课程吧！

书吧

仙湖植物园内藏有三处宁静优雅的书吧。

缅栀书吧是面向公众，以植物文献收藏为特色、兼具文化休闲功能的综合性图书馆。缅栀花，俗称鸡蛋花，花瓣嫩白，花心奶黄，形似鸡蛋，因而得名。鸡蛋花树冠如盖，婆娑匀称、自然美观，而且香气清新淡雅，花落数天香气不散，也因此有辟邪之说，为佛教“五树六花”之一。仙湖植物园种植有许多鸡蛋花，在书吧附近尤多。缅栀书吧作为服务于仙湖植物园科学研究的专业图书馆，馆内文献以植物学相关领域的专业书籍、科普教育读物为主，共藏书约4万册。著名植物学家胡秀英教授于2004年捐赠的大批文献资料，成为本馆的珍藏。

黑法师的小木屋位于仙人掌和多肉园门口，其名字起源于一种美丽神秘的多肉植物——黑法师。这种植物株形优美，黑紫色的叶生于枝头，神秘而高贵，叶片呈莲座状排列，酷似一朵朵盛开的莲花，独树一帜。该处是仙湖植物园志愿者的服务基地——志愿者之家，为市民游客提供咨询服务，也可供休憩、阅读之用。此外，这里也是志愿者团队进行交流、分享、学习、活动的场所。

尔瞻轩位于阴生园大门左侧。其名来自《诗经》中的“赫赫师尹，民具尔瞻”。这里收藏了大量与仙湖植物园有关的纪念文集与历史文献，反映了仙湖植物园的发展历程，可提供阅读空间和休闲茶饮。

双舞庭中花落处，数声池上月明时——鹤顶兰

鹤顶兰

在仙湖植物园的阴生区有着种类十分丰富的兰花，有一种高达一米的高大植株十分显眼，几十朵花朵排列得像是一群展翅高飞的仙鹤，这就是鹤顶兰（*Phaius tancarvilleae*）。

鹤顶兰的花朵外面是白色的，但是唇瓣却又是红色的，因此又被称为“花白心红”。也正是因为这个张扬的外观与含蓄优雅的传统兰文化有所出入，向来爱兰的古人对它视而不见，甚至近代广东南海人区金策所著的《岭南兰言》也只是在附录里把它列为“类兰非兰”类别。不过随着国人审美观念的变化，高大潇洒的鹤顶兰也登上了大雅之堂。

深圳地处南亚热带，气候温暖湿润、雨量充沛，不仅是人类宜居场所，也是兰科植物喜欢的定居场所，在梧桐山、三洲田、七娘山及马峦山郊野公园等地方都可能找到野生的兰花。当然，美丽的兰花我们静静观赏就好，千万不要挖采或伤害。爱护兰花，它们才能长久地装点深圳山野。

长着鱼尾巴的老鹰
——黑鸢

从仙湖的密林中寻觅一处空旷地带，抬头常能看到天空中有像风筝一样摆动的大鸟。这是猛禽在盘旋，借助气流在空中边缓慢滑翔，边寻找食物。用望远镜观察，如果它的尾巴细长，中间又明显内凹，形似鱼尾，翅膀有两块白斑，那就是黑鸢（*Milvus migrans*）无疑。

黑鸢就是通常意义上的“老鹰”，因为胸腹部有许多浅色的纵纹，看上去麻麻点点，也被叫作“麻鹰”。常说“老鹰抓小鸡”，其实黑鸢是典型的机会主义者，很少主动出击捕食，多数是捡拾死亡的小动物或是人们丢弃的动物内脏作为食物。这种食性也使它们一度受到农药、鼠药危害——小动物吃了有毒的农作物死亡，黑鸢去捡拾尸体进食，继而间接中毒。

在深圳，黑鸢的日子过得相对舒适，像仙湖植物园这样有大片茂密的林地和水域，又靠近居民区的地方，对黑鸢来说最好不过。

放生之祸——红耳龟

在仙湖植物园内弘法寺的放生池中，有许多的龟趴在其中晒太阳，它们颈侧靠近耳朵的位置，有一块小红斑，这暴露了它们的身份——红耳龟（*Trachemys scripta elegans*）。

不过红耳龟原产自北美密西西比河流域，而非巴西。早年作为宠物和经济物种被引入我国，很多人小时候可能都养过，但因养殖逃逸、宠物弃养、宗教放生等问题，广泛入侵到我国南方各地，对当地原有生态系统造成了极大的影响。

放生活动在我国有着悠久的历史，体现了古人珍爱生命的生活理念，与佛教理念亦高度契合。近年来，在利益的驱动下，放生活动逐渐变味，红耳龟成为放生经济链中的重要一环，大量入侵野外，对生态环境造成了极大的影响。

依照现有的法律法规，私自放生红耳龟或其他入侵物种，须承担行政违规责任，严重情况下，还要承担法律责任。中国佛教协会也发出了“慈悲护生、合理放生”的倡议书，呼吁全国佛教界，采取科学合理方式开展放生活动，避免对生态环境造成影响。

红耳龟

虾子花的盛宴
——虾子花

仙湖植物园的化石森林附近有几株虾子花（*Woodfordia fruticosa*），每年 1 月到 3 月，是它们的盛花期，远看火红一片，近看则像挂满了烤熟的小红虾。虾子花的花蜜含量丰富，但糖分浓度不高，对蝴蝶、蜜蜂吸引力不大，却颇受鸟类的喜欢，暗绿绣眼鸟、白头鹎、红耳鹎、叉尾太阳鸟都被吸引过来。

在这些“食客”之中，朱背啄花鸟是当之无愧的明星鸟。它们在深圳是留鸟，平时躲在密林中难见一面，但在虾子花盛开的时候，它们就抵挡不住诱惑来赴宴了。因此每年这个时候，甚至外地的摄影爱好者都会远赴仙湖植物园只为拍摄它们的倩影。朱背啄花雄鸟非常艳丽，头顶和上体朱红色，很容易辨认。雌鸟则比较朴素，通体橄榄绿色，只有朱红色的腰部露出一点玄机。朱背啄花鸟的喙相对太阳鸟要短小粗壮，它们多在树冠层活动，取食广寄生的果实。幸好虾子花的花冠较短，让朱背啄花鸟们也能吃到花蜜，我们才得以欣赏这样的有趣景象。

Donghu Park

东湖公园

地址：罗湖区爱国路 4006 号

面积：233.3 公顷 | **步道爬升：0m**

1/ 从最美绿岛到深圳水库

深圳市东湖公园原名“水库公园”，始建于1961年，在20世纪80年代就成为有名的深圳市“五湖四海”风景区之一。1984 年 10 月，改名为“深圳市东湖公园”。南门便是“深圳最美绿道”——梧桐绿道的起点，沿着梧桐绿道可一路经过深圳水库、梧桐山河再到梧桐山下的北大门北侧的横沥口水库，一路饱览深圳的湖光山色。

2/ 九月菊花展

每年 11 月，东湖公园内都会举办盛大的菊花展，百余个菊花品种汇聚园内，给四季不甚分明的深圳带去一丝秋意，也是爱花人、摄影爱好者不可错过的盛会。

3/ 凤凰木的独特景观

每年五月初，凤凰木盛开，远望匙羹山景区一片如火花色。行于树下，更可感受花落如雨的浪漫情怀。附近的蔡屋围被打造成高级商业区写字楼之后，原地的多棵古树都被移植到东湖公园，成就了郁郁葱葱的自然风光。

生态环境

山区林地　草原林地

草地　湖泊水库

体能消耗

功能配备

停车场

周边交通

地铁可达

逛周边

深圳水库、梧桐绿道

Cuizhu Park
翠竹公园

地址：罗湖区翠竹路 1078 号

面积：45 公顷 | **步道爬升：153m**

1/92 种翠竹风骨卓然

翠竹公园目前经过引种栽培的竹子种类达到 92 种，是深圳赏竹、认识竹子、体验竹文化的不二目的地。沿登山道缓缓前行，一路上翠竹林立，杆杆似临风玉树，叶叶风骨卓然，漫步其间，格外清幽。当夹带着竹叶清香的微风徐来，更是沁人心脾，妙不可言。

2/ 岭南园景以竹为题

公园处处可见岭南风格景观，这里成为人们认识岭南文化的一大窗口。公园随处可见各类以竹为题的国画镶嵌在汉白玉石上，格外引人注目，笔墨流转间，竹子的曼妙形态被塑造得栩栩如生，传承千年的传统文化所散发的独特魅力，让人不禁驻足，拍案叫绝。

3/ 荟萃亭乘凉赏景

景区融于竹林和森林之中，游人莅临观赏，在休闲活动之余更可以呼吸林间的新鲜空气。从公园步道向上，在山顶三层的荟萃亭乘凉，享受“修竹虚心千年绿，奇花照眼一时红”的盛景。

生态环境

山区林地

草原林地

草地

体能消耗

功能配备

停车场

周边交通

地铁可达

逛周边

深圳水库

Honghu Park
洪湖公园

地址：罗湖区文锦北路 2023 号

面积：59.15 公顷 | **步道爬升：0m**

1/ 荷花文化节

以湖为纸，以荷为笔，洪湖公园营造了一幅气势磅礴的荷花画。它是深圳最负盛名的赏荷地，荷花和睡莲的规模之大及品种之多令人瞩目。六月是深圳荷花的盛开期，公园每年都会举办荷花文化节，吸引着市民和摄影爱好者奔赴这场视觉盛宴。

2/ 大片落羽杉

公园水域面积占总面积近一半，有盘踞湖面的廊桥可供行走，游人可近距离观赏湖景与花姿。此外，南半区湖畔屹立有华南地区种植规模最大的落羽杉群落。落羽杉枝叶茂盛，春、夏两季叶色青翠，秋、冬两季逐渐转为暗红色，不同季节形成不同的景观效果，仿若一幅色彩缤纷的油画。

3/ 观鸟与自然教育

大片的水域和荷塘也令洪湖公园成为鸟类喜爱的自然栖息地，秋季是鸟类迁徙季，深圳的观鸟爱好者时常来这里寻找惊喜。这里设有自然教育中心，不定期有志愿者带你一起欣赏洪湖的自然之美，还有碗莲种植等活动等你来体验。

生态环境

草地　湖泊

体能消耗

功能配备

停车场　自然教育中心

周边交通

地铁可达

People's Park
人民公园

地址：人民北路 3071 号

面积：10.6 公顷 | **步道爬升：0m**

1/ 历史悠久

人民公园位于罗湖区的繁华地段，南接迎宾馆，东至人民北路，北至笋岗立交桥，西邻布吉河，与东门购物街仅一街之隔。它创立于 1983 年，历史悠久，是深圳特区最早的市政公园之一。

2/ 月季花展

人民公园是以月季为主题的市政公园，月季品种达 300 多个，环肥燕瘦，浓艳清雅，各有千秋。除了公园本身栽种的月季，从 1998 年举办首届深圳市月季花展以来，人民公园每年都会在新春佳节之际举办月季花展，汇集世界各地的数以万计的月季花卉，献给市民一个浪漫佳节。

3/ 鲜花主题建筑

除了能够赏花，公园的建筑设计也处处体现花的主题，玫瑰宫、月季长廊都是漫步的好地方，另有宽阔的水域和题材浪漫的雕塑群可供欣赏，适宜与家人、爱人、朋友携手同游。

生态环境

草地

平原林地

体能消耗

功能配备

停车场

周边交通

地铁可达

逛周边

老街

Yinhushan Country Park

银湖山郊野公园

地址： 罗湖区、福田区、龙岗区、宝安区四个行政区交会处

面积： **1200.02** 公顷 | **步道爬升：** **445m**

1/ 山林野趣

银湖山郊野公园是离市中心较近的郊野公园之一。公园内沟深林茂，森林覆盖率达 95%，在这里，游人可以观赏到很多深圳本土植物，感受山林野趣。春天，木荷、土沉香、黄牛木竞相开花，山花烂漫；秋冬季，枫香、山乌桕、野漆叶子变红，野果红艳，秋韵盎然。

2/ 七圣宫

鸡公山麓有一座始建于明末清初的古老宫寺“七圣宫”，供奉的是七圣娘娘，即织女星。织女与牛郎相爱却被银河分隔，“银湖”的名字让人不由得产生浪漫的联想。

3/ 登高望远

最高峰鸡公山海拔 445 米，依山而建的 11 公里绿道及登山道让人们在感受清新的空气、徐徐的微风和悦耳的鸟鸣之余也能舒适安全地游园，这里是附近深圳居民爬山健身散心的首选。登顶还可以登高远眺，观赏深圳市区面貌。

生态环境

山区林地

湖泊水库

体能消耗

周边交通

地铁可达

Yantian Central Park
盐田中央公园

地址：盐田区海山街道深盐路壹海城东南 50 米

面积：5.62 公顷 | **步道爬升：0m**

1/ 与航母为邻

盐田中央公园于 2014 年建成并对外开放。这里紧邻着海滨栈道、原明恩克航母世界对面，自它开放之日起，这里就成了附近居民休闲的好去处。

2/ 章鱼乐园

公园内最显眼的景观建筑当属巨型大章鱼。它的里面别有洞天，内有儿童滑梯和攀援网，可让小朋友们进出玩耍。这座集景观与玩乐于一体的建筑，可谓匠心别具。

3/ 亲水之乐

水是这里的主角。园内的亲水栈道具有非常优美的几何形态，把水体点缀得恰到好处，中国古典园林之美跃然水上，增添了水面变化，方便游人水上游览。除此之外，水中睡莲花色秀丽，荷叶舒展，金鱼在水里自由游弋，构成了一幅江南水乡般恬静清新的画面。游人至此，自然气息扑面而来，极富感染力。

生态环境

草地

平原林地

体能消耗

Haishan Park

海山公园

地址：盐田区深盐路 2100 号

面积：5.64 公顷 | **步道爬升：50m**

1/ 海山艺术塔

该塔参照西班牙设计大师高迪的作品风格建造而成，它仿佛破土而出，与周围环境浑然一体。塔高 18 米，塔尖为珍珠贝壳造型，中间为艺术石及海螺造型，塔身镂空，晚间灯光由空隙发散，使整个塔身晶莹剔透。值得一提的是，塔的外墙全部用天然石块装饰，体现自然环保理念。

2/ 鲜花地钟

此钟由时花装点，一年四季鲜花竞放，将时间的流逝用自然体现，提醒人们珍惜宝贵的时间。

3/ 世界最大景观象棋

公园有面积为 687 平方米的棋盘，巨型棋子直径 55.4 厘米、高 40 厘米，重 130 斤；棋盘方格用色彩斑斓的观叶植物点缀，楚河—汉界为喷水池。象棋文化是海山公园的重要组成部分之一，国际象棋大师吕钦、胡荣华都曾到此欣然对弈。

生态环境

 山区林地

 草原林地

体能消耗

Dameisha Seashore Park

大梅沙海滨公园

地址： 盐田区盐梅路 32 号

面积： **36** 公顷 | **步道爬升：** **0m**

1/ 深圳最长海滩

这里海水清澈，沙滩广阔，沙质细软，是深圳八景之“梅沙踏浪”所在地之一。作为国家 5A 级风景区，公园拥有深圳最长的海滩，优越的地理位置和优质的旅游服务，使得这里成为深圳市民和外来游客度过海滨休闲时光的最佳选择。炎炎夏日，人们可在此尽情享受大海的馈赠。这里有动力伞、摩托艇等刺激的运动，也有海鲜、烧烤等美食诱惑，快来感受难得的清凉体验吧！

2/ 打卡“鸟人”雕像

公园内建有太阳广场和月亮花园，其中太阳广场内伫立着七座高约十米的《羽翼人》雕像，分别呈现七种鲜艳色彩，体现了鹏城热情、开朗的性格。由于雕像的翅膀采用的是鸟翼样式，羽毛质感细腻，因而也获得了“鸟人”的爱称。

3/ 四座观景平台

盐梅路有四座观景平台，即秀峰观澜、滨海明珠、雅兰梦海和东埔渔火，让看海者有机会在此纳凉、小憩。但见三面青山相拥，一面极致海景，抬头望蓝天、白云、朝霞与夕照，人们得以在这座快节奏的城市中享受惬意慢生活。

生态环境

沙滩

草原林地

草地

功能配备

停车场

体能消耗

Sanzhoutian Forest Park

三洲田森林公园

地址：盐田区的东北部和龙岗区的中南部

面积：3793 公顷　|　**步道爬升：752m**

1/ 深圳第三高峰

三洲田森林公园横跨盐田区、龙岗区及坪山区三区。西至北山大道，东至东部华侨城，南至鱼头山正嘴角，北与龙岗区横岗街道办相邻。公园内梅沙尖海拔 752 米，是深圳第三高峰。

2/ 漫山梅花

这里离城市只有咫尺之远，却别有洞天。这里山青水碧，鸟鸣谷幽，云遮雾绕，幽静清妙。每年 12 月至翌年 1 月，梅花盛开，满山灿烂。

3/ 走访古村

来公园登高望海、休闲健身的同时，也可顺道探寻原始古村落，畅游百亩梅园。

4/ 天然氧吧

公园森林植被保护完好，有丰富的动植物资源，也是天然的氧吧，适合市民周末及节假日前去游玩。

生态环境

山区林地　湖泊水库

瀑布

功能配备

停车场

体能消耗

第四章

龙城悠远，新光曙色

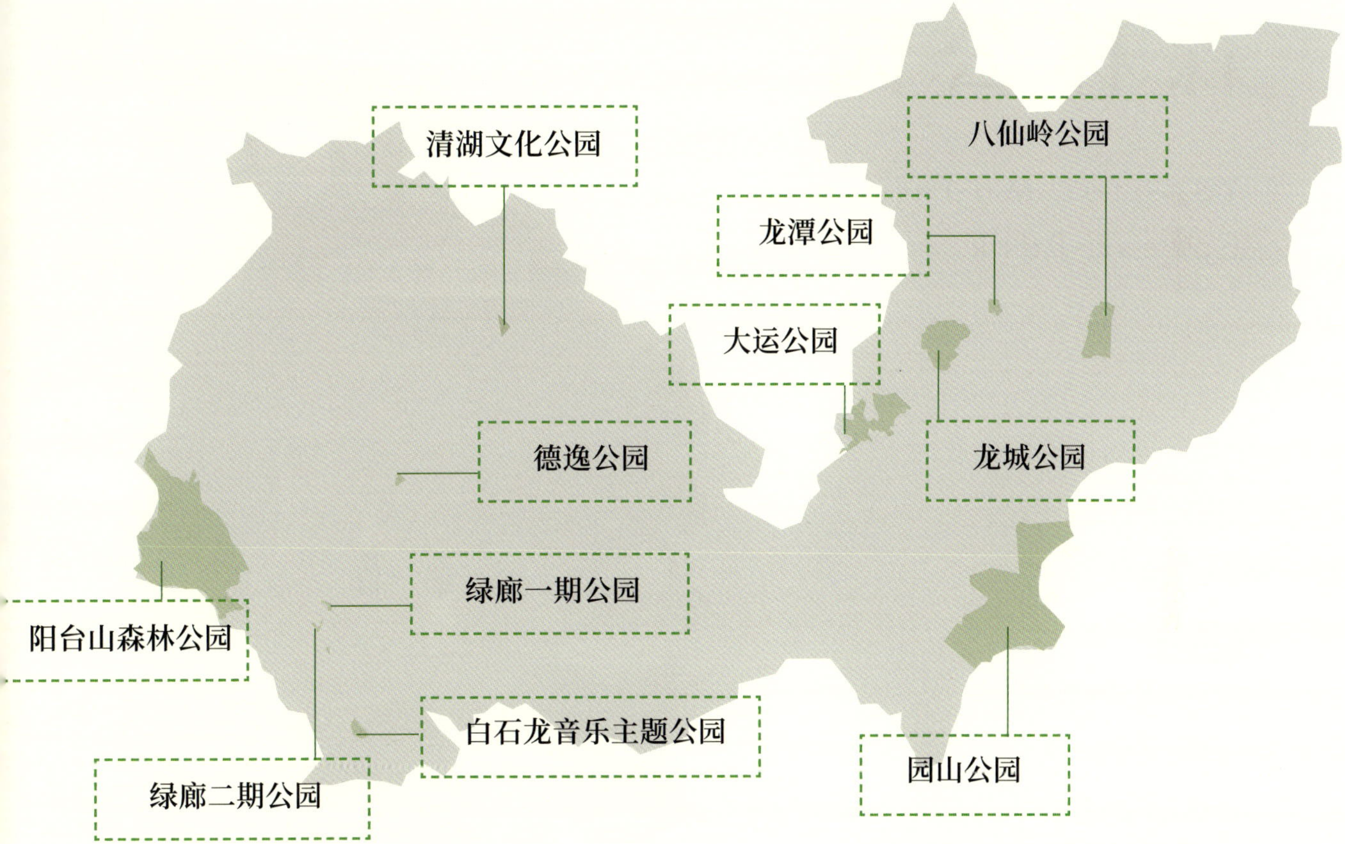
清湖文化公园
八仙岭公园
龙潭公园
大运公园
德逸公园
龙城公园
绿廊一期公园
阳台山森林公园
白石龙音乐主题公园
园山公园
绿廊二期公园

阳台山
森林公园

Yangtai Mountain Forest Park

公园面积：2850 公顷

① 石岩广场入口
② 胜利大营救雕塑
③ 石猴探海
④ 阳台叠翠

北
福龙路
大浪广场入口
利大营救雕塑 2
4 阳台叠翠
陶吓入口
丽康路
生态环境
山区林地
湖泊水库
功能配备
展馆
停车场
服务站
儿童友好
自然教育中心
跑步道
洗手间
亭子
入口
停车场

阳台山森林公园

水源保护区中的红色英雄山

地址：宝安区、龙华区和南山区交会处

如果把深圳的行政地图向中心收缩，你会发现，它的中心区域并不是某栋高楼建筑，而是深圳“母亲河”茅洲河的发源地——阳台山森林公园。它坐落在宝安、龙华、南山三区交汇之处，公园里矗立着海拔587.1米的深圳西部第一峰——阳台山。深圳市宝安区史志办公室工作人员陈海滨考证，史志中关于“阳台山”的最早记载出现在明代天顺八年（1464年）吴中和卢祥修纂的《东莞旧志》，文曰：“阳台山在县西南一百二十里。”这里的“县”是指东莞县。当时的东莞县，包括现东莞市和深圳市的大部分地区和香港特别行政区。明代万历元年（1573年），新安县（深圳市的前身）才从东莞县析分出来。明代嘉靖四十年（1561年）黄佐纂修的《广东通志·东莞县（上）》中记载：“西南五里曰阳台山，山巅之南稍平，形若几案。”可见此山当时的轮廓。　清朝康熙年间的《新安县志·卷之三·地理志》记载，阳台山“顶有龙潭，祈雨即应，山下有祇园庵”，此地景点迷人。但在此后很长一段历史里，此地也曾被人唤作“羊台山”，并出现两名同时混用的情况。根据陈海滨的考证，“羊台山”一名首次出现在一幅由意大利传教士所做的地图中①。从1961年开始，“羊台山”一词才开始在官方文件中出现。2020年6月11日，阳台山已恢复古名。从一度被热议的山名之争中也可见它在公众心目中的重要地位。

阳台山辉煌的红色英雄历史使它在深圳大片秀美青山中有着独特的地位。1938年，一支二百余人的抗日游击队在此建立了阳台山革命根据地，从此，红色革命的星星之火以燎原之势向四周蔓延。1943年底，广东人民抗日游击总队东江纵队正式成立，此时在阳台山的抗日武装力量已发展至四千多人。在那个战火纷飞的年代，阳台山始终是革命火种的庇护地，为革命力量的发展源源不断地输出自己的能量。在抗日战争时期闻名中外的“中国文化名人大营救”中，阳台山革命根据地发挥了关键作用，它保护了何香凝、柳亚子、邹韬奋、梁漱溟、茅盾等大批文化界人士及爱国民主人士，帮助他们撤离被日军占领的香港，安全抵达抗日大后方。

昔日的英雄山如今是游客眼中的“大氧吧”，一处登山望水的休闲宝地。它是深圳市第一个市级森林公园。“阳台叠翠”为“深圳八景”之一，示意此地层峦叠翠、余脉绵延、四季葱茏。走进山中，你更能体会到“叠”的妙义：远望是层次渐明的绿海；近看是高低起伏的山峦。南亚热带季风常绿阔叶林、南亚热带沟谷季雨林、亚热带针阔混交林、南亚热带常绿阔叶灌丛及果林分布有序。

幽林深处，隐藏着不少珍奇树种，如属于国家重点保护野生植物的桫椤、金毛狗、苏铁蕨、樟树和土

沉香等。加上阴香、山苍子等树木散发出天然的芬芳，正是“野芳发而幽香，佳木秀而繁阴”的写照。77 株古树又为它增添了厚重的历史感，引发游人怀古之情。这些古树主要分布于龙眼村 、新围仔村和芋荷塘，其中以新围仔村东部的百年果园里的古荔枝树规模最大，竟然多达30余株。树龄约 200 年的它们依然每年开花结果，令人惊叹。

阳台山也是深圳重要的水源保护区，西丽湖、石岩湖、铁岗水库，以及白芒河、石岩河，乃至滋润千万人的母亲河——茅洲河皆发源于此。公园怀抱着赖屋山、高峰、冷水坑、石坡头和尖峰等 5 座水库，以及众多的溪涧、潭池 、瀑布与跌水。丰沛的水量和茂密的植被，使它成为深圳陆生脊椎动物多样性第二高度密集区域。每逢雨季清晨，山间云雾萦绕，林中水丰草茂；天幕之下，大自然办起了音乐会，蛙声、水声、鸟语声，声声悦耳，听者如痴如醉。

出于对野趣的珍视，阳台山中的绿道选线尽量减少了对山林的破坏，以“尊重自然”为原则，就连绿道的铺装，也采取生态草沟、砖石透水等技术，确保绿道达到“渗、滞、蓄”的生态效益。沿途，不时可见由林中枯树改装而成的坐凳和廊道。登山之旅虽有疲累，沿途美景却给人安慰。走过溪谷、山石、流水与林海，在那“会当凌绝顶”的时刻，游人将感受到震撼心灵的宁静，眼前的“山、水、林、城”是如此和谐，风景如此壮阔，以至言语已无用武之地。

[1] 出版社是布洛克豪斯（F.A.Brockhaus），出版地是德国莱比锡（Leipzig），其原名是 *Volonteri Map of Xin´an County 1866*，中文名称标注的是《新安县全图》，注记有中文也有英文。

Yangtai Mountain Forest Park: Red Hero Mountain in the Water Source Protection Zone

Zooming out on the map of Shenzhen, you will find that its center lies not on any high-rise, but in Yangtai Mountain Forest Park, the cradle of Shenzhen's mother river named Maozhou River. In the park, at the joint of Bao'an, Longhua and Nanshan Districts, stands Yangtai Mountain, the highest in western Shenzhen.

On June 11th, 2020, the ancient name of Yangtai Mountain (the "sun"version) has been restored. From the hot discussion on the name of the mountain, we can tell its importance to the public.

The glorious history of red heroes of Yangtai Mountain puts it at a unique position among all the beautiful mountains in Shenzhen. In 1938, a counter-Japanese guerrilla force of more than 200 people established the Yangtai Mountain revolutionary base area here. Since then, the red revolution spread in all directions like a single spark starting a prairie fire. At the end of 1943, the Dongjiang Division of the Guangdong People's Counter-Japanese Guerrilla Force was officially established. By the time, the counter-Japanese armed forces on Yangtai Mountain had grown to more than 4000 people. During the war, Yangtai Mountain was always the shelter of revolutionary fire and continuously supplied its energy for the development of revolutionary forces. During the War of Resistance Against Japan, Yangtai Mountain revolutionary base area played a key role in the world-famous history event "The Rescue of Chinese Cultural Celebrities". It protected a large number of cultural personages and patriotic democratic personages such as He Xiangning, Liu Yazi, Zou Taofen, Liang Shuming, Mao Dun, etc., and helped them to evacuate from the Hong Kong occupied by the Japanese army and safely arrive at the home front.

The former hero mountain is now an "oxygen bar" in the eyes of tourists, a treasured leisure place for mountain climbing and sightseeing. It is the first municipal forest park in Shenzhen. Overlapping Green Ridges of Yangtai Mountain is one of the Eight Sceneries in Shenzhen. The name indicates that the peaks of Yangtai Mountain rise one higher than another and that the wriggle mountains are green in four seasons. Walking in the mountains, you will better understand the meaning of "overlapping": looking from afar, you can see the ocean of green with gradually varying shades; when looking closer, you see the rolling mountains. South subtropical monsoon evergreen broadleaf forest, south subtropical gully monsoon forest, subtropical conifer-broadleaf mixed forest, south subtropical evergreen broadleaf shrub and fruit-bearing forest are orderly distributed on the mountains.

What hides deep in the forest is lots of rare tree species and national key protected wild plants such as Alsophila spinulosa, Cibotium barometz, Brainea insignis, camphor tree and Aquilaria sinensis. With the natural fragrance of trees such as Cinnamomum burmanni and Litsea cubeba, this place perfectly demonstrates the scene of "Wildflowers give off delicate fragrance, and flourishing trees cast shade". 77 ancient trees tell the rich history and arouse the mood of admiring ancient times of visitors. These ancient trees are mainly distributed in Longyan Village, Xinweizai Village and Yuhe Pond. In particular, the primary of them are the lychee trees with a history about 200 years in the centennial orchard in the east of Xinweizai Village, whose number is more than 30. It is amazing that they still blossom and bear fruits every year.

Yangtai Mountain is also an important water source protection area in Shenzhen. Xili Lake, Shiyan Lake, Tiegang Reservoir, Baimang River, Shiyan River, and Maozhou River—the mother river of tens of millions of people, all originate here.Abundant water and dense vegetation make it the area of the second-highest density of terrestrial vertebrate biodiversity in Shenzhen.

ATTRACTIONS
赏景观

雨林探秘

公园东部分布有发育良好的沟谷季雨林，因环境湿润，阳光充足，土壤有机质含量较高，植物终年常绿，林中的木质藤本、茎花现象、绞杀现象和附生植物较为显著，“老树开花”“植物杀手”等奇妙自然景象展现了雨林的奥秘。

值得一提的是雨林区内还分布有国家二级重点保护野生植物桫椤，数量之多在全省罕见。该物种起源古老，是著名的活化石植物之一，且其株形美观别致，具有良好的观赏价值。同时在沟谷中还伴生有一定数量的福建观音座莲，也是十分珍贵。

嫩七娘峒

嫩七娘峒是阳台山的主峰之一，海拔高度410米。相传，古时宝安遭遇百年不遇的大旱，有的地方甚至出现了人畜渴死的惨状。南头城中有七位心地善良、年轻美丽的姑娘，不畏艰辛攀上了阳台山顶，祈求神灵降雨，解救苍生。她们风餐露宿，长跪不起，到第三天时，天空降下多年不见的甘雨。七位姑娘则已疲惫至极，伤痕累累。乡民们感念这七位女子的功劳，将这座山峰称为嫩七娘峒。

瀑布飞流

从东部赖屋山水库登山，溯溪而上，可见两座小山峰之间奔泻直下一条瀑布，它宽五六米，水汽氤氲，气势不凡。瀑布从十多米的高处落下，下聚一湾深潭，溅起银色浪花。沿着这条大瀑布汇成的溪流而行，还可见大大小小多处瀑布，沿途景色恬静清幽。

胜利大营救雕塑

该雕塑位于阳台山森林公园大浪入口登山广场。

1941 年 12 月，日军占领香港，大肆搜捕爱国人士和抗日志士，并贴出布告限令在港知名文化人必须到“大日本军指挥部”报到，否则“格杀勿论”。何香凝、柳亚子、邹韬奋、梁漱溟、茅盾等中国文化名人和爱国民主人士生命危在旦夕。1942 年，阳台山革命根据地派出精干交通员，潜入香港，先后将 800 多名知名爱国人士护送至阳台山的白石龙村。这场历时 3 个多月的秘密大营救，被茅盾先生称为“抗战以来最伟大的抢救工作”。

作为对这场举世闻名的“中国文化名人大营救”的纪念，胜利大营救雕塑主要由枪杆子和笔杆子造型的钢结构雕塑组合而成。其中枪杆子高约 8 米、笔杆子高约 12 米。雕塑组合的左右跨度约 10 米，前后约 6 米，总高度 19.8 米，总重量约为 30 吨。

DIVE IN
游公园

登山健步寻迹

始创于1997年香港回归之际的“中国·深圳阳台山登山节”，迄今已成功举办多届，其影响力已从深圳辐射到珠三角乃至海外。

目前，公园内已建成开放石岩及大浪片区数条登山道（石阶）及3个入口，即北部石岩街道龙眼山村的登山广场、东部大浪街道赖屋山水库坝下的登山广场以及高峰水库旁的阳台山东门入口。而南部西丽黄金坑村、麻磡村等登山路线多为传统小山路及驴友新开野路，安全性较低，不建议行走。其中石岩缓步道为8.7公里长、3米宽的缓坡型登山步道，可直通山顶。这里还分别设计了30、50、80分钟三级慢跑路径，分别标识有相应的公里数、耗时、消耗卡路里量等信息数据，供市民量力选择。

游客可在登山道沿线的4个历史遗址“打卡”。其中，龙眼山革命烈士墓碑始建于1976年，为纪念谢平、周振东等18位革命烈士，由当地群众筹资修建；龙眼村后山洞位于龙眼村后约300米处，是抗日战争时期当地自卫队、游击队和龙眼村民隐蔽伤病员和躲避日伪顽军围剿的隐匿处；古道遗址则是当时乡民运送东江纵队游击队伤员的秘密通道；蕉窝坑位于阳台山北侧，是乡民帮助游击队建设的交通站所在地。

龙华环城绿道

全长135公里的龙华环城绿道被誉为“深圳最美绿道”。它以四大主题段连接7个森林公园、14个主要水库及水体，途经八大景区、15处主要的文化景点，串联40处公园。“环山贯水、串景连园”的龙华环城绿道，高标准打造了深圳市最自然、最生态、最有趣的绿道。

其中，龙华绿道阳台山段27.9公里，途经赖屋山、高峰、冷水坑3座水库，设置有紫台夕照、竹径通幽、溪涧花谷、龙溪渡桥、山水连城、雨林密境、老树叠泉等18个景点。漫步栈道观水库风光，看高铁飞架湖光山色，蜿蜒绿道串起怡人景色，让人们尽享绿色福祉。

2019年9月6日，首届阳台山环城绿道自行车赛在阳台山森林公园举行，吸引来自大浪街道及周边城市的150余名选手参赛，其中包括4名外籍选手和3名台湾同胞。这是大浪街道宣传生态旅游资源、倡导节能减排低碳生活理念的写照。

AN EYE FOR NATURE 探自然

桃金娘

山野里的甜美记忆
——桃金娘

中秋前后走进阳台山森林公园能看到一些灌木上结满了壶形的黑色小果子，它们就是被称作山稔的桃金娘（*Rhodomyrtus tomentosa*）。

还记得那个“等待着下课，等待着放学，等待……”的童年吗？如果你在南方长大，等待着的一定还有那乌黑甜蜜的山稔。山稔主要分布在我国的两广、福建、台湾、贵州以及江西的赣州和湖南的最南部。虽然果实其貌不扬，但每年四、五月份开花时节那淡红色的花朵把山野点缀得很是漂亮。

呼朋邀友，上山快快活活饱吃一顿山稔，成了很多南方人孩提时代的美好记忆。虽然现在生活条件好了，出门就可以买到各种水果，但童年指尖和齿上的那一抹紫色依旧是心灵深处甜蜜的回忆。

被“蹭网”的“诸葛亮”——斑络新妇

“小小‘诸葛亮’，独坐中军帐，摆下八卦阵，专捉飞来将”。这个儿时的谜语生动地描绘了蜘蛛的习性和生存智慧。在阳台山种类繁多的蜘蛛当中，斑络新妇（*Nephila pilipes*）是其中的佼佼者。

斑络新妇头部整体黑色，腹部有黄色纵条纹，有些个体斑纹消失。头胸部黄褐色。头部隆起，形如人面之额部；颈沟凹下的两个较大黑点形似人面的双眼；颈沟中部有两个小凸起，又如人的鼻孔；中窝横向，似人的口。这些特征拼凑出一张惟妙惟肖的老人脸，因此斑络新妇被形象地称作“人面蜘蛛”。

斑络新妇雌雄大小悬殊，雌蛛接近雄蛛体形的1000~1500倍。原因在于，雌蛛需要较大的体形捕食以及储存营养，确保产下足够数量的卵繁衍后代，而雄蛛贡献的仅仅是完成交配。

雌蛛多在树林间布下复杂而致密的圆形网，直径可达1米以上，雌蛛驻守在网的中央。雄蛛不参与织网，以困在网上的小虫为食，这是名副其实的“蹭网”行为。硕大的雌性斑络新妇并不在意那些微不足道的猎物，于是例如桔红银斑蛛这样的小个头也会加入“蹭网”队伍。

斑络新妇

森林防火卫士——木荷

木荷

进入阳台山森林公园，从龙华大浪入口沿着山到叠翠景点的山脊两边有一种植物——木荷（*Schima superba*）。

木荷也被称作火炭木（广西）、老火树（云南），可见木荷是很耐火的，如此密集地种植木荷主要也是为了防火。大部分火灾都是人造成的，人类活动频繁处往往是以马尾松和杉木为主的用材林，这种林子的防火性能较差，而营造防火林带是较好的战略防火措施之一。木荷浓密的树冠下很少长出别的植物，能够阻隔火从低处的蔓延；叶片厚，新鲜叶片的含水率达51.85 %，着火温度约453 ℃，能在高处阻止燃烧，因而成为防火林的首选树种之一。

这些森林防火卫士如铜墙铁壁般默默守护着阳台山森林公园。每年初夏，满树白花的木荷也是一片别致的景观，在树下踩着落花，感觉脚步都会变轻快。

忠贞之鸟
——红嘴相思鸟

红嘴相思鸟（*Leiothrix lutea*）雌雄经常相互依偎在一起，形影不离。它们实行一夫一妻制，成为爱情忠贞的典范。又因“一对鸟其中一只一旦丧偶，另外一只就会相思忧郁而死亡”的美丽故事，被人们称为“相思鸟”。

红嘴相思鸟羽色十分艳丽，整体橄榄绿色，嘴鲜红色，喉咙至胸部鲜黄色，翼羽有鲜艳红黄色斑。它们性情活泼大胆，时常不停地活动，多在树林间穿梭，以昆虫为食，也兼吃种子和果实，平时多集成小群活动，或与其他小鸟混群活动。到了繁殖季红嘴相思鸟才单独或成对活动。

配对成功的雌雄鸟，会互相偎依、理羽，亲密无间，共同参与孵卵、育雏等繁殖活动。过去人们认为，鸟类绝大部分实行的是一夫一妻制，毕竟维持原有的配偶关系可以节约求偶所需的体力与时间，增强雌雄间的默契和繁育技巧。然而最新的研究表明，鸟类中竟存在“婚外情”现象，尤其是一些小型雀形目鸟类，而且是出于选择更优良基因考虑的普遍行为。

由此看来，红嘴相思鸟对爱情的“绝对忠贞”也可能只是人们美好的想象，但这不妨碍它们是阳台山最美丽的鸟儿之一。

红嘴相思鸟

AN EYE FOR NATURE 探自然

竹节虫

超凡竹节虫

竹节虫以良好的保护色与惊人的拟态著称于世。即使它们近在咫尺，我们仍不知其行踪，可谓大自然最杰出的隐身大师。在阳台山有3种竹节虫，它们除了善于拟态，还各怀绝技。

再生侠：蔡氏短角枝蝻雌雄均无翅。雌虫体修长，整体褐色或绿色。雄虫体和足十分纤细，整体红黑色，身体两侧有浅色细条纹。它们常挂在树枝上觅食，遇到惊扰立马掉落到草丛里，被抓时自断整条足，在捕食者享用断肢时趁机逃逸。年幼个体蜕皮时，断肢会重新长出，但较原来的短，多次蜕皮以后，断肢几乎能恢复原样。

生化高手：棉管蝻翅发达，灰褐色。雄虫在野外极为罕见，它们可能以孤雌生殖为主。棉管蝻受惊扰时，首先张开双翅，接着摇晃身体，惊吓侵扰者。被触碰时，身上的腺体能喷出类似花旗参的特殊气味液体防御。

育儿专家：广西瘤蝻无翅，整体褐色，身体粗短，布满瘤状颗粒，多在地表落叶或杂草上活动，外形酷似枯枝。雄性未知，以孤雌方式生殖。雌性尾部有一个兜形腹瓣，产下的卵暂存在里面，找到合适的场所才将卵抛落到地表。

掘地悍将
——蒙瘤犀金龟

我们对蝉的地下生活并不陌生，在阳台山还有一种生活在地下，以树根为食的昆虫——蒙瘤犀金龟（*Trichogomphus mongol*）。

蒙瘤犀金龟成虫呈长椭圆形，整体黑色，全身十分油亮。腹面密布细红褐色红短毛，头较小，鞘翅几乎光滑，足强壮，前足外缘有 3 枚宽的尖齿。雄虫头上有发达向后弯曲的角凸，前胸背板后部有高隆瘤状凸起，两侧各有小凸起。雌虫外形与雄性相似，头有微小锥凸。由于蒙瘤犀金龟的爪子十分弱小，因此它们几乎不爬树，也不像其他甲虫那样喜欢寻找树上的汁液或果子。它们更乐于在山林树下的土坡挖掘洞穴生活，并在里头安逸地品尝树根，在地表留下众多虫洞孔。它们偶尔在地面上爬行，行动却十分缓慢，遇到敌害时逃跑变得几乎不可能，但那极其坚硬的外壳让大部分捕食者难以下咽，随后便弃之，蒙瘤犀金龟也就得以脱身。

它们的幼虫体表密生坚硬的棕色短刚毛，常出现在山林石块下，以腐殖质为食，偶尔也会在雨后的地面活动。

Baishilong Music Park

白石龙音乐主题公园

地址： 龙华区新区大道与金龙路交叉口西南 200 米

面积：11.6 公顷 | **步道爬升：0m**

1/ 音乐雕塑

作为深圳首个音乐主题公园，这里处处以音乐主题的雕塑点缀。园区设计也充分融入音乐元素，连坐凳、景墙都用五线谱、小提琴、吉他、琵琶、萨克斯管等音乐元素点缀。

2/ 撞色植被

主入口的迎宾步道以凤凰木和紫花风铃木等红色调植物为主，进入园内则处处点缀丛生铁冬青、丛生朴树等，不同色彩的交织如同音符的跳动。

3/ 随音而动

这里不仅是音乐乐园也很适合运动健身爱好者。园区道路平坦，环境优雅，很适合听着音乐跑步、散步、晨练，享受深圳健康而充满活力的生活方式。

生态环境

草坪

平原林地

周边交通

地铁直达

体能消耗

Longhua Green Corridor Park

龙华绿廊社区公园带（绿廊二期）

地址：龙华区民宝路与民繁路交会处

面积：**5.2** 公顷 | **山径爬升**：**0m**

1/ 绿色除尘屏障

绿廊处在交通繁忙地带，能有效阻隔灰尘和噪声进入居民区，提高环境质量。

2/ 绵延 2 公里

龙华绿廊二期北起人民路，沿民繁路、民塘路及留仙大道，地铁站范围由红山站至深圳北站，覆盖北站 CBD 商务区连片住宅区，以点带线衔接 7 个绿地，形成长达 2 公里长的特色景观廊道。

3/ 植被色彩缤纷

绿廊不只有绿意，还有凤凰木、鸡蛋花等花期较长、色彩鲜艳的观赏植物，配合廊道本身斑斓的色彩，汇集成油彩般的视觉效果。游人在其中行走，处处景致令人回味。

生态环境

平原林地

草坪

功能配备

停车场

周边交通

地铁可达

逛周边

深圳北站

体能消耗

Deyi Park

德逸公园

地址：龙华区梅龙路与布龙路交会处

面积：**3.1** 公顷 | **步道爬升**：**0m**

1/ 古典门柱迎宾客

南门、东门和西门都是以青砖砌墙。南门是正门，门前有一个由五对造型别致的门柱所组成的门廊，门柱裙青衣白，犹如十个英俊小生，手执青灯相向伫立，像是公园门前的迎宾使者，体现了园林设计者的匠心。

2/ 小桥流水亭相连

各色亭楼丰富了游乐体验。广场北边的赏月亭，亭下的锦鱼池里，有一座九曲石桥连着对面的岸边。公园北面的高地上，还有一座飞檐赤栋的报晖亭，人们可在里面闲坐，或者朗诵诗歌。沿报晖亭而下，踏上青石舞场，又到了人流如织的娱乐区域。

3/ 园林植物花似锦

红花羊蹄甲、朱缨花、鸡蛋花、竹子等观赏植物使得这里充满了自然的力量。适逢花期，常可看到鸟儿和昆虫造访呢。

生态环境

平原林地

体能消耗

功能配备

停车场

Qinghu Park
清湖文化公园

地址：龙华区雪岗北路

面积：6.5 公顷 | **步道爬升：0m**

1/ 岭南园林鹤舞清湖

该园在设计上融合岭南古典园林韵味，运用障景、框景、对景等艺术手法，描绘出一幅雅致的水墨画境。同时结合传统叠山理水手法，设置微观清湖，折桥斜卧水岸，湖光绰约。并根据清湖当地"三界庙"文化传说，结合清湖的历史由来，融入园区设计，再现鹤舞清湖盛景。

2/ 月季花迷宫

园内有极具岭南风韵的月季花卉园，不同花色的 26 个品种的月季花争相怒放，香气扑鼻。为更好地传播月季文化，公园增加了品种介绍牌，以科普月季知识。

3/ 花团锦簇

园内还种植了美丽异木棉、鸡蛋花、羊蹄甲、软枝黄蝉、四季桂、大花紫薇、凤凰木、紫薇、簕杜鹃等植物，带给人花团锦簇的观赏体验。

生态环境

平原林地

草坪

湖泊水库

功能配备

停车场

逛周边

廖氏宗祠、三界宫

体能消耗

Longcheng Park
龙城公园

地址：龙岗区中心城清林中路

面积：189 公顷 | **山径爬升：143.5m**

1/ 三大生态谷地

群峰三谷，一脉相承。公园根据地形特色，设置了三大主题的生态谷地——艺术谷、碧波谷、雨林谷，呈“品”字形布局，成为多元休闲活动场所。

2/ 龙脉山脊

十余座大小各异的山峰为城市天际线勾勒出起伏有致的山脊线，为游客提供了登高远眺的绝佳场所。台阶式的登山道和 8.6 公里游园绿道，让游人可以健身运动及观赏风景，沿途还有凉亭供其休息。

3/ 秋韵迷人

园内种植了锦绣杜鹃、红花羊蹄甲、黄花风铃木、凤凰木等植物，一年四季，鲜花不断。秋天的色彩尤其灿烂。此时，湖边的池杉叶子变为黄红，加上大花紫薇、野漆树等季节性红叶，公园里充满秋韵。

4/ 自然观察

园内人工湖内种植着丰富的水生植物，每年五、六月份更可以观赏荷花。美丽的湖景也吸引着动物栖息，使这里成为自然观察的好地方。有自然导赏需求的游客可以留意龙城公园自然教育中心的活动安排。

生态环境

平原林地

草坪

山区林地

功能配备

停车场

周边交通

地铁可达

体能消耗

Universiade Park
大运公园

地址：龙岗区龙翔大道

面积：**418** 公顷 | **步道爬升**：**160m**

1/ 为大运而生

大运公园是深圳第 26 届世界大学生夏季运动会的配套设施，是深圳最大的以体育为主题的生态公园。

2/ 花香书韵

漫步在公园里，处处可见繁花。园中有一小片樱花林，还有锦绣杜鹃、红花羊蹄甲、凤凰木等赏花植物。公园与香港中文大学（深圳）朝气蓬勃的校区相连，还能从公园远眺到深圳北理莫斯科大学主楼的尖顶。花香之中，更有深厚的书韵。

3/ 湖光山色

大运公园绿道长达 8.6 公里，依山傍水而建，游人可一边健身、徒步或骑行，一边观赏沿途秀丽的湖光山色。沿线有神仙岭水库、花山花海、叠溪谷、自行车赛馆、网球中心、公众高尔夫球场、大运中心等特色景观和建筑。

生态环境

山地丘陵　湖泊

园林植物　草坪　登山绿道

功能配备

停车场

周边交通

地铁可达

逛周边

大运中心、香港中文大学（深圳）、深圳北理莫斯科大学

体能消耗

Baxianling Park

八仙岭公园

地址：龙岗区龙岗街道碧新路与南通路交会处

面积：**124.68**公顷 | **步道爬升**：**160m**

1/ 风景多样

八仙岭公园位于龙岗街道中心，内有错落的低山、沟谷带及平缓坡地。公园内林木茂密葱翠，远处是连绵的群山及城市景观，风景层次丰富、多样。

2/ 黄花风铃木

这里有大面积的黄花风铃木，每年 3 月中旬，正值盛开花期，汇成成片明亮的黄色，吸引了大批游人观赏。

3/ 古榕树

园内有棵小叶榕古树，树龄已经超过了 165 年，仍然枝繁叶茂，被深圳市人民政府纳入古树保护名册，列为国家三级保护古树。

4/ 登山休闲

园内舒适平坦的绿道，便于骑行或跑步；此外，还有约长 3.4 公里的砖材登山道直达山顶。在山顶广场上可以俯视龙岗城区面貌。这里是感受自然气息、周末健身休闲的好去处。

生态环境

山区林地

平原林地

湖泊水库

功能配备

停车场

周边交通

地铁可达

逛周边

龙岗客家民俗博物馆、鹤湖新居、龙岗区图书馆

体能消耗

Longtan Park

龙潭公园

地址：龙岗区龙岗中心城长兴南路

面积：**17.71**公顷 | **步道爬升**：**50m**

1/ 龙潭活水

因园内恰有活水一潭而得名龙潭，寓意潜龙吐水，流水生财，源远流长。公园始建于 1997 年 6 月，1998 年 9 月初建成，而后又进行了多次提升改造。

2/ 观赏植物

园内栽种有丰富的观赏植物，并形成了多种特色植物群落，如龙船花群、野牡丹群等，令人赏心悦目。

大量不同花期的植物，如美人蕉、糖胶树、簕杜鹃、大花软枝黄蝉、朱槿……在此一年四季都有花可赏。

3/ 湖心亭

园内有特色园林景观建筑如亭、桥、阁、轩、榭等。其中延伸到湖中心的 2 层高度的湖心亭最受人瞩目。它以独特的角度建造而成，能让人 360 度观赏园内湖景，波光粼粼，凉风习习，鹭鸟飞翔，心旷神怡。

生态环境

平原林地

草坪

山区林地

湖泊水库

功能配备

停车场

体能消耗

Yuanshan Park

园山公园

地址：龙岗区园山街道公园路

面积：1000公顷 | **山径爬升：618m**

1/ 溯溪行

沿大康溪谷登山道而上，可见碧玉潭、三叠飞瀑、三叉河等。溪水清澈甘甜，山野植物生长繁茂，是夏日消暑、享受自然的好去处。

2/ 老虎沟

从三叉河横走过去，可到老虎沟，并顺路观赏客家古围屋，而后下山。老虎沟是古时抗倭英雄和抗战时期东纵游击队的抗敌藏身之地。沟内林深叶茂，溪谷幽长，溪流平缓，九曲回肠；艳阳高照时，涉溪而上可饱览飞瀑流泉、密林深谷；沿溪漫步，耳边不时传来鸟鸣声、溪水声，别有情趣。

3/ 妙觉寺

寺内设有大雄宝殿、五方文殊菩萨殿、观世音菩萨殿、药王殿，古色古香，蕴含老百姓对平安健康的朴素期盼。

4/ 观鸟胜地

这里是深圳著名的观鸟点之一。园内植物丰茂，植被良好，水资源丰富，相对梧桐山等名山，又多了几分清净，给鸟类栖息提供了舒适的环境。日常可观留居深圳的林鸟，春秋鸟类迁徙季还经常可遇不常见的鸟类，给人惊喜。

生态环境

平原林地

瀑布

山区林地

湖泊水库

功能配备

停车场

体能消耗

流汗指数

第五章

得宝而安，向光高飞

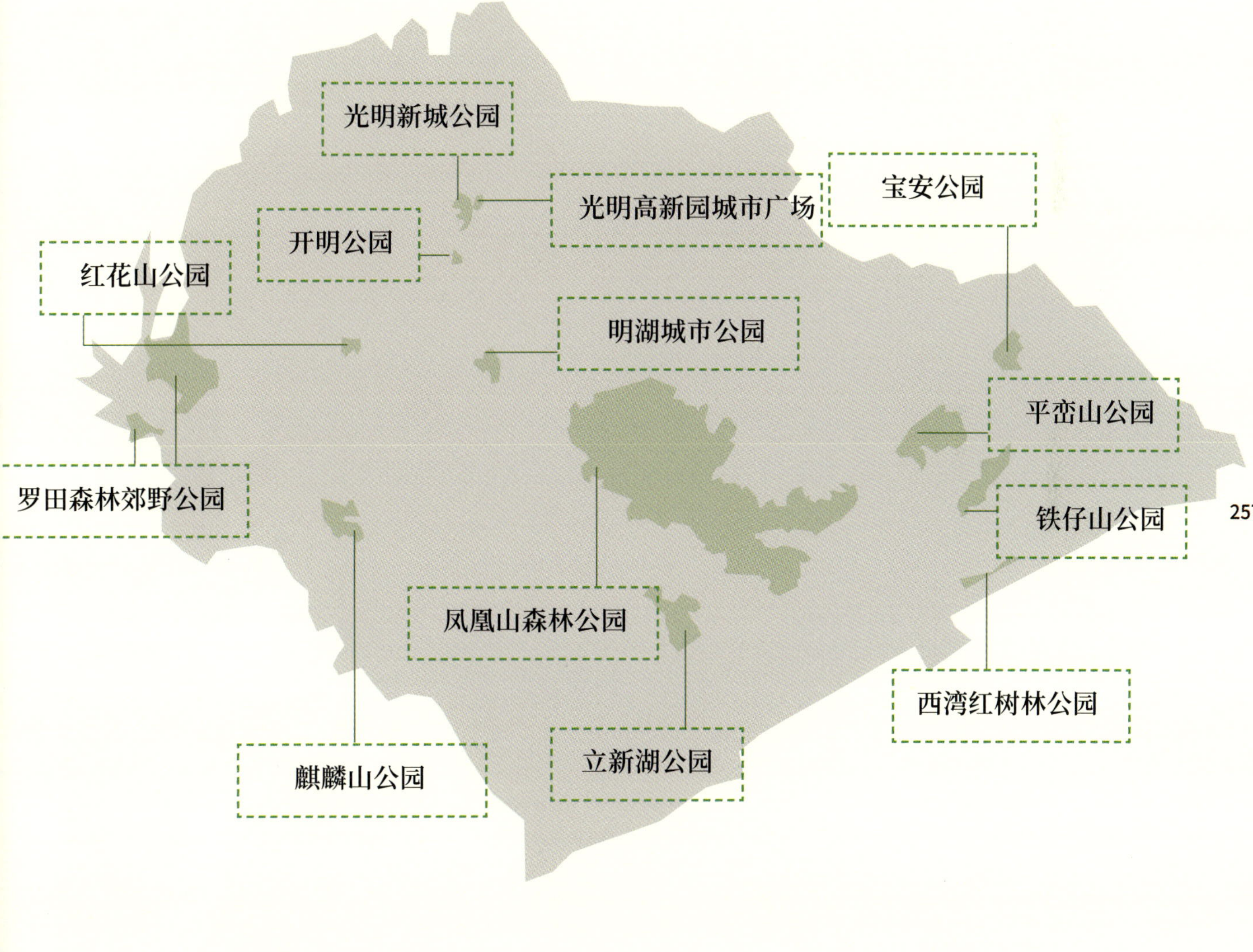
光明新城公园
光明高新园城市广场
宝安公园
开明公园
红花山公园
明湖城市公园
平峦山公园
罗田森林郊野公园
铁仔山公园
凤凰山森林公园
西湾红树林公园
立新湖公园
麒麟山公园

凤凰山森林公园

Phoenix Mountain Forest Park

占地面积

公园面积：241 公顷

1. 凤凰广场
2. 凤岩古庙
3. 望烟楼
4. 文昌古塔

生态环境

草坪　湿地　山区林地　湖泊水库

功能配备

展馆　停车场　服务站　儿童友好　自然教育中心　跑步道

周边交通

地铁可达

凤凰山森林公园

伶仃洋畔有凤来仪

地址：宝安区凤凰村

凤凰山位于西乡与福永境内，其山脊如一弯新月，镶嵌在西海之滨。凤凰山的最高峰为福永与西乡的界山大茅山，海拔376米。山巅处建有“望烟楼”，可让人西眺伶仃洋，南瞰深圳湾。当年，文氏一族选择此地定居，想必便是看中此地峰峦叠翠、壑洞幽藏的清幽避世感，其中，或者也有对逝去先人的追思。

“惶恐滩头说惶恐，零丁洋里叹零丁。人生自古谁无死，留取丹心照汗青。”

这是“宋末三杰”之一文天祥最广为流传的诗句。零丁洋的今生，是位于珠江口外一处喇叭形的河口湾，又称“伶仃洋”。七百多年前的那天，文天祥被元军俘虏，经过此地，面对滚滚浪花，他写下《过零丁洋》，后以死明志。文天祥家族后裔文应麟辗转逃难，最后落脚于今深圳宝安的凤凰山脚下。

凤凰山在清朝时已入选“新安八景”之一，据清康熙年间《新安县志》记载：“凤凰岩，在茅山之北，巨石嵯峨；广数丈，洞澈若堂室，相传有凤凰栖于内，故得名。”放眼全国，以“凤凰”命名的区域不在少数，深圳的凤凰山则以其独特的人文内涵与特色景观而闻名，素有“凤山福水福盈地”的美誉。

沧海桑田间，伶仃洋里的飘零身世已随风而去，取而代之的是登顶可望的繁华都市景象。今天的凤凰山，作为深圳市规划重点建设的八大森林公园之一，经过多次改造、景点优化、林相提升，增设了电子眼、景观灯、背景音响等现代化设备，旖旎风光未改，又在人性化体验上得到提升。

整个景区由山下宝塔胜景区、山中古庙胜景区和山顶晚霞胜景区三大部分组成，其中半山腰处的凤岩

古庙是游人必去的景观之处。它始建于元朝的大德年间（1297—1307 年），是文氏后人为纪念文天祥所建。漫长岁月里，它曾一度湮没，只剩断壁残垣。1983 年，沉寂多年的它又得以重修，实现凤凰涅槃。

沿着古朴的登山径向山林中探寻，周边还有众多自然景观可供游玩：“净瓶露”“莺石点头”“凤凰仙洞”“长寿仙井”“合掌枕流”……每一处风景都似有一段故事，峭壁上刻有历代文人墨客的题咏，与眼前的山水画卷相映成趣。

山顶胜景区从“云顶参天”开始分为南北两路。“云顶参天”为古凤凰岩八景之一。明朝新安进士郑文炳曾留下“扶节直上飞云顶，举手不觉摩苍冥”的佳句。由此往南通往大茅山方向，可拜访“猪兜石”“万福洞”“石乳清湖”“狮吼巨石”“烟楼晚望”等美景；北路朝向白鸽山，那里有“试剑石”“伶仃奇石”“较剪石”等景点。

凤凰山成了深圳人周末登高健体的一大热门去处，或来山腰的古庙许愿，或往山脚的古村落寻迹。在苍翠的凤凰山上，可感受深圳的自然之美，更不缺厚重的历史气息。远望珠江口海浪滔滔，这里必将谱写新时代的“凤凰传说”。

Phoenix Mountain Forest Park: The Phoenix Dances Elegantly by the Lingding Channel

Phoenix Mountain is located in Xixiang and Fuyong. Its ridge, like a crescent moon, is inlaid in the coast of the West Sea. Its highest peak is Damao Mountain, the boundary mountain between Fuyong and Xixiang, at an altitude of 376 meters. At the top of the Phoenix Mountain, there is "Smoke Watching Tower", which allows people to overlook the Lingding Channel to the West and the Shenzhen Bay to the south. Back then, the Wen clan settled here presumably because of the seclusive environment in the mountains or perhaps out of tribute to the deceased ancestors.

"For the danger on the Huangkong Rapids, I heaved and sighed. On the Lingding Channel, I feel dreary and lonely. No man lives forever, but my loyal devotion shall shine in history!"

This is the most well-known poem of Wen Tianxiang, a hero in the war against the Yuan Dynasty and one of the "Three Heroes of the Late Song Dynasty". Lingding Channel is a trumpet shaped estuary outside the Pearl River Estuary. Over seven hundred years ago, Wen Tianxiang was captured by the Yuan army. When passing the channel, he wrote the poem, facing the rolling waves, and later manifested his aspiration by committing suicide. Wen Yinglin, a descendant of Wen Tianxiang, fled and finally settled at the foot of Phoenix Mountain in today's Bao'an, Shenzhen.

Phoenix Mountain was selected as one of the Eight Sceneries of Xin'an in the Qing Dynasty. According to the Records of Xin'an County written during the reign of Emperor Kangxi of the Qing Dynasty, "Phoenix Rock (scenic spot on the Phoenix Mountain) is a rugged gigantic rock located to the north of Mao Mountain. It is said that there was a phoenix living in the large chamber-like cave in the rock, thus the name Phoenix Rock." There are mang places named after phoenix in China, but Phoenix Mountain in Shenzhen excels the others with its fascinating culture and magnificent views, earning the fame of "Phoenix Mountain, blessed water, blessed land".

The vicissitudes and history of the Lingding Channel have gone with the wind and been replaced by the prosperous urban scene, which you can overlook at the top of Phoenix

Mountain. Today's Phoenix Mountain, as one of the eight major forest parks planned and constructed by the Shenzhen government, has been renovated many times to optimize the scenic spots and upgrade the forest form. It also has modern equipment such as CCTV cameras, landscape lamps and background stereo systems. The beautiful scenery has not changed a bit, but the experience has been humanized.

Phoenix Mountain has become a popular choice for Shenzheners to exercise and hike. They may visit the ancient temple on the hillside to make a wish or go to the foot of the mountain for the relics of the ancient village. On the emerald Phoenix Mountain, you can experience the natural beauty of Shenzhen and the rich historical atmosphere. Overlooking the waves of the Pearl River Estuary, Phoenix Mountain will surely witness the "new legend of phoenix" of the new era.

ATTRACTIONS
赏景观

望烟楼

相传，文氏后人为了能及时了解民情、接济穷人，在灾荒之年登上凤凰山顶峰，观察何处久久未见炊烟（断炊了），便立刻差人前去送粮。乡人为纪念这位乐善好施、关心民众疾苦的义士，便在瞭望台的旧址，建立一座“望烟楼”，名书“烟楼晚望”。如今文氏祠堂楹联所刻“烟楼世泽，正气家风”正是对这段历史的铭记。2008 年“望烟楼的传说”被列入深圳市、区两级“非遗”保护名录。

凤岩古庙

凤岩古庙始建于大德年间，屹立在凤凰山的半山腰，依山傍海，殿宇恢宏，香烟缭绕，晨钟暮鼓，不绝如缕，是深圳乃至周边地区重要的佛教文化中心之一。

关于此庙由来，相传是文应麟走到凤岩，看到这里地势奇特，山岭峻秀，奇石多姿，便打算在此建庙纪念文天祥。恰好当夜又做了个梦，梦中观音叫他在凤岩建“凤岩古庙”，他便筹资修建了这座庙，一则供奉观音老母，二则纪念文天祥。因为这一缘故，远近居民和游人都喜欢到这里进香祈福。庙内建有文天祥纪念馆和应麟亭，以作纪念。

DIVE IN
游公园

古村行走

山脚下的凤凰古村是文氏后人兴建的小村，被《深圳市紫线规划》列为六大重点古村落之一，古村内尚存的古建筑有 69 座明清民居、5 座私塾书室、12 座公祠、12 口古井（其中有 3 口元代古井，均为宋末至元代年间所建）、12 棵古树、6 条主巷道和 35 条次巷道。它是深圳目前保存得最完整的古建筑群，其规模在华南地区也属罕见。

在古村落中行走，除了感受古建筑的历史沧桑感，散布于石板巷道周边的古树、古井也弥漫着古韵幽香。村中的公共建筑大多建于清中后期，建筑构件中精美的木雕、石雕等，展现了岭南工匠卓越的才华。

体验自然与文化的交融

青山、古寺、古村，自然与文化在这里交融。把一天假期留给凤凰山，凤凰山会给你移步换景的丰富户外体验。

AN EYE FOR NATURE 探自然

自然界的微型建筑师
——蓑蛾幼虫

人类的建筑历史可以追溯到祖先爬上树干“构木为巢”躲避野兽的时期，后来凿洞而居，再后来走出洞穴建造房屋，如今万丈高楼拔地起已经不是什么新闻，建筑文明给了人类生存和发展更多可能性。

在被城市包围的山野里，凤凰山森林公园里还存在着一种建筑水平连人类都要惊叹的小生灵，它们就是蓑蛾（*Psychidae*）的幼虫。金字塔形、纺锤形、帐篷形……几乎每一种蓑蛾幼虫都有自己的特色建筑，蓑蛾宝宝没有学习过什么设计美学，做出来的房子却规整富于线条之美，真是鬼斧神工般的技艺。

蓑蛾幼虫会吐丝建造致密坚韧的丝巢，特别的是，巢的外部时常粘有一层细树枝组成的坚硬外壳。取食或移动时，幼虫身体前部才伸出鞘囊外，这是多么完美的堡垒。不过，俗语说，“一山还有一山高”，蓑蛾固若金汤的建筑却能被姬蜂攻破。姬蜂的触角上有多种感器，能够识别植物在被蓑蛾幼虫啃食后散发出的化学分子，从而找到幼虫，并用产卵管刺穿鞘囊在蓑蛾幼虫体内产卵寄生。

热带风情鸡蛋花

在凤凰山森林公园里面有一种叶子看起来像枇杷，花朵黄白，花心黄色外围白色，类似剖开的白煮蛋的植物，它们便是鸡蛋花（*Plumeria rubra L.*'Acutifolia'）。

鸡蛋花原产于热带地区，约300年前被引入我国，深圳高温多雨的气候非常适合它的生长，在各大公园及居民生活区都栽有鸡蛋花及原种红鸡蛋花。

鸡蛋花的花香层次十分丰富，一朵花中能闻出栀子、茉莉的香味，且清新淡雅，甜而不腻。鸡蛋花那5枚带点旋转的花瓣，看起来像佛教万字。在西双版纳以及东南亚一些国家，鸡蛋花因被佛教寺院定为“五树六花”之一而广被栽植。在南岛文化（波利尼西亚）中，鸡蛋花还可用来表示婚姻和爱情状态：若是待字闺中，则将其别在右耳；如已有对象，则别在左耳。

“翡翠小鸟”
——白花油麻藤

在清明前后走进凤凰山森林公园，留心便能发现路边有一种藤上面有成串的白绿晶莹的花朵，它们像一群翡翠色的小鸟挤在一起，相互交头接耳窃窃私语，这就是被称作“禾雀花”的白花油麻藤（*Mucuna birdwoodiana*）。

白绿晶莹的“翡翠小鸟”的身影不仅涌现在原梅林二线关、梧桐山泰山涧及马峦山等各大山野，还出现在仙湖植物园和华南植物园。

“翡翠小鸟”们虽然颜色清新脱俗，但是却只可远观而不可亵玩。当靠近它们时能闻到一股类似腐烂气息的奇怪味道，让人敬而远之。不过这种特征能够吸引很多逐臭型的昆虫来访花，甚至一些松鼠都会前来吃花蜜顺便帮它授粉，夜晚还可能看到一些蝙蝠来凑热闹。

动物们造访的两个月后，禾雀花便会结出一些果实，这些果实跟我们吃的一些豆类很像，但禾雀花的种子是有毒的，千万不能食用。

半边旗

我们常见的植物叶片都是接近对称的，在凤凰山森林公园里有一种叶片却像是被剪去一半。这是一种蕨类，因其叶片形状而得名半边旗（*Pteris Semipinnata*）。

蕨类植物和我们平时看到的植物不一样，绝大多数的茎都贴近地面。蕨类植物不开花也不结果，它们的繁殖是通过孢子完成的。如果你有过上山砍柴的经历的话，当你走进一片芒萁中的时候飘起来的粉尘中大部分就是孢子，它们通过风雨来传播。

凤凰山在 1999—2003 年间林分改造后，乔木和蕨类植物种类都有所增加。最常见的蕨类除了半边旗和芒萁，还有乌毛蕨，这几种蕨类都是酸性土壤的指示植物。

林下的蕨类们，虽不及乔木伟岸，也无艳丽之花果，但它们在保持水土以及给小动物提供藏身场所上起着十分重要的作用。

Baoan Park

宝安公园

地址：宝安区新安四路

面积：72.5 公顷 | **山径爬升：125m**

1/ 赏花树

公园内除了生长有大片的古荔枝林外，还有多种山林及园林观赏植物，一年四季，花香四溢。其中红花荷、深山含笑、灰木莲、木荷、木油桐等观花乔木尤其受人瞩目。

2/ 览胜台

山顶海拔 125 米，一般体力的游客也可在健身休闲之余登顶观景。

沿绿道登上览胜台，高低起伏的山峦、远处奔流的珠江、繁华都市的街景皆可尽收眼底。

3/ 观林鸟

适宜的海拔高度、丰富的植被资源、优良的地理位置，使这里成为多种鸟类、昆虫喜爱的栖息之所，也成为游人观察自然的好去处。

生态环境

平原林地

山区林地

草坪

功能配备

停车场

逛周边

宝安公园网球场

体能消耗

Pingluanshan Park
平峦山公园

地址：宝安区前进二路与宝田三路交会处

面积：219 公顷 | **山径爬升：238m**

1/ 铁岗水库

公园东面的铁岗水库是深圳市大型水库。水库边满是郁郁葱葱、蜿蜒透迤的林带。在平峦山山顶，整个水库的景色可一览无遗，水面平静如镜，碧湾连绵不断。平峦山东侧看湖光山色，与铁仔山公园西侧观海相映衬，一内一外，一淡一咸，丰富了西乡的美景。

2/ 植物之美

园区内种植了包括原生林和人工林植物在内共约 372 种植物，其中，观花植物因色彩艳丽，花朵硕大，最受瞩目，如蒜香藤、火焰木、野牡丹、大花紫薇、腊肠树、软枝黄蝉等。

3/ 健步登顶

园内登山道网络四通八达，从各处都能抵达山顶观景台，是周末休闲锻炼的好去处。山边有环绕的沥青路，蜿蜒起伏，骑自行车难度较大，但很适宜变换节奏跑步。

生态环境

平原林地

山区林地

草地

功能配备

停车场

体能消耗

Xiwan Mangrove Park

西湾红树林公园

地址：宝安区金湾大道与西海堤交会处

面积：7.5 公顷 | **山径爬升：0m**

1/ 探秘红树林

林中有本土红树植物如秋茄、海桑等，游人可了解红树林植物生长的特殊条件以及它们的生态功能，也可以观察与红树林相关的底栖生物，如弹涂鱼、招潮蟹等。

2/ 海滨观鸟

西湾红树林公园内有深圳本地留鸟小白鹭、池鹭、翠鸟等，还有迁徙候鸟，如各种鸻鹬类，以及常见的黑翅长脚鹬、黑腹滨鹬、凤头潜鸭等鸟类。

3/ 建筑欣赏

公园附近有固戍码头、固戍碉楼、绮云书苑、红家围等在内的历史建筑，游人可从中了解深圳早期的当地人文风貌。此外，临海观景，可见深圳宝安国际机场飞机频繁降落或起飞，以及跨海而过的沿江高速大桥。

生态环境

平原林地　草坪

湿地　海域

体能消耗

功能配备

停车场

周边交通

地铁可达

逛周边

固戍码头、绮云书苑

Lixinhu Park

立新湖公园

地址：宝安区福永街道福洲大道—大洋路

面积：190 公顷 | **山径爬升：0m**

1/ 水库观鸟

公园依立新水库而建，拥有大片水域，水草丰美，空气清新，鹭鸟飞舞，一派生机盎然的湿地自然景观。此外，这里也是观赏日落的好去处。

2/ 湖心亲水

沿着湖面架设的木栈道前行，可以一直走到湖中的凉亭亲近湖景，游人不只能观景，更能入景。

3/ 空中长廊

立新湖南侧建有超大型的立体空中长廊，有的延伸至树林中，有的延伸到湖面上。走在木板上，脚上发出“嗒嗒”的声音，像是踩着音乐的节拍。纵横交错的长廊，也形成了几何美感。

4/ 环湖绿道

长达 8.8 公里的环湖绿道，是市民周末骑行或跑步健身的好去处。

生态环境

平原林地

湖泊水库

体能消耗

功能配备

停车场

周边交通

地铁可达

逛周边

福永文创基地、湖畔书院

Qilinshan Park

麒麟山公园

地址：宝安区沙江路

面积：**93.3** 公顷 | **山径爬升**：**100m**

1/ 四季花海

各种植物带给游人丰富的观赏体验。这里的鸡蛋花、红花羊蹄甲、旅人蕉、大花紫薇、簕杜鹃、凤凰木等四季轮番盛开，花朵鲜艳，给自然野趣增添色彩。

2/ 六大景区

登山道及园道连接了瑞麟呈祥、晓风啼莺、万壑松风、丹石松屿、荷塘垂青、绿梯揽趣等六大景区。树木丛生、百草丰茂、鱼游浅底、花开山腰、鸟翔穹顶，游人可登高远眺松岗城区。平坦的园道，可供跑步慢走，是周末休闲锻炼的好去处。

3/ 鸟兽观赏

园内有大片水体，包括龟寿湖、麒麟湖等。湖中常驻着小白鹭、池鹭等水鸟，临湖可观赏它们活动。公园植被丰富，还有不少昆虫、两栖爬行动物在此栖息，适宜进行自然观察。

生态环境

平原林地

山区林地

湖泊水库

功能配备

停车场

体能消耗

Tiezaishan Park
铁仔山公园

地址：宝安区西乡街道广深公路西乡立交西侧

面积：127 公顷 | **山径爬升：204m**

1/ 山顶观景

铁仔山公园包含铁仔山和朱凹山两个山体。200 多米的海拔让登高者可远眺深圳西部风光，在山顶观景台云阁碧空上，将珠江口、小铲岛、大铲岛、深圳机场、凤凰山脉等尽收眼底。

水天交汇之处，晚霞映照着船帆、浪花和城市，飞机直上云天，西部之美等你来发掘。公园还与平峦山公园隔国道相望，犹如守卫西乡的两个卫兵。

2/ 与花同行

园内有登山道直达山顶，是周末锻炼身体的好去处。沿途有各种园林观赏植物，如大花紫薇、簕杜鹃等，一路花香鸟语相伴。

3/ 古墓丽影

铁仔山有中国目前发现的墓冢最为密集的民间古墓群——铁仔山古墓群，时代跨越从东晋到明清时期，大小不一的墓地，各自诉说着主人在世的荣衰。古墓群主要位于山体东坡及南坡，于 1999 年被挖掘，规模之大和保存之完好全国瞩目。这对研究宝安乃至深圳、广东源远流长的历史文化具有不可估量的价值。

生态环境

平原林地

草坪

山区林地

功能配备

停车场

体能消耗

Luotian Forest Park

罗田森林郊野公园

地址：宝安区松岗立交桥东 500 米

面积：460.73 公顷 | **山径爬升：202m**

1/ 四季分明

精心设计的景观让公园四季皆有美景可观。春季，我们可到樱花谷赏樱花；夏季，到月亮湖赏荷、观鸟；秋冬又可以欣赏逐渐转红的枫叶。

2/ 登高望远

沿登山道可行至山顶海拔202米处的瞭望塔，塔高二层，能够鸟瞰罗田水库、东莞及罗田周边环境。沿着新修建的盘山步道走进山林，放眼所见尽是郁郁葱葱的植物，大小水塘如明珠般点缀群山之间，山水相映，令人心旷神怡。

3/ 赏月亮湖

山下的月亮湖，周围植物丰茂，还种植有大面积的荔枝林，水鸟林鸟翩然而至，给湖景增加了几分灵动。

生态环境

平原林地
山区林地
草地
湖泊水库

功能配备

P 停车场

体能消耗

Kaiming Park
开明公园

地址： 光明区龙大高速光明收费站旁

面积：10 公顷 | **步道爬升：0m**

1/ 绿环明珠

公园之名取“开放光明”之意，是光明区绿环之上的一颗明珠。它充分利用原有地形，结合园路分割的布局，营造出起伏有致的微地形，主要设有入口广场、朴树广场、中央大草坪、儿童娱乐区、玫瑰梯田花海等主要功能区。

2/ 向日葵花海

占地 1.5 万平方米、种有 10 万株花的向日葵园是深圳最大的向日葵观赏景点。

3/ 骑行胜地

园内设计有崭新舒适、宽达 5 米的自行车绿道，沿途可游览海绵城市科普体验基地、雨水花园、音乐草坪、植物迷宫等多个景点，是市民骑自行车、跑步或散步的休闲健身好去处。

生态环境

平原林地

草地

功能配备

停车场

体能消耗

Guangming High-tech City Square Park

光明高新园城市广场

地址：光明区高新园区明政路与德雅路交会处

面积：6.5 公顷 | **山径爬升：50m**

1/ 广场寓意深刻

以建筑设计基地为水池，以中轴线加以展开，公园规划设计构图方正严谨，整体意象为“扬帆远航”。广场设计对“鼎”字形加以提炼和重组，运用简单明快的线条，展现出市政广场的庄重、沉稳与大气。

2/ 植物花色明艳

公园主题树种为凤凰木、白兰、鸡蛋花等花色明艳的植物，其中山体公园中种植有木棉、火焰木、红花羊蹄甲等植物。四季常绿、四季有花，令人心旷神怡。

3/ 深圳最大绿墙

公园内建设有 2000 平方米的立体绿墙，是深圳市面积最大的立体绿墙。

生态环境

 平原林地

 草地

功能配备

P 停车场

Guangming Xincheng Park

光明新城公园

地址：光明区光明街道公园路

面积：57 公顷 | **山径爬升：101m**

1/“坡”上观自然

新城公园以山体、林地、池塘、谷田等自然资源为依托，围绕“坡”的设计理念，在尊重自然风貌的基础上，最大限度保留原有特色，表达人与自然协调、人与社会协调的生态城态度。公园设有山林叠翠区、生态防护区、冬日牧歌区、晨曦初绽区等特色景区。

2/登山健步径

园内的牛山海拔较低，登山难度系数不高，适合各个年龄段的游客，阖家登高同游再好不过。园内有环山步行绿道，长度约 2.5 公里，其中一段与光明区群众体育中心相连。

3/四季有花赏

园内种有凤凰木、鸡蛋花、红花羊蹄甲、朱槿、巴西野牡丹等花期较长且色彩鲜艳的观赏性植物，四季有花赏。

生态环境

平原林地

山区林地

草地

农田

湖泊水库

功能配备

停车场

逛周边

光明区群众体育中心

体能消耗

Minghu City Park

明湖城市公园

地址：光明区塘明路与根玉路交会处

面积：58.3 公顷 | **山径爬升：0m**

1/ 漫步栈道

公园内有长达 1000 米的栈道，新修建的花岗岩石材护栏美观、安全、结实。游人可站在栈道上观赏湖光山色，波光粼粼，清风吹拂，鹭舞绿汀，非常舒适。

2/ 湖景观鸟

水面占到公园总面积的 50%，超过 25 公顷。常有大白鹭、白鹭、夜鹭、池鹭、普通翠鸟等在此栖息。

3/ 植物观赏

园内种植了约 197 种园林植物，如小叶榄仁、凤凰木、红花羊蹄甲、大花紫薇等。

生态环境

平原林地

草地

湖泊水库

功能配备

停车场

逛周边

洪桥头公园、洪圣宫、基督教松岗堂

体能消耗

Honghuashan Park
红花山公园

地址：光明区公明街道红花中路

面积：**29.8** 公顷 | **山径爬升**：**100m**

1/ 漫山红花

红花山上种植了大量的龙船花、火焰木、簕杜鹃、凤凰木、朱槿等植物，花期虽各不相同，花色却始终红火，使红花山一年四季沉浸在热烈的气氛中，让沿着公园环山路跑步锻炼的人们也不由得精神振奋。

2/ 红花山塔

在海拔 100 多米高的山顶上，屹立着一座 9 层高的红花山塔，登塔可远眺公明镇景观。夜幕降临时，整座塔楼灯光璀璨，光彩动人。

3/ 古荔枝林

公园建设在原址上保留了大片先人种下的荔枝林。每年 6 月，荔枝成熟之际，山上红果累累，又增一抹甜蜜。

4/ 儿童公园

红花山儿童公园以“全龄亲子互动”为设计主旨，按照场地高差、儿童年龄及喜好共划分了 4 个功能区，配置不同游乐设施多达 20 个。

生态环境

平原林地　山区林地

功能配备

停车场

第六章

山海鸣奏，鹏展未来

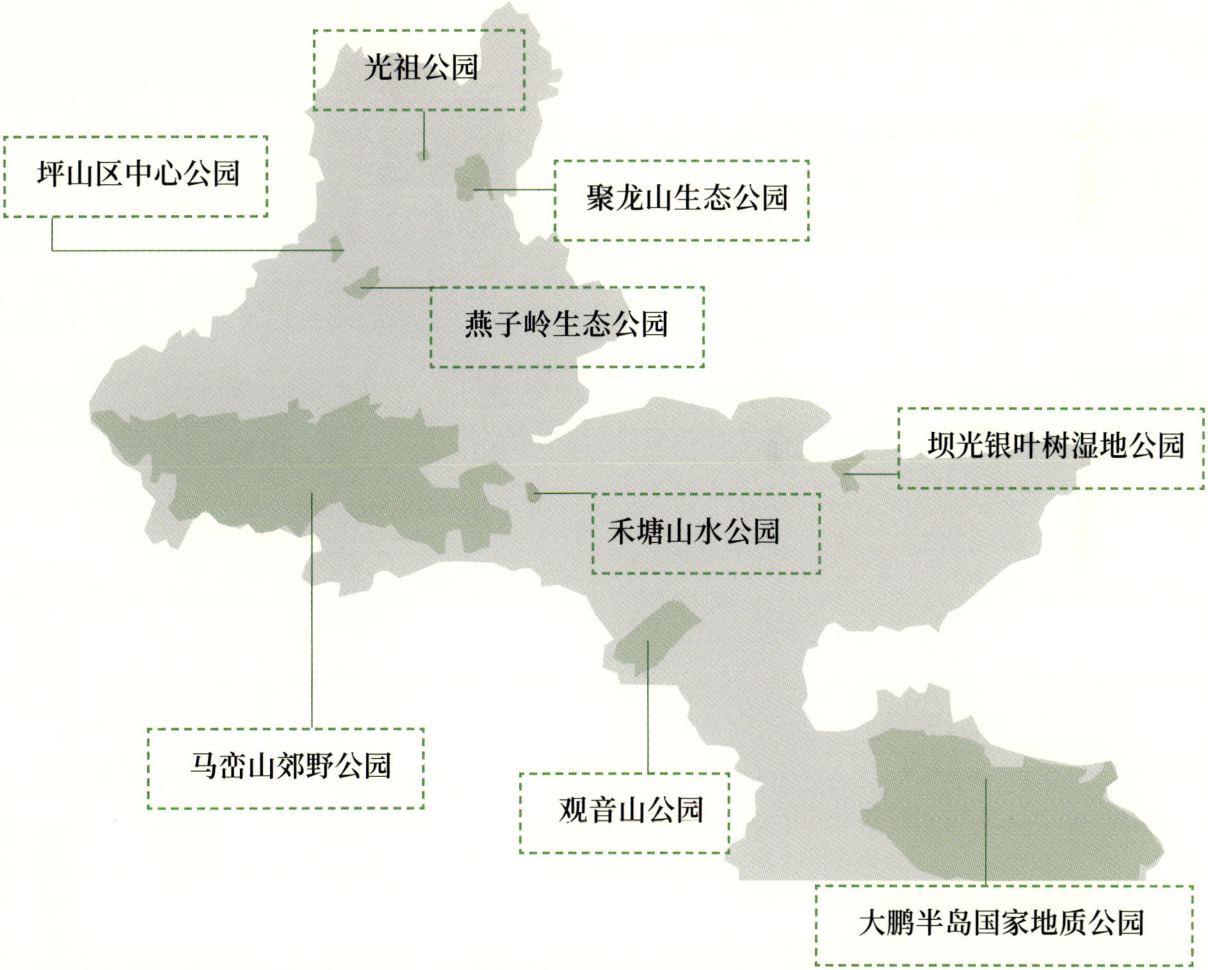

光祖公园
坪山区中心公园
聚龙山生态公园
燕子岭生态公园
坝光银叶树湿地公园
禾塘山水公园
马峦山郊野公园
观音山公园
大鹏半岛国家地质公园

马峦山
郊野公园

Maluan Mountain Country Park

占地面积

X4434

公园面积：3166 公顷

① 大门牌坊
② 马峦山瀑布
③ 碧岭龙潭瀑布群
④ 庚子首义旧址
⑤ 古村
⑥ 梅亭
⑦ 罗氏大屋

江岭路
北
大门牌坊 1
马峦山隧道
马峦山瀑布 2
4
庚子首义旧址
7 罗氏大屋
金毛狗
大梅沙公园
生态环境
山区林地
湖泊水库
功能配备
展馆
停车场
服务站
儿童友好
跑步道
自然教育中心
洗手间
亭子
入口
停车场

马峦山郊野公园

上观叠翠湖，下赏大瀑布

地址：坪山区坪马线

马峦山郊野公园是深圳第一个郊野公园。它西起海拔 525 米的打鼓岭，东至葵涌海边的犁壁山，横跨坪山区和大鹏新区，其间大大小小的山头连绵有十余座。登临马峦山巅，南可眺望大鹏湾，一览大、小梅沙，东可望七娘山，尽览雄奇与秀美。

水量充沛的深圳山中不乏大大小小的瀑布，而其中规模最大的要数马峦山的龙潭瀑布群。龙潭瀑布溪谷位于马峦山郊野公园的西部，打鼓岭与龙潭山的沟谷之间，由五大石壁瀑布和溪流跌水组成的瀑布群绵延两公里。因为瀑布水源为上游的水库，因此水量终年变化不大。

事实上，在登山道出口东面的山头即可观赏到龙潭瀑布群中最大的一处瀑布景观。顺着清幽的山涧，沿着林间小径向前，谷中“龙潭九景”令人应接不暇，从龙隐瀑、叠石滩、幽谷羽缎、银蛟叠瀑、缀石溪、奇石滩、落珠崖、小飞龙，到终点处落差最大的飞龙瀑上方，水流之声宛如一部气势磅礴的交响曲，飞溅的水花是跳动的音符，在奇石林海间回旋激荡。

水的魅力不只有瀑布的壮阔之美、溪流的轻盈流畅，还有恬淡优雅的湖心涟漪。在风光明媚的日子里，很多来马峦山游玩的人会抵达水寂风轻的叠翠湖，开始他们的溯溪之旅。穿着轻便的溯溪鞋，人们在形状各异的天然奇石上小心行走，在清澈如镜的小溪里溅出点点水花。这是种考验身体平衡性和反应力的体育活动，人们也在与水贴行的过程中感受到沁人心脾的清凉。

马峦山周围分布着赤坳、三洲田、红花岭等近十个水库，这些水库仿佛明珠般散落群山。其中大山陂水库是国家一级水源保护区，它是马峦山公园位于坪山一侧的入口之地。水库旁的泰和塔于 2005 年建成，从山脚到塔下，仅有 200 米的距离。

清澈的流水不仅为人们所喜爱，也是许多生物赖以生存的依靠。根据调查，公园内有野生植物 541 种，其中包括两种珍稀濒危植物——金毛狗和毛茶。前者是一种药用价值较高的蕨类植物，其根状茎肥大，密被金黄色绒毛，酷似伏地的小狗。后者属于省级保护植物，生长于林中或沟谷边，每到

四月便会花颜绽放。稍弯下腰，游人还可见鱼虾游戏水中，甚至可发现美丽而珍贵的唐鱼。不过，这份野趣也需要人们用心呵护。大自然的美丽只能为眼睛所捕捉，非法捕捞将打破生态的平衡。

溯溪而上，抵达山上的旷野，眼前又是另一番美的体验。大片芒草在风中摇曳，让眼前的一切变得朦胧。倘若冬季上山，待青梅绽放时，蜂舞蝶飞，又是一片天真烂漫。

除了优美的自然景观，马峦山山区一带还分布有众多的历史遗址。1900 年， 孙中山领导和发动的三洲田武装起义打响了资产阶级从改良主义真正走上武装革命的第一枪，后称“庚子首义”，革命者当时的大本营就在马峦山马栏头的罗氏大屋；抗日战争时期，众多的东江纵队战士在此留下了可歌可泣的事迹。山区的百姓同样也是英雄的人民，为中国的革命贡献过自己的力量。深山处，散布着 6 个历史悠久的客家古村。只是原住民多已迁居至坪山镇了，留下一片世外桃源，与山林悠然相对，静默欢喜。

Maluan Mountain Country Park: Diecui Lake and Grand Waterfall Group

Maluan Mountain Country Park is the first of its kind. It stretches from Daguling (525 metres above sea level) in the west to Libi Mountain on the coast of Kuichong in the East, across Pingshan District and Dapeng New District. There are more than ten hills, large and small, in the park. On the top of Maluan Mountain, you can overlook the Dapeng Bay to the north, enjoying the view of Dameisha and Xiaomeisha; to the east; you will see the majestic and beautiful Qiniang Mountain.

Given the abundant water in the mountains of Shenzhen, there are many waterfalls of various sizes, the biggest among which is Longtan Waterfall Group on Maluan Mountain. The waterfall valley is located in the west of the Maluan Mountain Country Park, between Daguling and Longtan Mountain valley. And the waterfall group is composed of five major rock wall waterfalls and stream water drops that extend for two kilometres. Since the water source of the waterfalls is an upstream reservoir, their volume barely changes throughout the year.

In fact, you can enjoy the largest waterfall landscape of Longtan Waterfall Group from the mountain top at the east exit of the hiking trail.

The charm of water is not limited to the magnificence of waterfalls and the briskness of streams; the elegance and tranquillity of ripples of the lakes are also attractive to visitors. In a sunny day, many visitors will go to the Diecui Lake, where the water is quiet and the wind gentle, to start their journey of river tracing. Wearing lightweight river tracing shoes, they walk carefully on natural stones of grotesque shapes, splashing some water in the clear river. In this test of physical balance and response, people can also enjoy the cool while playing with water.

The clean running water is liked by not only people but also other creatures which rely on the water for survival. According to a survey, there are 541 species of wild plants in the park, including two rare and endangered ones—the woolly fern and the Antirhea. The former is a kind of fern with high medicinal value. Its rhizome is big and covered with golden fluff, like a dog lying on the ground. The latter is a provincial protected plant that grows in the forest or by the valley and blooms in April.

In addition to beautiful natural landscapes, there are many historical sites in the mountain area. In 1900, the armed uprising of Sanzhoutian led and launched by Sun Yat-Sen fired the first gunshot that symbolized the shift of Chinese bourgeois from reformism to armed revolution. Later, the uprising was called "Gengzi Shouyi" (the first uprising against the feudal monarchy system in the year of Gengzi, 1900). At that time, the headquarters of the revolutionaries was in the Ancestral House of the Luo's in Malantou on Maluan Mountain. Decades later, during the Anti-Japanese War of Resistance, the soldiers of Dongjiang Division left many touching stories. The people in the mountain area are also heroes who have contributed to the revolution of China. Deep in the mountains, there are six ancient Hakka villages. But most of the residents have moved to Pingshan Town, leaving a paradise, quiet and happy in the mountains.

ATTRACTIONS
赏景观

深圳第一大瀑布：碧岭龙潭瀑布群

从公园碧岭入口进入，即可跟随轰鸣的水声探寻那一片“大珠小珠落玉盘”的盛景。瀑布群由五大石壁瀑布和溪流跌水组成，绵延 2 公里，山谷纵深达 2~3 公里。五大瀑布飞流直下，气势磅礴，溪流小瀑在四周蜿蜒流淌，涓涓细流在石壁上勾画乾坤。龙潭瀑布群可以说是马峦山风景区最具特色的景点之一，围绕瀑布群还有很多特色动植物，比如叫声独特的紫啸鸫、生于潮湿石缝中的唇柱苣苔等。

罗氏大屋

马峦山在中国近代史上留有浓墨重彩的一笔。1900 年，孙中山在广州起义失败后准备策划新的反清武装起义，经过联络准备，最后选择在深圳的三洲田一带，打响了资产阶级从改良主义真正走上了武装革命的第一枪，后称“庚子首义”，当时的大本营就在马峦山马栏头的罗氏大屋。这次起义虽以失败告终，但辛亥革命成功之后，孙中山先生仍念念不忘三洲田、马栏头一带的乡亲，特派副官前往慰问当年参加起义的烈士家属，拨出巨款修建被清军烧毁的房屋，并为马栏头的一所小学题写校名“强华学校”。强华学校长期以来是马峦山地区唯一的学校，直至 1982 年才迁至山下。 如今，有孙中山亲笔题字的旧校址依然保存完好。

梅亭

来马峦山公园健行，走到饥肠辘辘之时，光背村朴实而喷香的农家菜是对行山者最好的犒劳。有人笑语“看到梅亭就知道离开饭不远了”。光背村附近的梅亭建在一个小山坡的顶端，四周视野开阔，人们老远就能看到它独特的多层造型。此时再加把劲，攀上山坡，你会发现这里风景独好：南望是大、小梅沙的碧浪清波，向东远眺则是七娘山的层层云雾，海天一色汇聚眼前；梅花盛开的季节， 梅亭脚下将是一片如云的花海。

古村

很多人难以想象，在高度现代化的深圳其实还留有不少保存完好的古村落。在马峦山的层峦叠嶂中就散布着 6 个有近 300 年历史的岭南客家古村，分别是红花岭村、光背村、老围村、建和村、新民村和径子村。虽然村中有的房屋已被标注为“危房”，人们不宜靠近，但昔日的宗祠、碉楼以及古井、水塘、百年古樟等大多完好。当年的原住民基本已于 20 年前陆续搬到山下，但每逢重要节庆还是会上宗祠来烧香祭拜，毕竟这里有着旧时的回忆和家族的根基。

DIVE IN
游公园

春日赏梅趣

说到广东省内赏梅的最佳去处，少不了马峦山的千亩梅园、万株梅花。三洲田森林公园的梅园就位于公园东园的马峦山片区内，20 世纪 90 年代，该区域内种植了适合南方生长的青梅树，是当时岭南最大的观梅景点之一。这些梅树主要分布于马峦村、老围村、光背村和高圳水库旁。为保护并合理利用余存的梅树资源，重塑当年“千亩梅园万株梅花”的盛况，经过市城管局及市公园管理中心的专家、领导的多次现场调研后，自 2018 年始，梅园景点片区开始逐步恢复。

春节前后是最佳赏梅时段，当青梅盛放，到处可见娇嫩清新的白色花朵，或在枝头上吐露芬芳，或落英缤纷如雪花飘零。在温暖的南方，这里的梅花少了迎寒傲雪的凌厉，尽是纯洁无瑕的天真。它不仅吸引了大批游人前来赏花留影，还吸引一群群粉蝶在此翩翩起舞，为春报晓。梅亭一带是人们最爱去的赏梅地点，游人近赏梅花后再登高眺望，风景美不胜收。

来远足吧

马峦山内开辟了比较成熟的远足径。它从马峦山区域的最西端、当地最高峰——打鼓岭起，一直连接至葵涌海边山头。资深驴友也会选择从小梅沙一路穿越马峦山来到溪涌海边，全长约 20 公里。远足径主要沿山脊而设，从山脊取道，沿途设立景观指示牌，提示距离、景点等，方便驴友。除了走一走现有的“路”，在马峦山上留下一段你铺的路会更有意义。马峦山手作步道采用中心自建和志愿者共建相结合的方式打造，从 2019 年 7 月开始，截至 2020 年 11 月底，已建成第一、二期约 5.74 公里，吸引了约 200 人次参与。

与星星约会

因远离城市光污染，视野开阔，空气澄净，加之离城区不远，交通便捷，马峦山成为当地天文爱好者备受推崇的观星场所，尤其是在光背村附近的梅亭，十分适合人们观测相对地平线位置较低的星星。向南，老人星悬挂天际；向北，北斗七星闪烁不止，与坪山城区的灯光竞相辉映。

人们常说月朗星疏，观星除了要挑选晴朗的日子，也要避开满月期，通常最佳观星时期是新月夜的整晚、上弦月的后半夜和下弦月的前半夜。

中国的霓虹灯——唐鱼

唐鱼（*Tanichthys albonubes*）是我国特有物种之一，1932 年首次发现于广州白云山，体长仅有 3~4 厘米，因其体侧鲜明的金属色线纹而得名“白云金丝”。它们主要分布在珠三角地区和邻国越南。深圳马峦山郊野公园也是唐鱼为数不多的栖息地之一。

这种观赏价值极高的鱼类陆续被捕捞成为观赏鱼，并随着水族市场贸易很快就传遍全球。由于它们的外形及颜色与亚马逊流域的霓虹灯鱼十分相似，被喻为“中国的霓虹灯”。又因来自中国，有了“唐鱼”这一俗称。

唐鱼在观赏鱼市场名声大噪，但野外种群却岌岌可危。它们主要生活在山中清澈而缓慢的溪流环境中，以水中小生物和有机物碎屑为食。随着城市快速扩张，山林被不断破坏，加上食蚊鱼等外来物种的入侵，唐鱼数量骤减，1989 年被列为国家二级保护动物。

行走山野间，我们庆幸还能欣赏到这些美丽的物种。保护物种栖息地，不随意捕捉唐鱼，让这盏“中国的霓虹灯”在深圳继续发亮。

唐鱼

蝴蝶的冬季聚会

深圳人大多对候鸟已不陌生，深圳温暖的气候每年都能吸引大批鸟类聚集过冬。鸟类的长距离迁徙被认为是为了躲避恶劣的严寒天气以及寻找食物，其实，蝴蝶也有类似的行为。

曾有人在 11 月份的马峦山郊野公园山谷里发现成堆的蓝点紫斑蝶及幻紫斑蝶聚集，以及少量的虎斑蝶及青斑蝶。20 天后，人们重返山谷，发现已经蝶去谷空，好像什么也没有发生过一样，如梦似幻。

可能的解释是，马峦山郊野公园群山连绵，阻挡了冬季的寒流，相对暖和；同时当时鸭脚木等蜜源植物大量开花，提供了充足的食物。在多种有利因素作用下，蝶群在这里聚会大吃一番，等待天气回暖，蝶群也自然散去。

南方的很多地区，如珠海荷包岛、香港大屿山、海南尖峰岭、台湾南部等地的山谷也有斑蝶群在冬天聚集的记录。成千上万的蝴蝶聚集，数量之多足以将枝条压弯，也就形成了传说中的“蝴蝶谷”。

蓝点紫斑蝶

金毛狗根茎

金毛狗叶子

山中金毛狗

马峦山郊野公园分布着一种叫金毛狗（*Cibotium barometz*）的国家二级保护野生植物。金毛狗喜欢靠近潮湿阴凉的山坡处生长，看起来平平无奇。金毛狗的卧生根状茎被金黄色柔毛覆盖，酷似一只只伏地的金毛小狗，因此得名“金毛狗”。不同于一般蕨类植物的贴地生茎，金毛狗的茎是直立的。

金毛狗在历史上发挥过不小的作用，在药品匮乏的战争年代，它的止血作用被广泛利用。但时至今日，药品行业发达，金毛狗的这点药效其实已经不值一提，却仍然是一些人眼中的“神药”，而遭到大肆盗采。

森林歌王
——画眉

鸣声婉转悦耳，曲调多变，如行云流水，又能仿效其他鸟类鸣叫，画眉（*Garrulax canorus*）因此成为中国最普遍的笼养鸟之一。

画眉广泛分布于我国东南沿海地区，在深圳四季可见。整体黄褐色，有明显的白色眼圈，白色部分向后延伸成狭窄的眉纹，故有“画眉”之称。

它们栖息在低山丘陵和林缘灌木丛，成对或集小群活动，机敏而胆怯，多隐匿于茂密的灌木丛和杂草丛中。它们翻寻地表落叶中的昆虫，繁殖季捕虫量更大，是主要农林益鸟，同时也捡食草籽、野果。画眉不善作远距离飞翔，如遇惊扰，立刻下到灌丛下，沿地表逃逸。

雄鸟在繁殖季歌声高亢激昂、婉转多变、持久连绵，极富感染力。天生好歌喉虽能博得雌鸟欢心，却也换来了一生的“牢狱之灾”。 画眉常被捕捉关在笼子里圈养供人玩赏。由于画眉人工繁殖难度极大，几乎所有的笼养画眉，都来自野外捕捉。

我们很幸运，在深圳这座城市人与野生动物能和谐共存，成为友好的“邻居”。不再需要囚禁鸟儿，只要踏入公园就能听到它们动人的歌声，见到那自由自在的身影。

溪流旁的“紫衣侠”
——紫啸鸫

五光十色的大自然，往往阴晴不定，有时亮，有时暗 。马峦山的溪流附近，时常能见到紫啸鸫（*Myophonus caeruleus*），它的羽毛会因光线的不同而改变颜色。在明亮光线下看紫啸鸫，是一袭蓝紫色的羽衣，装饰着浅色的水晶，如同一个衣着华贵的“紫衣侠”；如果在昏暗光线下看它，它便俨然变成了一只黑鸟，毫无特点。

紫啸鸫生活在溪谷的底层，这里常年幽暗，只有少数的光线可以透过林间的缝隙，照到地面。紫啸鸫深谙这样的光线变化，在繁殖期，雄性会寻找溪谷中光线最亮的地方，向心仪的雌性展示自己华丽的羽毛。

为了不让自己的声音被喧闹的水声掩盖，紫啸鸫的歌声频率极高，婉转多变，就如同花腔女高音一样。不过，它们的歌声只在天刚亮时发出，白天听到的，只有单调如哨音一样的叫声。

NEAR BY

逛周边

坪山区不缺游玩之处。这里有深圳人享受海滨游乐、品尝海鲜盛宴的大、小梅沙公园，未来还将建成粤港澳大湾区乃至华南地区第一座大型综合性自然博物馆，供游人探索自然。此外，这里还有中国首个以自然为主题的书房“金龟自然书房”，给人们带来 “零废弃”与“自然好书”相结合的独特体验。

体验城市好生活
灵感碰撞之地

附近好去处

- The Shenzhen Natural Museum
  深圳自然博物馆
- Jingui Natural Study Room
  金龟自然书房
- Dameisha Park & Xiaomeisha Park
  大、小梅沙公园
- OCT East
  东部华侨城

大鹏半岛
国家地质公园

Dapeng
Peninsula Geopark

占地面积

X6452

公园面积：4607 公顷

① 地质公园博物馆

北
东冲
生态环境
山区林地
湖泊水库
功能配备
展馆
停车场
服务站
儿童友好
跑步道
自然教育中心
洗手间
亭子
入口
停车场

大鹏半岛国家地质公园

山海相连、水火交融的地质记忆

地址：大鹏新区南澳街道地质公园路 1 号

在大鹏半岛，时光从亿年前便开始了它的雕琢。

距今 1.45 亿年前—1.35 亿年前，从晚侏罗纪到早白垩纪，太平洋板块向欧亚大陆板块俯冲，引发多次火山喷发。当地的古火山地质遗迹仍铭记着它所经历的惊心动魄：炽热的熔岩从地壳的缝隙喷涌而出，与冷空气接触，冷却，收缩，凝固，周而复始，最后凝结成了奇形怪状的岩石，熔岩流的巨大纹理至今清晰可辨。在地质作用之下，七娘山拔地而起，主峰海拔 869.7 米，成为深圳市第二高峰。

走进大鹏半岛国家地质公园，四周所见的群山便是七娘山。传说有七位仙女云游于此，流连当地美景不愿重返天庭而被降罪，变成了七座山峰，因而得名七娘山。传说当然只是浪漫的想象，但仍为七娘山的秀美增添了一分神秘。

自 2 万年前以来，风卷浪涌，流动不息，将大鹏山下的海滨地带画出一条 133.22 公里长的中国最美海岸线。从七娘山流下的淡水与蔚蓝海洋中的咸水在此交汇，为红树林中的植物及动物提供丰富的滋养。

深圳大鹏半岛内的植物化石不仅是深圳地区首例发现的中生代植物化石，更是岭南地区罕见的早侏罗世植物化石，研究人员因此推断，在侏罗纪时代，苏铁类、松柏类在此形成繁茂的森林，蕨类植物遍地。如今的大鹏半岛，森林覆盖率仍高达 80%。

如此富饶的生态系统也为人类的生存繁衍提供了宝贵的条件。早在六七千年前，大鹏半岛便是古人类活动的中心，为最早迁居深圳的人们提供了家的港湾。迭福村小海湾北岸的咸头岭史前文化遗址考古发掘证实了大鹏半岛为深圳乃至整个珠三角地区的文明发源地之一。至今，这里的人们依然以渔业为生，民风质朴亲切。

山海相依之处，大鹏半岛地质公园完好地保存了这段水火交融的地质记忆。该国家级地质公园共划分为 4 个景区：穹丘行旅景区、海石奇观景区、鹿嘴观潮景区、步溪杨梅景区。海天一色，青山如黛，海蚀崖、海蚀平台、海蚀洞、海蚀窗、海蚀柱等，相互共生形成五彩缤纷的景观组合；周围的火山岩锥、火山穹丘、火山口和火山岩柱等形同天然雕塑，再配以沙滩、平原、潟湖、瀑布等衬托，集幽、奇、

秀于一体，大自然的鬼斧神工令人惊叹。

国家地质公园与一般公园的不同之处，还在于它借其得天独厚的地质风貌，为游人打开了通往地质科学的大门。作为园区核心景区之一的深圳大鹏半岛国家地质公园博物馆，酷似火山喷发行程中散落的一块灰色熔岩，如今酣睡于青山的怀抱。它不仅以丰富的馆藏将地质科普知识娓娓道来，其室外展场也与自然环境相融，通过火山模拟、恐龙雕塑及特色岩石等艺术表现手法，精心营造了远古风貌园和火山熔岩景区两大特色景观，为游客认识自然，了解自然提供了多种途径。大鹏半岛地质公园先后获评国家国土资源科普基地、广东省国土资源科普基地、广东省科普教育基地、深圳市“十佳”科普教育基地等称号。

因为大鹏半岛国家地质公园的存在，深圳最后一片净土得以保存。在这片距离深圳市区 50 公里，与东方之珠香港隔海相望的 150 平方公里土地上，自然仍是它的主人，时光雕刻下，天地壮美，摄人心魂。

Dapeng Peninsula Geopark: The Geographic Memory Where Mountains Join the Sea and Fire Blends with Water

On Dapeng Peninsula, time has started sculpturing hundreds of millions of years ago.

145 to 135 million years ago, around the Late Jurassic to the Early Cretaceous, the Pacific plate crashed into the Eurasian plate, triggering multiple eruptions of volcanoes. Today, the ancient volcano geological relics are still telling the breath-taking scene: blazing lava surging from cracks in the crust were cooled down immediately by cold air, contracted and solidified. The process repeated again and again, and grotesque rocks were formed. Nowadays we can still find the clear grain of lava flow. Through the geological process, Qiniang Mountain raised from the ground, becoming the second-highest peak (main peak at 869.7 metres above sea level) in Shenzhen.

Dapeng Peninsula Geopark, where mountains join the sea, has preserved the geological memory of water and fire. The National Geopark is divided into four areas: Dome Scenic Spot, Wonders of Rocks and the Sea Scenic Spot, Luzui Tide Watching Scenic Spot and Buxi Waxberry Scenic Spot. In the geopark, the sea and sky share the same colour, and the mountains are dark green like the eyebrow tint used by ancient Chinese women. The sea cliffs, wave-cut platforms, sea caves, sea arches and stack rocks form a kaleidoscope of landscape combination. The surrounding volcanic cones, domes, crater and volcanic pillars are nature's sculpture masterpieces, which, with beaches, plains, lagoons, waterfalls around them, depict the tranquillity, curiosity and elegance of nature, leading us to a sense of awe.

Nonetheless, the difference between a geopark and a general park lies in that a geopark opens the gate to geological science for visitors with the virtue of its unique geological features. Shenzhen Dapeng Peninsula National Geopark Museum is one of the core scenic spots in the park. It looks like a grey lava rock scattered in the course of volcanic eruption, sleeping in the arms of green hills. The museum not only tells the geological popular science knowledge with its rich collection but also integrates the outdoor exhibition hall with the natural environment. Through artistic expression techniques, such as volcanic simulation, dinosaur sculptures and unique grotesque rocks, the museum carefully creates two distinctive landscapes of Ancient Landscape Garden and Volcanic Lava Scenic Spot, providing a variety of ways for visitors to understand the nature. Dapeng Peninsula Geopark has been awarded the titles of National Land and Resources Science Popularization Base, Guangdong Provincial Land and Resources Science Popularization Base, Guangdong Provincial Science Popularization Education Base and Shenzhen "Top Ten" Science Popularization Education Base.

Thanks to Dapeng Peninsula Geopark, the last untainted land of Shenzhen is preserved. On this land of 150 square kilometres, 50 kilometres from Shenzhen and neighbouring Hong Kong—the Pearl of the Orient—across the sea, nature is her own master. She, the masterpiece of the uncanny workmanship of time, is ever so magnificent and fascinating.

ATTRACTIONS

赏景观

深圳大鹏半岛国家地质公园博物馆

博物馆景区占地 37500 平方米，建筑面积 5410 平方米，设有序厅、地球探秘厅、大鹏半岛厅、矿物厅、城市与地质环境厅和临时展厅，并配置科普影视厅和 3D 影院用以开展科普讲座、放映科普影片等。景区内配套建有火山风貌园、远古风貌园、溪流栈道、凤凰广场等室外研习区（径），目前已成为游客休闲游憩及亲近大自然的重要场所。

自然教育基地

作为一座“纯公益，全免费”的科学公园，这里的美景除了赏心悦目还担当着科普重任。公园是第二批广东省自然教育基地。依托博物馆景区和两条登山科考路线，在每年“世界地球日”“全国科普日”等主题日及寒暑假期间，开展各类自然教育活动。如果你在这里遇到上知天文下晓地理的“神童”，无需惊讶，自然教育中心已培养出很多“小博士”，大朋友们有空也来一起学习自然知识吧！

七娘山上气象万千

七娘山山高谷深，雨量充沛，即使是晴朗的天气，山上也能经常看到云雾骤然聚散的景象。当东南风吹来，海面的水汽爬坡而上，遇冷变云，翻过山脊后顺势飞泻，还会形成瀑布云奇观。 山中丰富的动植物资源则形成另一种奇景，千余种植物在这里肆意生长，其中不乏国家级保护植物。一些珍稀保护动物也在此安然繁衍。对于深圳的“两爬”爱好者和生态研究者来说，七娘山可谓无人不知无人不晓。

DIVE IN
游公园

沿着大鹿线探索自然

一条绿道从新大河入口延绵到鹿嘴悬崖。除了一路的海滨风光，这条被命名为“大鹿线”的绿道，每隔一段就设有一个“自然研习导赏”标识牌，拿出手机扫一扫上面的二维码，你就能从丰富多彩的文字、声音、影像中了解一路上的自然风光、人文景观、动植物状况乃至天文地理。从新大河入口的鹭鸟到七娘山的豹猫，从杨梅坑海域的珊瑚到鹿嘴海边的红树林……走完大鹿线，你会发现深圳比你想象中更加有趣！

大鹿线 | DALU LINE
大鹏新区滨海慢行自然课堂
DALU OBSERVING TRAIL

欣赏杨梅坑海滨风光

在公园附近的杨梅坑，你会看到更清净的海水。在深圳本地客家语中，“坑”是小溪流、小水沟的意思。七娘山脚下有一片山丘曾经长满了杨梅，山丘下面的村庄又由两条大坑（正尾坑和大坑湖）汇合而成，因而村庄得名“杨梅坑村”，杨梅坑海滩就在这里。在《中国国家地理杂志》2005年发起的一次“中国最美地方”评选中，深圳大鹏半岛海湾入选为“中国最美八大海岸之一”，杨梅坑便是其中最具代表性的一景。沿着杨梅坑的环海路骑行或在高低错落的礁石中探险，你会发现它的“最美”绝非虚名。在风格多样的民宿中挑选一家心仪的住下，细细体会当地风情是不错的选择。

行走穿越，体验独特地貌

大鹏半岛北部三面环海，山石嶙峋，风景极佳。海风对岩石长年累月的侵蚀造就了独特的地貌，行走大鹏半岛国家地质公园，可见完好的火山地质遗迹和海岸地质景观相映成辉。

七娘山火山穹丘从航空照片上可以清楚看出圆形环状构造，还有一系列造型千奇百怪的火山景观。沿着鹿雁科考登山线则近可观火山集块岩等古火山地质遗迹，远可俯瞰大水坑湾、砾石滩、海蚀穴、鹿嘴岬角等类型多样的海岸地貌，感受“山海相依、水火共融”。

在鹿嘴悬崖邂逅“美人鱼”

鹿嘴包括鹿嘴湾、鹿嘴山庄和高山角。鹿嘴湾又称“过店”，是鹿嘴河的入海口，沙滩沙坝长约100米，潟湖面积为4.5公顷，分布有小片红树林。最东端的高山角是南澳伸入海中最远的海角，是观海、听涛、看日出的佳所。高山角的岩岸与褶曲构造、绝壁和海蚀洞，形成海蚀地貌景观富集区——“鹿嘴悬崖”。它因周星驰电影《美人鱼》而名声大噪。它伸入海中，位于深圳最东边，每天迎来投向深圳的第一缕阳光。因而很多人会来这里看日出，特别是新年第一天，在这里看朝霞一点点冲破黑暗，该是多难忘的记忆！

AN EYE FOR NATURE 探自然

深圳仅存的蝾螈——香港瘰螈

香港瘰螈（*Paramesotriton hongkongensis*）属于有尾类两栖动物，也是深圳唯一的蝾螈。它们整体棕褐色，腹面有鲜艳的橙色斑纹，四肢无蹼，靠摆动扁平的尾巴在水中游泳。香港瘰螈生活在水质洁净水流缓慢的山区溪流中，偶尔到陆地生活。食谱里有水生昆虫、螺、虾、鱼等小动物。

每年 9 月至翌年 2 月是香港瘰螈的繁殖期，此时雄螈尾巴侧面变为醒目的浅蓝色，以吸引异性。雌雄相遇会用鼻子相互触碰对方身体，一番试探交流之后，雌螈用鼻子触碰雄螈的尾巴，就是示意可以交配。之后，雄螈将精荚排出体外，一旁的雌螈快速将精荚吸入体中，交配过程就此完成。

雌螈多在水中石菖蒲两片叶间产卵，经常可以看到雌螈聚集争夺产卵叶子的情景。刚孵化的幼体用丝状外鳃在水中呼吸，经过 2 个月可完成变态，外鳃消失后就开始用肺呼吸，再经过 3 年才能达到性成熟。

过度捕捉和栖息地的环境破坏导致香港瘰螈数量急剧减少，如今它们已被列入《华盛顿公约》（*CITES*）附录 II 之中，是国家二级保护动物。

香港瘰螈

怒海孤鸿
——岩鹭

凶猛的海浪一次又一次拍打着岸边，腾起的浪花试图带走岸上的一切，然而有一种黑色鸟儿却能在礁石间轻松移步，在混乱中迅猛出击，将小鱼捕获。“吃吃海鲜，跳跳舞……”这是岩鹭（*Egretta sacra*）在大鹏杨梅坑礁石滩上的精彩表演。

岩鹭是深圳留鸟，身体以深灰色为主，也有少量白色型，头后长着极短的冠羽，嘴巴又粗又长，粗短的腿让它们能在海浪中健步如飞。它们是典型的海岸鸟类，生活在沿海多岩礁的海岛和海岸岩石上，极少出现在内陆，而且它们几乎只吃鱼、虾、软体动物等海鲜。这是与深圳其他几种鹭鸟习性上最大的区别。

岩鹭多在白天单独活动，警觉性较高。在僻静的海岸边，我们时常能看到岩鹭站立在礁石上，伺机捕鱼。相对其他鹭类，岩鹭选择了一条更为艰难的生存之道。它们活动的地方，往往浪花飞溅、波涛汹涌，在这样的环境中寻觅食物，就像怒海孤鸿。

每年 4~6 月繁殖季，这些独行侠才会相聚一堂在海岸附近树上或悬崖繁衍。

深山美人
——紫纹兜兰

深圳的气候是非常适合兰科植物生长的，在各种各样的兰花中，貌似拖鞋的兜兰较为常见，不过野生的兜兰也很珍稀，深圳只有紫纹兜兰（*Paphiopedilum purpuratum*）这一种。

因为花瓣整体呈紫红色或浅栗色，并伴有深色纵脉纹而得名的紫纹兜兰是唯一在低海拔分布的兜兰。由于人类活动对其生活环境造成的破坏，加上因为较高的观赏和药用价值而被过度过度利用，野生紫纹兜兰数量急剧减少，在 2017 年的《IUCN 红色名录》中被列为极危物种。好在国家兰科中心在紫纹兜兰的野外救护和繁育工作中取得较好成果，该中心将野外种群从原生地迁入种质资源库区进行保存繁育，人工培育了 1.4 万余株紫纹兜兰幼苗，并且成功地让这些紫纹兜兰“回家”。

哭泣的海洋居民
——抹香鲸和绿海龟

生命起源于海洋，在漫长的进化过程中，许多生物逐渐脱离了水环境的束缚，适应了陆地生活。也有些动物重返海洋的怀抱，例如抹香鲸这样的海中大家伙。

抹香鲸（*Physeter macrocephalus*）属于哺乳类动物，可长达 20 多米，头部与身躯比例悬殊，头部占身体的 1/3，就像一只巨型的蝌蚪。它们的身影遍布全球不冻结的海域，能够潜入 2000 多米的深海，在水中逗留两个小时以上。主要以大王乌贼和大王酸浆鱿为食。

2017 年 3 月 12 日，一头体长约 12 米、重约 3 吨的抹香鲸在大亚湾海域被渔网缠身。经过多方救援，抹香鲸虽脱困于渔网，但可能由于声呐系统受损，无法找到游回深海的路，最终因受伤较重而搁浅于惠州码头港附近浅滩死亡。

无独有偶，2019 年 2 月，在深圳大鹏半岛较场尾和仙人石地区相继接收到 3 只绿海龟（*Chelonia mydas*）遇险信息，2 只获救，遗憾的是其中 1 只疑似曾被高速螺旋桨击中致死。

“来了，就是深圳人”，这句简单质朴的口号，是多少居民内心对归宿的深沉呼唤。

或许某一天，我们也能改善身边的海洋环境，自信地说：来吧，抹香鲸；来吧，绿海龟……

蓝天翱翔者
——白腹海雕

白腹海雕（*Haliaeetus leucogaster*）属大型猛禽，是国家二级保护动物，体形硕大，翼展长可达 2 米。成鸟长相很鲜明：头、颈及下体白色，翼下覆羽白色。它们是深圳的留鸟，生活在海岸及河口地带，在大鹏国家地质公园有机会一睹它们的英姿。

它们单只或成对活动，常沿着海岸在水面低空飞翔，或在高空中翱翔或滑翔，姿态甚为优雅。鸣叫声简单，通常发出“啊，啊，啊”的叫声，寻觅着海蛇、鱼、哺乳动物等猎物。

白腹海雕伴海而生，营巢通常在海岸边大树上或悬崖岩石上，巢十分巨大，直径可达 2.5 米，可以说是豪宅了。旧巢通常会被多次使用，于是巢会被修葺得越来越大。每窝通常产卵 2~3 枚，雌雄共同孵卵及育雏。

这样的海空霸主，却会遭到乌鸦的欺负。乌鸦除了在空中驱赶白腹海雕，有时还会跑到白腹海雕巢抢吃幼鸟的口粮并纠缠不休，把亲鸟弄得不胜其烦。面对乌鸦这样的“小无赖”，蓝天翱翔者竟也无可奈何。

深圳的海底居民

深圳海域面积宽阔，海岸线绵延，海洋资源丰富。潜入海底，我们会发现另一个世界，海底各种“居民”形态各异，色彩多变。

奶嘴海葵（*Entacmaea quadricolor*）是一种刺胞动物，因外形似奶嘴而得名，生活在阳光充足、水质洁净、温暖的海域。奶嘴海葵与小丑鱼有着密不可分的共生关系。海葵用毒刺捕食及保护小丑鱼，而小丑鱼吃海葵消化完的残渣，协助其清理身体。

紫海胆（*Anthocidaris crassispina*）则是棘皮动物，生活在海藻类生长旺盛的礁石区，以各种藻类为食，常栖息在岩石缝隙。紫海胆呈半球形，紫黑色，体表布满棘刺，借助管足和棘刺运动。紫海胆是大鹏半岛著名的海产品，我们食用的金黄色的部分其实是它体腔内的生殖腺。

褐菖鲉 (*Sebastiscus marmoratus*) 是一种有毒鱼类，身体红褐色，有杂乱深色斑纹，身上长有毒硬棘刺。主要栖息在礁石区洞穴或缝隙，有猎物经过时，迅速出洞，张开巨大的嘴将其整个吞食，凶猛如恶犬，因而得名“石狗公”。

褐菖鲉

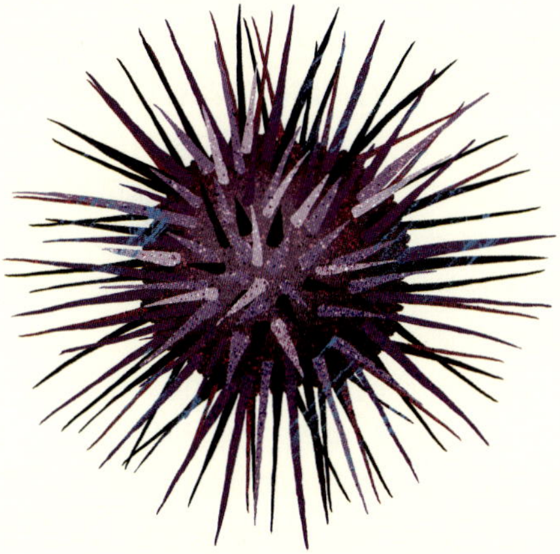

紫海胆

奶嘴海葵

NEAR BY
逛周边

全国重点文物保护单位、“深圳八景”之首的大鹏所城始建于明洪武二十七年（1394 年），迄今已有 600 多年的历史，是明清两朝中国南部海防军事要塞，其全称为“大鹏守御千户所城”，深圳别称“鹏城”即源于此。大鹏所城还享有“将军村”的美誉，在明清及近代时期涌现出一批杰出的民族英雄。作为抗击倭寇的军事重地，大鹏所城是中国现存最完整的明代军事所城之一，是明代军事城镇建设格局的缩影和活化石，城内保存有将军第、侯王庙、天后宫和赵公祠等明清民居古建筑群。大鹏所城有丰富的非物质文化遗产，如南澳渔民的舞草龙、渔民娶亲；各社区的舞狮；流行于大鹏、南澳的大鹏山歌；鹏城社区及大鹏所城的太平清醮禳灾祈福活动，展现出大鹏质朴的民风民俗。

此外，广阔的海域也使得大鹏半岛成为水上运动的天堂。游艇、帆船、沙滩都是这里必须打卡之处。如果你也为大鹏美丽的景色所折服，愿意支持海洋保护，可以联系专业的珊瑚保育机构“潜爱大鹏”成为志愿者，一起守护海洋的美好。

体验城市好生活
灵感碰撞之地

附近好去处

- [x] Yacht Club
  游艇会
- [x] Sailing Events
  帆船比赛
- [x] Know the Sea
  (Dive for Love in Dapeng)
  认知海洋（潜爱大鹏）
- [x] Dapeng Fortress
  大鹏所城

Pingshan District Central Park

坪山区中心公园

地址：坪山区丹梓西路

面积：24 公顷 | **步道爬升：0m**

1/ 湖畔漫步

公园环湖而建，享受湖畔漫步是再好不过的选择。走上湖边的木栈道， 蓝天白云之下，湖面上的荷花优雅绽放。湖边设有观景平台与小广场，造型别致生动。从栈道穿越可到达湖中央，让人与水的接触更加亲密。弧形红色拱桥连通湖的两岸，走到桥的最顶处，可眺望更开阔的景色。

2/ 空中走廊

悬在空中、长达数百米的走廊设计优雅，沿着走廊漫步，游人近可欣赏树顶风光，远可眺望坪山城区全景；呼吸着混有花香的清新空气，感受着都市中难得的宁静；借助走廊的高度，还有机会与松鼠和鸟儿相遇。

3/ 慢行步道

园内设有慢行步道，适合周末带小朋友去散步或跑步。

生态环境

平原林地

湖泊水库

草地

功能配备

停车场

逛周边

坪山美术馆、坪山图书馆星光书屋、坪山大剧院

体能消耗

Yanziling Park

燕子岭生态公园

地址：坪山区金牛西路

面积：**61.24**公顷 | **山径爬升**：**125m**

1/ 原生态森林

燕子岭生态公园是坪山区的“绿心”。它以原生态的森林景观闻名遐迩，漫山遍野的绿意葱茏能让人忘却都市的喧嚣，尽情陶醉在大自然中。燕子湖与山相依，可以沿着亲水曲桥行走观赏。

2/ 特色园林建筑

沿着台阶往山上行走，一路会经过春晖阁、金燕亭、燕舞亭、双燕亭、半山亭，每一个亭阁都有一个诗意的名字。在山腰上有着多个观景台，站在观景台上，可从不同角度俯瞰周边风光。颇具规模的春晖阁位于公园最高处的山峰上，在这里可远眺坪山区全貌。

3/ 竹林小道

细而高的斑竹笼罩着登山道，阳光被竹荫遮蔽。步入其中，远处传来阵阵鸟鸣，近处山风吹拂竹叶，沙沙作响，让人的心情不由得平静下来。

生态环境

平原林地

草地

湖泊水库

山区林地

功能配备

停车场

体能消耗

Julongshan Ecopark
聚龙山生态公园

地址：坪山区青松西路

面积：**113** 公顷 | **山径爬升**：**100m**

1/ 浪漫花海

园内樱花谷种植着一片樱花林，在深圳自家门口就可看到樱花海的胜景。每年2~3月份樱花盛开，春意盎然，吸引大量游客前来赏花踏春。

此外，还有蔷薇园、兰科专类园等你来欣赏。

2/ 湿地湖景

湖里种植了香蒲、美人蕉、睡莲等各种水生植物，也吸引了很多水鸟在这里觅食和栖息。

3/ 环山绿道

七公里长的环山自行车绿道，是周末健身锻炼的好去处。进入公园，穿过幽幽小径路，枝繁叶茂，遮天蔽日；阳光透过间隙，如丝线般照射进林子，在地上形成斑驳的树影。在绿道上悠闲骑行游玩时，但闻四周花香四溢；登高远眺，可见坪山独特的风景。

生态环境

平原林地　草地

湖泊水库　山区林地

功能配备

P 停车场

体能消耗

Guangzu Park

光祖公园

地址：坪山区坑梓街道横平路、吉康路交会处

面积：13.56 公顷 | **山径爬升：20m**

1/ 湖景怡人

光祖公园的前身为坑梓镇中心公园，经过改造后成为坪山的综合公园。从观光道步入湖中央，轻风送爽，在这里观赏湖景十分惬意。美人蕉、睡莲、池杉等各种水生植物使得湖内生机盎然，沿亲水曲桥慢慢观赏，可从不同角度观赏美丽的风景。园内还栽种着樱花、木棉、蓝花楹、宫粉紫荆、黄花风铃木等繁花绿植，四季可赏花。

2/ 历史感厚重

园内有纪念碑广场，立有坑梓革命烈士纪念碑，背面书写：“革命烈士永垂不朽。”石碑上的烈士芳名录大多以黄姓为主，它向世人展现了坑梓黄氏族人对建立新中国的革命事业做出的不朽贡献。

生态环境

平原林地

草地

湖泊水库

功能配备

停车场

逛周边

坑梓影剧院

体能消耗

Baguang Heritiera littoralis Wetland Park

坝光银叶树湿地公园

地址：大鹏新区坝光盐灶村

面积：96 公顷 | **山径爬升：0m**

1/ 古银叶树群落

这里是深圳唯一的古银叶树公园，保存有最完整、树龄最长的银叶树群落。其中，最古老的银叶树树龄已经超过 515 岁，直径巨大，光板根就有 2 米高，像一座令人惊心动魄的巨大雕塑。园内树龄 200 年以上的古树达 30 棵，具有极高的生态科学价值。

2/ 红树林生态系统

秋茄、木榄、老鼠簕等红树植物也生长在这里，行走园中廊桥步道可以近距离观察它们“胎生、泌盐、特殊根系”的特点。红树林也吸引了弹涂鱼、招潮蟹、滨螺、鸟类等在此安营扎寨，呈现一派生机勃勃的景象。

3/ 户外自然课堂

园内标志牌细致、齐全，向游人介绍着公园的前世今生，跟着标识系统游园可以研习古银叶树群落、红树林生态、鸟类知识和深圳本土客家文化等，很适宜带小朋友前来参观。

生态环境

平原林地　草地

湿地　海域

功能配备

停车场　自然教育中心

逛周边

盐灶村客家民居

体能消耗

Guanyinshan Park

观音山公园

地址：大鹏新区王母立交桥西南角

面积：44.8公顷 | **山径爬升：200m**

1/ 超过160年历史的龙岩古寺

从山脚入园爬坡10分钟后，便可见到建于清朝同治年间的龙岩古寺。古寺修建在巨石之下，巨石厚3米，直径20余米，犹如巨龙探首。依山傍石构筑的古寺，独特而自然，周围花影绿荫，环境清静幽雅。

2/ 鸟瞰大鹏风景

从古寺旁边的小径登山，耗时约30分钟可登顶。居高临下，将大鹏新区风景一览无遗，跟深圳第二高峰——七娘山遥遥相望。

3/ 芬芳植物寻野趣

园内分布着几株国家二级重点保护濒危野生植物土沉香及芳香观花植物醉香含笑。这么好的自然环境当然少不了各种野生动物，如蝴蝶、变色树蜥等在此乐居。

生态环境

平原林地

草地

山区林地

湖泊水库

功能配备

停车场

逛周边

大鹏所城、较场尾海滩

体能消耗

Hetang Wetland Park

禾塘山水公园

地址：大鹏新区葵涌街道金岭路

面积：1.5公顷 | **步道爬升：0m**

1/ 滨水栈道赏花

沿着户外木质栈道，借着水光粼粼，您可以近距离观察各种水生植物，如芦苇、睡莲、梭鱼草、池杉、翠芦莉等。此外，园内有慢行步道，适合周末一家亲子同乐，轻松健身。

2/ 双桥映照

公园一南一北，分别有中式拱桥和钢桥遥遥相对，拱桥上雕刻着大鹏所城、观音山公园等景点，造型古朴。而钢桥的形状，远看像海浪，近看像翅膀，风格现代，两者相映成趣。

3/ 自然观察

园内植物茂盛，水资源丰富，生活着各类鱼虾，常能吸引鸟类前来觅食。蛙类及其他两栖类爬行动物也在此安家落户，为夜观爱好者提供了无数乐趣。你可以在湿地中观鸟，也可以选择夜观自然，当然，一定要注意安全噢！

生态环境

平原林地

草地

湿地

功能配备

P 停车场

体能消耗

千座公园名录

福田区

森林（郊野）公园　Futian

福田红树林生态公园	新洲路与福荣路交会口
梅林山郊野公园	下梅林二街

综合公园、专类公园和带状公园　Futian

皇岗公园	福强路2088号
深圳中心公园	振华西路1号
笔架山公园	笋岗路26号
荔枝公园	红岭中路1001号
莲花山公园	红荔路6030号
彩田公园	彩田村的东北侧，北环大道以南，环彩立交旁
市民中心广场	红荔路-金田路-福华三路-益田路之间
梅林公园	梅林街道梅林一村梅亭路14号
深圳革命烈士陵园	北环大道
禾镰坑水库生态公园	安托山九路附近
香蜜公园	农园路30号
深圳国际园林花卉博览园	深南大道8002号
儿童乐园	农林路71号

社区公园、口袋公园　Futian

福强路北侧公园休闲带	福强路南侧绿地（中港城至物业时代新居门口绿化带）
福强路南侧公园休闲带	福强路北侧绿地（中港城至物业时代新居门口绿化带）

自然公园　城市公园　社区公园

*社区公园为周边居民服务，是具有一定活动内容和设施的集中绿地。
城市公园分为综合公园和专类公园，面积较大，绿地丰富，设施完善，适合公众游憩和开展户外活动。
自然公园分为森林（郊野）公园、历史地理遗址公园、风景名胜区和湿地公园，以自然风光为主，具备重要生态功能，适合远足与自然研习。

菩提路社区公园	福田区新桂花村前
桂花路都市公园	福田区桂花路13-8
新洲路太阳花水景广场	新洲路东侧（福民路至石厦北四街）
福民社区公园	福民路与益田路交会处西北角绿化带
福新社区公园	福强路与新洲路交会处
石厦北七街社区公园	福强路与新洲路交会处
明月社区公园	益田路与石厦北六街交会处
益田花园休闲公园带	福强路与益田路交会处
水围恒春园	福田区水围村178-1
绿谷社区公园	福田区福强路1428号附近
水围文化广场	福田区水围街65号
皇岗锦绣园	皇岗村文化广场北侧
海滨社区公园	吉龙三街侧面
吉龙七街北社区公园	福华新村内
福南社区公园	福明路与深南中路交会口
福滨社区公园一	滨河大道与滨河大道入口交叉口西南50米
福安社区公园	福华一路与兴融五路交会处
兴融社区公园	福华一路与兴融六路交会处
福虹社区公园	福田人民医院旁
福华村29栋社区公园	福华新村内
福田口岸街心公园	福田口岸大楼后面
田面老年公园	福田区田面社区居委会前
深南大道岗厦北地铁口休闲公园带	岗厦北地铁站B口附近
华富公园	笋岗西路3070号附近
华富北社区公园	华富北社区
万福树特色花卉园	华富路

自然公园　城市公园　社区公园

*社区公园为周边居民服务，是具有一定活动内容和设施的集中绿地。
城市公园分为综合公园和专类公园，面积较大，绿地丰富，设施完善，适合公众游憩和开展户外活动。
自然公园分为森林（郊野）公园、历史地理遗址公园、风景名胜区和湿地公园，以自然风光为主，具备重要生态功能，适合远足与自然研习。

上步公园	外贸路
社区居民娱乐广场	红荔路与华发北路交会处附近
上步工业区公园	上步中路与红荔路交会处
华新村中心花园	华新路
同心社区公园	市委大院旁
礼园	福中一路
诗园	福中一路
景丽社区公园	景丽社区旁
宏威路街心公园（含青岭二路小公园）	宏威路与北环大道交会处
景田南三街街心公园	景田南三街
景田南路街心公园	景田南路
景田东路南13号街心公园	景田东路
景田东路南12号街心公园	商报东路附近
景华社区公园一	景田东路7号
回雁社区公园	景田景新花园高层西侧回雁路东侧（莲花）
景华社区公园二	景田东路31号
景田法治公园	景田东一街北面与景田北三街南面之间（景鹏大厦南面）
梅富社区公园	梅富社区
狮岭山公园	景田西路西侧
景田北一街街心公园	景田北一街
狮岭社区公园	景田西路西侧
田面老年公园	福田区田面社区居委会前
康欣社区公园	景田北二街
香丽大厦南面社区公园	景田西路与莲花路附近
景田北二街街心公园	景田北二街
景田小学西南边公园	景田北五街附近

自然公园　城市公园　社区公园

*社区公园为周边居民服务，是具有一定活动内容和设施的集中绿地。
城市公园分为综合公园和专类公园，面积较大，绿地丰富，设施完善，适合公众游憩和开展户外活动。
自然公园分为森林（郊野）公园、历史地理遗址公园、风景名胜区和湿地公园，以自然风光为主，具备重要生态功能，适合远足与自然研习。

景田北七街街心公园	景田北七街
景蜜社区公园	景田路与景田北街交会处
景田北六街街心公园	景田北六街
翰岭社区公园	北环立交旁皇岗路梅林路交界处
梅林二街街心公园	下梅林二街附近
下梅林社区公园	梅林路润裕花园旁
梅河社区公园	金梅花园旁（梅林路南侧）
凯丰社区公园	梅丽路214-1号
中康公园	梅林路58号中康生活区旁
下梅林文体公园	梅亭路2-16号
上梅林文体公园	梅林路133号
赤尾公园	华强南立交与华强南路交叉口西北50米
福滨社区公园二	滨河大道3161号怡兴苑前
下步庙北社区公园	华阳街
上步南街心公园	滨河大道北侧华强立交东侧绿化带（南园）
紫薇公园	新洲路4007号
新洲社区公园	新洲路与福民路交叉口
沙嘴社区公园	滨河路南侧沙嘴路至新洲三街
沙尾社区公园	福强路地铁沙尾站C出口
沙嘴文化广场	金地一路与四路中间
下沙文化广场	新洲三街—新洲路
深圳人才园	深南大道8005号前
福荣都市绿道	福荣路南侧
新天社区公园	侨香路新天国际名苑北侧
香安社区公园	侨香路侨香村至农园路段
嘉园社区公园	侨香路嘉园路西面

自然公园　城市公园　社区公园

*社区公园为周边居民服务，是具有一定活动内容和设施的集中绿地。
城市公园分为综合公园和专类公园，面积较大，绿地丰富，设施完善，适合公众游憩和开展户外活动。
自然公园分为森林（郊野）公园、历史地理遗址公园、风景名胜区和湿地公园，以自然风光为主，具备重要生态功能，适合远足与自然研习。

越众社区公园	香蜜湖竹林小区紫竹七路西侧
竹林社区公园	竹子林五路附近
金众社区公园	深南路北侧金众小区内
街心社区公园	建业三街与二街交会处
竹香社区公园	香蜜湖竹香小学东南侧
建业街心公园	香蜜湖社区建业三街
听泉居社区公园	听泉居北侧
农林公园	农林路西侧儿童乐园前和深南汽配前
侨香公园	侨香路南侧翠海花园段和金地网球中心对面
竹香小学东面社区公园	建业三街与农林路附近
农林路休闲公园带	泽田路与丰田路之间的绿化带
香梅北社区公园	香梅路与侨香路交会处
光纤小区社区公园	红岭北地铁站A口附近
鹏益花园社区公园	八卦岭鹏益花园3-4栋中间
长城小区社区公园	百花四路长城小区3栋
白沙岭社区公园	园岭百花五路
深圳人一天	红荔路
怡水园	园岭新村红荔社区
园岭社区公园	上步路与红荔路交会处
体育南社区公园	上步路
植物学大会纪念园	福田区红树林生态公园南侧，新州河与深圳河入海口处
梅林荟生活广场	福田区上梅林地铁E出口处

自然公园　城市公园　社区公园

*社区公园为周边居民服务，是具有一定活动内容和设施的集中绿地。
城市公园分为综合公园和专类公园，面积较大，绿地丰富，设施完善，适合公众游憩和开展户外活动。
自然公园分为森林（郊野）公园、历史地理遗址公园、风景名胜区和湿地公园，以自然风光为主，具备重要生态功能，适合远足与自然研习。

罗湖区

森林(郊野)公园 Luohu

银湖山郊野公园	三九花园旁
布心山郊野公园	罗湖区布心翠荫路口
梧桐山森林公园	恩上公路附近
梧桐山风景区	罗湖区罗沙路2076号

综合公园、专类公园和带状公园 Luohu

翠竹公园	罗湖区翠竹路1078号
园科公园	罗湖区东门北路2070号
仙湖植物园	仙湖路附近
人民公园	罗湖区人民北路3071号
儿童公园	罗湖区童乐路12号
围岭公园	罗湖区金稻田路1603号
罗芳公园	罗沙路与延芳路交会处
东湖公园	罗湖区爱国路东湖一街11号
仙桐体育公园	罗湖区莲塘片区仙台路附近
红岗公园	罗湖区泥岗东路(近深业车城)
洪湖公园	罗湖区文锦北路2023号

社区公园、口袋公园 Luohu

水贝社区公园	文锦北路
文锦北社区公园	文锦北路

自然公园　城市公园　社区公园

*社区公园为周边居民服务，是具有一定活动内容和设施的集中绿地。
城市公园分为综合公园和专类公园，面积较大，绿地丰富，设施完善，适合公众游憩和开展户外活动。
自然公园分为森林（郊野）公园、历史地理遗址公园、风景名胜区和湿地公园，以自然风光为主，具备重要生态功能，适合远足与自然研习。

台风山竹纪念园	田贝三路
德宏天下社区公园	文锦北路德宏天下
水库新村社区公园	爱国路水库新村门前
翠锦社区公园	文锦北路
市花园驿站社区公园	绿道5号线市花园驿站
翠湖社区公园	沙湾路东湖路至翠荫路路段东侧
梧桐山社区文体公园	梧桐山村
梧桐山茂仔村社区文体公园	梧桐山村
望桐公园	望桐新路
凤凰广场	望桐路梧桐工作站对面
赤水洞公园	望桐路巷子坊内
新平村西社区文体公园	大望新平
新平村社区文体公园	大望新平
水塔公园	望桐路
大望公园	大望
童乐社区公园	笋岗路
迎宾广场社区公园	新园路与人民公园路交界处
东门时代广场社区公园	东门步行街深南辅道旁
东门社区公园	深南东路与东门北路交界
湖贝社区公园	湖贝路地铁站
文锦花园广场	文锦中路与深南东路交会处
花场社区公园	东门中路儿童公园大门边
绿景社区公园	布吉路和翠山路交界处
粤港澳大湾区花展主题园	布吉关口
东晓社区公园	金稻田路
宝安街心公园	宝安南路与解放路交会处

自然公园　城市公园　社区公园

*社区公园为周边居民服务，是具有一定活动内容和设施的集中绿地。
城市公园分为综合公园和专类公园，面积较大，绿地丰富，设施完善，适合公众游憩和开展户外活动。
自然公园分为森林（郊野）公园、历史地理遗址公园、风景名胜区和湿地公园，以自然风光为主，具备重要生态功能，适合远足与自然研习。

大塘龙社区公园	桂园大塘龙社区
金三角广场	深南路万象城金融区
嘉宾公园	嘉宾路与宝安南路交界处
海翔广场	嘉宾路
文锦渡社区公园	文锦渡口岸
锦绣社区公园	文锦中路
深发社区公园	深南东路深发花园前
黄贝岭社区公园	深南东路黄贝岭村口
怡景街心花园	爱国路
怡景社区公园	怡景路动漫基地前
爱国路社区公园	爱国路与沿河北路交界处
外贸大院社区公园	爱国路与沿河北路交界处
罗湖体育休闲公园	延芳路东湖公园南门旁
黄贝岭山公园	黄贝岭山
新湖社区休闲公园	新湖社区新秀口
莲塘仙湖社区公园	国威路仙桐御景花园小区前
莲塘文体休闲长廊	罗湖区莲塘华景路边
莲塘畔山决岭社区公园	莲塘畔山社区公园
莲塘长岭社区公园	罗沙路长岭村口
时钟广场	南湖路与深南东路交界处
和平社区公园	嘉宾路与沿河路交界处
深铁大厦社区公园	和平路深铁大厦北侧
海燕广场	人民南路与嘉宾路交界处
春风社区公园	和平路与滨河路交叉处
南湖渔村社区公园	渔民村村口
船步街社区花园	船步街

自然公园　城市公园　社区公园

*社区公园为周边居民服务，是具有一定活动内容和设施的集中绿地。
城市公园分为综合公园和专类公园，面积较大，绿地丰富，设施完善，适合公众游憩和开展户外活动。
自然公园分为森林（郊野）公园、历史地理遗址公园、风景名胜区和湿地公园，以自然风光为主，具备重要生态功能，适合远足与自然研习。

罗湖口岸社区公园	火车站下沉广场
深圳创艺广场	罗湖区南极路
相思林公园	银湖旅游中心内
银湖社区公园	银湖路与金湖路交界处
银湖文体社区公园	金湖一街
坭岗社区公园	清水河金碧支路
泥岗街心花园	泥岗村内
梅园社区公园	金湖路武警花园段
红岗花园社区公园	红岗鹿岭苑门口
雅仕居社区公园	坭岗路辅道红岗花园南门入口
笋岗物流社区公园	宝安北路与梅园路交界处
湖景社区公园	雅园立交与洪湖一街交界处
宝安广场社区公园	笋岗路宝安广场前
洪湖源兴居社区公园	文锦北路源兴居花园前
洪湖东社区公园	文锦北路洪湖东站
龙园山庄社区公园	龙园小区
文锦南特色花卉公园	文锦南路和春风路交会处东北角，金安大厦
文华社区公园	深南东路和北斗路交会处两侧，文华大厦和新天地名居前
金笔花园广场（原名为深港花园小游园）	深南东路和文锦中路交会处东北角，深港花园前
物资集团社区公园	笋岗东路和梨园路交会处东北角，深圳物资集团大厦前
东门北路街心花园	东门北路和华丽路交会处西南角，翠竹小学前
百汇大厦街心花园	笋岗东路南侧，松园北街至宝安南路间绿地
春风文体公园	春风路与人民南交会处，春风高架桥下公园
新南街心花园	文锦南路西侧，穆斯林宾馆前
鸿昌广场街心花园（改造）	深南东路和文锦南路交会处西南角，鸿昌广场前

自然公园 城市公园 社区公园

*社区公园为周边居民服务，是具有一定活动内容和设施的集中绿地。
城市公园分为综合公园和专类公园，面积较大，绿地丰富，设施完善，适合公众游憩和开展户外活动。
自然公园分为森林（郊野）公园、历史地理遗址公园、风景名胜区和湿地公园，以自然风光为主，具备重要生态功能，适合远足与自然研习。

南山区

森林（郊野）公园

Nanshan

华侨城湿地公园	白石路8号
燕晗山郊野公园	华侨城内
塘朗山郊野公园	龙珠六路51号

综合公园、专类公园和带状公园

Nanshan

荔林公园	沿湖路45号山海翠庐花园旁边
月亮湾公园	月亮湾大道深大附中对面
青青世界	前海路附近
南山公园	蛇口别墅路8号
小南山公园	蛇口绵山路
中山公园	南山大道3109号
荔香公园	深南大道与南海大道交会处
前海公园（含荷兰花卉小镇）	深南大道与月亮湾大道交会处
大沙河生态长廊	大沙河两岸
侨城雕塑公园	侨城片区雕塑广场
欢乐谷	侨城西街
世界之窗	深南大道附近
深圳湾滨海休闲带西段	望海路旁
大沙河公园	北环大道8228大沙河公园
石鼓山公园	石鼓路2012号
松坪山公园	松坪山乌石头路9号
水土保持科技示范园	迎宾大道

自然公园 城市公园 社区公园

*社区公园为周边居民服务，是具有一定活动内容和设施的集中绿地。
城市公园分为综合公园和专类公园，面积较大，绿地丰富，设施完善，适合公众游憩和开展户外活动。
自然公园分为森林（郊野）公园、历史地理遗址公园、风景名胜区和湿地公园，以自然风光为主，具备重要生态功能，适合远足与自然研习。

综合公园、专类公园和带状公园

Nanshan

西丽湖	沁园路
深圳野生动物园	西丽湖路4065号
深圳人才公园	沙河西路与东滨路交会处
后海滨公园	沙河西路与东滨路交会处
科技公园	海天一路与海天二路交会处
赤湾山文天祥公园	兴海大道、赤湾六路、左炮台路和港湾大道围合区域
四海公园	公园路82-2号
宋少帝陵	少帝路
左炮台公园	赤湾一路以南，天祥路以西
锦绣中华民俗村	深南大道附近
深圳湾公园	滨河大道、沙河西路旁
西丽生态公园	打石一路
前海石公园	桂湾河水廊道的入海口
南海公园（一期）	南海大道与与创业路交会处

社区公园、口袋公园

Nanshan

风华社区公园	月亮湾大道与东滨路口交会处
海德街心花园	海德二道与南新路交会处
西通和谐公园	西部通道兴工路与向南路交会处
美丽湾街心花园	南光路2号附近
兴海公园	棉山路东侧，月亮湾花园西侧
玉泉路带状公园	玉泉路
古城社区公园	新安古城南门
马家龙社区公园	正云路36号
红花园社区公园	深南大道与南山大道交会处

自然公园　城市公园　社区公园

*社区公园为周边居民服务，是具有一定活动内容和设施的集中绿地。
城市公园分为综合公园和专类公园，面积较大，绿地丰富，设施完善，适合公众游憩和开展户外活动。
自然公园分为森林（郊野）公园、历史地理遗址公园、风景名胜区和湿地公园，以自然风光为主，具备重要生态功能，适合远足与自然研习。

社区公园、口袋公园

长青园	南山大道与桃园路交会处
星海社区公园	前星路
南荔社区公园（含婚姻登记处前广场）	南头街常兴路交西南角
钰龙社区公园	南新路
学府南社区公园	学府路与月亮湾大道交会处东南角
华侨城生态广场	侨城东街
蛇口影剧院广场	大铲社区广场
湾厦山公园	渔村路附近
深云桃花园	深云地铁站B、C出口
平山公园	平山村内
拥军公园	龙井路与沙河东路交会处
智园翠谷	学院大道与麦地巷路交会处
桃源社区公园	龙珠六路塘朗山入口处
塘朗村口社区公园	塘朗村口
塘朗村公园	塘朗村内
丽水园（苏园）	留仙大道与丽水路西北角
新屋村公园	新屋村内
白芒村公园	西丽白芒村内
设计公社	创科路与留光路交会处
春芽社区公园	西丽湖路与沙河西路交会处
路桃花园	西丽湖路与丽水路交会处
官龙公园	官龙路2-6号
留仙社区公园	留仙大道、同乐路交会处
官龙村公园	官龙村内
麻磡村公园	麻磡村内
百旺公园	白芒村口左侧

自然公园　城市公园　社区公园

*社区公园为周边居民服务，是具有一定活动内容和设施的集中绿地。
城市公园分为综合公园和专类公园，面积较大，绿地丰富，设施完善，适合公众游憩和开展户外活动。
自然公园分为森林（郊野）公园、历史地理遗址公园、风景名胜区和湿地公园，以自然风光为主，具备重要生态功能，适合远足与自然研习。

九祥岭湿地公园	留仙大道与沿河路交会处东北角
朗山社区公园	朗山路与科技北一路交会处
文光村荔枝林小公园	西丽路附近
大磡公园	大磡村口旁
海天街心花园	海天一路与海斯路交会处
北环路带状公园	南海大道与北环交会处
科苑公园	南山区高新科技园科丰路与青梧路交会处
虚拟公园	科园路武汉大学前
信和社区公园	信和自由广场东侧
科发东社区公园	科发路科技中三路东北侧
南油社区公园	华明路、建南路交会处
高新中四道社区公园	高新中四道与科技中一路交会处
麻岭和弦公园	科技中二路与高新中四道交叉口西150米
党建公园（南山）	科技中二路
科技中三路社区公园	科技中三路与高新中四道交会处
文心公园（南山）	海德三道与文心二路交会处西北角
学府社区公园	学府路与南海大道东南交会处
海德苑社区公园	海德三道后海滨路西北角
锦园	蛇口南海大道与荔园路交会处
招商北社区公园	育才路
赤湾公园	赤湾九路
大汪山社区公园	南光路与桃园路交会处东南侧
龙珠四路社区公园	龙珠四路
学府南社区公园	学府路与月亮湾大道交会处东南角
创业路北社区公园	创业路
蛇口广场	湾厦路与蛇口新街交会处

自然公园　城市公园　社区公园

*社区公园为周边居民服务，是具有一定活动内容和设施的集中绿地。
城市公园分为综合公园和专类公园，面积较大，绿地丰富，设施完善，适合公众游憩和开展户外活动。
自然公园分为森林（郊野）公园、历史地理遗址公园、风景名胜区和湿地公园，以自然风光为主，具备重要生态功能，适合远足与自然研习。

东角头地铁站社区公园	蛇口新街
中心路社区公园	中心路与工业八路交会处
侨城东街社区公园	侨城东街
深湾社区公园	深湾一路
东里	留新三街与留新一路交会处
西里	仙茶路与留新一路交会处
崇文社区公园	塘朗西路
春景街社区公园	新安古城内
太子湾社区公园	港湾大道
寄山桃花园	寄山工业区
前海运动公园	梦海大道与前湾二路交会处
东滨路带状社区公园	东滨路与后海滨路交会处东北角
微波山公园	工业一路南侧
西丽湖路社区公园	沙河西路与西丽湖路交会处

自然公园　城市公园　社区公园

*社区公园为周边居民服务，是具有一定活动内容和设施的集中绿地。
城市公园分为综合公园和专类公园，面积较大，绿地丰富，设施完善，适合公众游憩和开展户外活动。
自然公园分为森林（郊野）公园、历史地理遗址公园、风景名胜区和湿地公园，以自然风光为主，具备重要生态功能，适合远足与自然研习。

盐田区

森林（郊野）公园 Yantian

三洲田森林公园	盐田区、龙岗区与坪山区交会处

综合公园、专类公园和带状公园 Yantian

盐田中央公园	深盐路
海山公园	沙头角梧桐路177号
小梅沙度假村	小梅沙
小梅沙海洋世界	小梅沙
大梅沙海滨公园	盐田区盐梅路32号
深圳宪法公园	沙头角海涛路8号
明珠公园	明珠大道
烟墩山国际友好公园	盐田河入海口，避风塘南侧
东部华侨城	盐田区三洲田

社区公园、口袋公园 Yantian

登山路口社区公园	盐田区人民医院后登山口
海山南路社区公园	海山南路
东和路社区公园	海山东和路
沙头角黄金珠宝大厦社区公园	沙头角海景二路旁
海景公园	沙头角海景二路海滨栈道旁
海景二路社区公园	海山海涛路
鹅公岌社区公园	梅沙上成路

自然公园　城市公园　社区公园

*社区公园为周边居民服务，是具有一定活动内容和设施的集中绿地。
城市公园分为综合公园和专类公园，面积较大，绿地丰富，设施完善，适合公众游憩和开展户外活动。
自然公园分为森林（郊野）公园、历史地理遗址公园、风景名胜区和湿地公园，以自然风光为主，具备重要生态功能，适合远足与自然研习。

小梅沙生态公园	盐坝高速小梅沙出口处
内湖公园	大梅沙雅兰酒店东侧
东海岸运动公园	东海岸
东海岸社区公园	盐排高速大梅沙出入口处
蓝田一站社区公园	沙头角蓝田一站北
梧桐山花园社区公园	沙头角园林路
正坑社区公园	沙头角园林路
古塔社区公园	步行街
田心工业区社区公园	沙头角田心工业区
桥东社区公园	金融一巷
东和社区文体街心公园	沙头角园官吓路旁
春天海社区公园	深盐路与北山道交会处
春天海公园	深盐路与北山道交会处
幸福湾公园	盐田沿港社区安置新村
永安社区公园	盐田街道永安社区
伴山公园	大梅沙隧道入口旁
海桐公园	盐田街道海桐社区
盐田双拥公园	盐田街道办事处辖区盐田河东侧
永安工作站社区公园	永安社区工作站办公大楼门前
明珠社区公园	盐田乐群小学旁
明珠人口文化公园	盐田港后方陆域13号小区
北山休闲公园	北山休闲步道
东港公园	东海三街和盐田北四街交会处
庚子首义雕塑园	三洲田
现代产业服务中心街心公园	现代产业服务中心
田心社区文体公园	田心工业区

自然公园　城市公园　社区公园

*社区公园为周边居民服务，是具有一定活动内容和设施的集中绿地。
城市公园分为综合公园和专类公园，面积较大，绿地丰富，设施完善，适合公众游憩和开展户外活动。
自然公园分为森林（郊野）公园、历史地理遗址公园、风景名胜区和湿地公园，以自然风光为主，具备重要生态功能，适合远足与自然研习。

梧桐山隧道口上盖公园	梧桐山隧道口（半山悦海与御景翠峰之间）
正坑体育公园	正坑水库上方
悦林社区公园	海山路与梧桐路交会处
永安北路社区公园	永安北路

自然公园 城市公园 社区公园

*社区公园为周边居民服务，是具有一定活动内容和设施的集中绿地。
城市公园分为综合公园和专类公园，面积较大，绿地丰富，设施完善，适合公众游憩和开展户外活动。
自然公园分为森林（郊野）公园、历史地理遗址公园、风景名胜区和湿地公园，以自然风光为主，具备重要生态功能，适合远足与自然研习。

宝安区

森林（郊野）公园 Baoan

石岩人工湿地公园	松白路西侧，石岩新村旁
凤凰山森林公园	福永街道凤凰村凤凰山森林公园
五指耙森林公园	松岗、新桥、玉塘、马田四个街道的交会处
罗田森林公园	燕罗街道北部罗田林场内
尖岗山公园	新安宝石路
石岩湖郊野公园	石岩洲石路旁（老兵工业区）

综合公园、专类公园和带状公园 Baoan

立新湖公园	福永街道福洲大道—大洋路
望牛亭公园	福永街道政丰北路
翠岗公园	福永怀德南路与翠岗西路交会处
沙井公园	沙井蚝乡路与将军路交会处
大王山公园	沙井街道大王山村（南环路银座国际后面）
海上田园公园	西海堤
罗租岭公园	石岩街道如意路
大树林公园	石岩北环路官田社区
五指耙体育主题公园	五指耙水库东侧停车场旁
溪头足球场公园	溪头社区工作站旁
松岗大道生态长廊	芙蓉路-东方大道东侧
西乡公园	西乡街道龙珠社区
企龙山篮球足球公园	西乡街道水库南路
平峦山公园	前进二路与宝田三路交会处以北300余米处

自然公园 城市公园 社区公园

社区公园为周边居民服务，是具有一定活动内容和设施的集中绿地。
城市公园分为综合公园和专类公园，面积较大，绿地丰富，设施完善，适合公众游憩和开展户外活动。
自然公园分为森林（郊野）公园、历史地理遗址公园、风景名胜区和湿地公园，以自然风光为主，具备重要生态功能，适合远足与自然研习。

综合公园、专类公园和带状公园 Baoan

南昌公园	西乡街道南昌社区南昌路长营厂对面
铁仔山公园	西乡街道广深公路西乡立交西侧
碧海湾公园	西乡街道新湖路与银田路交会处
西湾红树林湿地公园	金湾大道旁
宝安公园	新安四路宝安公园南门
新安公园	前进一路与新安二路交会处
灵芝公园	前进一路与创业二路交会处
麒麟山公园	沙江路旁
企龙山公园	西乡街道企龙山生态农业基地旁
狮子山公园	机场南路国盛油站旁

社区公园、口袋公园 Baoan

桥头社区公园	桥头社区福海街道办旁
桥头荔枝公园	桥头社区福海街道办对面
康和公园	和平社区和顺村内
乐福园	福州大道与宝安大道交会处
锦福园	福州大道福园一路旁
稔田社区公园	稔田社区内
祥福园	松福大道与福洲大道交叉口西北100米
福海儿童公园	塘尾社区万里路旁
新荔公园	新田社区107国道旁
祥福园特色花卉公园	政丰北路与立新湖交会处
西门公园	福永街道福永大道180号
凤凰社区文体公园	凤凰第一工业区内

自然公园 城市公园 社区公园

*社区公园为周边居民服务，是具有一定活动内容和设施的集中绿地。
城市公园分为综合公园和专类公园，面积较大，绿地丰富，设施完善，适合公众游憩和开展户外活动。
自然公园分为森林（郊野）公园、历史地理遗址公园、风景名胜区和湿地公园，以自然风光为主，具备重要生态功能，适合远足与自然研习。

凤凰社区文塔公园	位于凤凰社区内
凤凰社区公园	凤凰山庄旁边
利达公园	利达路
草围公园	龟山路-涌边河二段
黄麻布公园	黄麻布路与洲石公路交会处北侧
黄田公园	宝安区黄田幼儿园西侧
后瑞公园	后瑞第二工业区西北侧
沙头街心公园	沙井街道西环路旁
和一社区公园	沙井街道和一社区内
壆岗文化长廊	沙井街道壆岗社区松山工业区旁
沙井街道蚝乡路与宝安大道街心公园	沙井街道宝安大道旁
华季园	沙井街道壆岗社区壆岗大道旁
壆岗水上乐园	沙井街道壆岗社区壆岗大道旁
茭塘公园	沙井街道茭塘社区内
壆岗荔枝公园	沙井街道壆岗社区教育路旁
壆岗岗背公园	沙井街道壆岗社区壆岗岗背路旁
园林新村社区公园	壆岗园林新村
沙井党建公园	沙井街道沙三社区内
步涌中心广场公园	沙井街道步涌社区内
衙边街心公园（法治公园）	沙井街道北环路旁
四村公园（蚝四社区公园）	沙井街道沙井大街旁
步涌宗汉祖社区公园	沙井街道步涌社区内
恩斯迈街心公园	塘头大道
塘头石山公园	石岩塘头新村后山
麻布社区公园	浪心社区麻布新村
料坑社区公园	料坑社区

自然公园 城市公园 社区公园

*社区公园为周边居民服务，是具有一定活动内容和设施的集中绿地。
城市公园分为综合公园和专类公园，面积较大，绿地丰富，设施完善，适合公众游憩和开展户外活动。
自然公园分为森林（郊野）公园、历史地理遗址公园、风景名胜区和湿地公园，以自然风光为主，具备重要生态功能，适合远足与自然研习。

应人石社区公园	石岩应人石社区
应人石公园	石岩应人石新村
河滨公园	河滨南路
石岩市民广场公园	宝石东路
水田社区公园	水田新村路
官田村公园	石岩街道官田老村
官田社区公园	石岩官田学校后山
乌龙山社区公园	石岩水田兰姜新村内
成人学校社区公园	龙腾社区成人学校
光明路街心公园	石岩光明路
石岩社区公园	石岩老街
罗租社区公园	罗租大道
石岩新村社区公园	石岩王家庄小区内
同富裕社区公园(宝安)	石岩同富裕工业区后山
江边党建公园	江边居委会北侧
东风社区公园	东风村
花果山公园	花果山公园社区
沙浦围禁毒公园	沙浦围鱼塘边
溪头社区公园	溪头社区工作站内
溪头公园	溪头村委内
沙浦围公园	沙浦围村委旁
郎下第三工业区公园	朗下第三工业区内
江边公园	江边工业区股份公司旁
碧泰园公园	碧头第二工业区
碧头社区公园	大地路旁
碧头四海花园前公园	四海花园西南侧

自然公园　城市公园　社区公园

*社区公园为周边居民服务，是具有一定活动内容和设施的集中绿地。
城市公园分为综合公园和专类公园，面积较大，绿地丰富，设施完善，适合公众游憩和开展户外活动。
自然公园分为森林（郊野）公园、历史地理遗址公园、风景名胜区和湿地公园，以自然风光为主，具备重要生态功能，适合远足与自然研习。

沙浦体育公园	沙浦一路
沙浦社区公园	沙浦二路旁
沙浦围茅洲公园	沙浦围茅洲河工业区旁
江边工业区公园	江边社区松安路旁
潭头第三工业区公园	潭头第三工业区内
潭头二村公园	潭头西路
潭头三村公园	潭头西路旁
桃花源科技公园	芙蓉路
东方公园	东方村委内
红星蚝涌社区公园	红星社区蚝涌村内
河滨北路河堤公园	河滨北路旁
楼岗公园	楼岗社区村委旁
固戍沙湾公园	固戍社区辖区内固戍幼儿园旁
流塘公园	前进二路正集源大厦旁边
铁岗公园	西乡街道铁岗社区辖区铁岗水库路旁
臣田公园	西乡街道臣田社区辖区内宝田一路旁
桃源居体育公园	前进二路桃源居社区内
留仙南社区公园	留仙大道西丽段
布心社区公园	74区流塘路
同乐社区公园	20区大宝路广深高速同乐出口处
上川街心公园	31区裕安二路旁
23区社区公园	23区新安三路与新圳河交会处
洪浪公园	20区洪文路旁
大浪社区公园	28区创业路与新安三路交会处
82区社区公园	宝安中心区82区
大运林社区公园	40区新安一路与宝安大道交会处安乐大运林

自然公园 城市公园 社区公园

*社区公园为周边居民服务，是具有一定活动内容和设施的集中绿地。
城市公园分为综合公园和专类公园，面积较大，绿地丰富，设施完善，适合公众游憩和开展户外活动。
自然公园分为森林（郊野）公园、历史地理遗址公园、风景名胜区和湿地公园，以自然风光为主，具备重要生态功能，适合远足与自然研习。

84区社区公园	宝安中心区84区
海乐39区社区公园	39区新安一路与新圳河中间
沁园公园	宝民一路
隔岸公园	宝民一路
85区社区公园	宝安中心区85区
四季公园	46区宝安大道旁国宾酒店前
海华公园	48区内海华社区
海乐43区乐园公园	43区107国道(创业立交桥)旁
海乐39区街心社区公园	39区新安一路跨线桥旁
新乐社区公园	37区新安一路与新圳河中间
宝民公园	大宝路宝安中学旁
新二村公园	新二路107号
新桥公园	新桥街道沙井北环路115号
新桥中心公园	新沙路164号
上寮社区公园	槽头路
黄埔社区洪田公园	洪田新村
洪田社区公园	洪田新村
大钟山公园	沙井万丰社区万丰中路303号
万丰湖湿地公园	大钟岗路60号
罗田社区公园	罗田社区公园
洪桥头公园	鱼塘边路
陶园街心公园	燕罗公路
山门怡乐公园	上山门村山门路旁
下山门社区公园	下山门村社区工作站对面
上山门街心公园	山门路
塘下涌对面山公园	水泉路与致和路交叉口西南50米

自然公园 城市公园 社区公园

*社区公园为周边居民服务，是具有一定活动内容和设施的集中绿地。
城市公园分为综合公园和专类公园，面积较大，绿地丰富，设施完善，适合公众游憩和开展户外活动。
自然公园分为森林（郊野）公园、历史地理遗址公园、风景名胜区和湿地公园，以自然风光为主，具备重要生态功能，适合远足与自然研习。

红湖路街心公园	红湖路
燕川社区公园	燕川社区燕山大道旁
燕岭社区公园	燕川社区红湖路边，塘尾小区对面
燕川公园	公园路
广田路街心公园	塘下涌工业大道、塘下涌大道交会处
塘下涌三村公园	三村街
塘下涌牛黄山公园	塘下涌社区致和路与广田路交会处
塘下涌红围公园	塘下涌社区物园路旁
塘下涌一村公园	广场路
燕山社区公园	燕川社区燕罗路与洋涌路交会处
楼岗社区户外文体公园	松岗大道
留仙北社区公园	留仙大道西丽段
桥头口袋公园	福海街道桥头社区桥和路东海百货旁边
和平公园	福海街道和秀西路与松福大道交会处
塘尾社区中心公园(25区)	福海街道塘尾社区25区
塘尾社区街心公园(24区)	福海街道塘尾社区24区
华强社区公园	福海街道塘尾社区华强城市花园内
新和社区公园	福海街道福州大道与虾山一路交会处
新和一区街心公园	福海街道新和社区一区
北环街边公园	沙井北环路与西环路交汇
蚝二社区公园	蚝乡路与松福大道交会处
塘尾街心公园	红湖路与广田路交会处

自然公园　城市公园　社区公园

*社区公园为周边居民服务，是具有一定活动内容和设施的集中绿地。
城市公园分为综合公园和专类公园，面积较大，绿地丰富，设施完善，适合公众游憩和开展户外活动。
自然公园分为森林（郊野）公园、历史地理遗址公园、风景名胜区和湿地公园，以自然风光为主，具备重要生态功能，适合远足自然研习。

龙岗区

森林(郊野)公园 Longgang

罗山郊野公园	新厦大道直入(南塑厂后面)
园山风景区	园山街道公园路

综合公园、专类公园和带状公园 Longgang

黄金山公园	坂雪岗大道、贝尔路和冲之大道交会处
八仙岭公园	碧园路旁
布吉公园	布吉街道金鹏路
横岗人民公园	龙岗大道(横岗段)5014号
横岗文体广场	横岗街道湛宝路旁
大运公园	大运山自然公园
龙城公园	中心城清林中路209号
龙城广场	中心城龙翔大道区政府对面
龙潭公园	龙城街道长兴南路31号
回龙埔公园	龙城街道长兴北路
天安数码公园	黄阁北路、清林西路交会处
龙园公园	龙岗街道龙园路433号
红花岭低碳环境生态园	龙岗街道盐龙大道辅道与清水路交会处
红花岭公园	龙岗街道清水路
求水山公园	猫公坝隧道
石芽岭信义体育公园	东西干道北侧
凤凰山国家矿山公园	平湖街道凤凰大道186号斜对面
六联鹤鸣公园	鹤鸣西路

自然公园　城市公园　社区公园

*社区公园为周边居民服务，是具有一定活动内容和设施的集中绿地。
城市公园分为综合公园和专类公园，面积较大，绿地丰富，设施完善，适合公众游憩和开展户外活动。
自然公园分为森林（郊野）公园、历史地理遗址公园、风景名胜区和湿地公园，以自然风光为主，具备重要生态功能，适合远足与自然研习。

综合公园、专类公园和带状公园 Longgang

乐城公园	荷坳社区乐城西北角（靠近荷坳地铁C出口）
平湖生态园	平吉路以西（华南城西门对面）

社区公园、口袋公园 Longgang

坂李大道消防北站街心公园	坂李大道消防北站
贝尔路万科城南门街心公园	东起吉华路，西至坂雪岗大道
上雪科技园社区公园	坂田街道新雪社区下雪居民小组内
雪象社区公园	雪岗南路
大光磡社区公园	坂田街道五和社区大光磡居民小组后山虎山路
光雅园社区公园	坂田街道新雪社区上雪居民小组后山雅园路
下雪社区公园	坂田街道新雪社区下雪居民小组后山
同乐科技园社区公园	同乐社区宝龙四路、五路和南同大道交会处
龙新社区广场（宝龙）	鸿升路沙背坜村委后
洪围社区公园	龙岗街道东升路
乐园社区公园	水流田小区
协天宫公园	沈海高速龙岗服务区附近
宝荷社区公园	宝荷路
锦龙社区公园	锦龙社区内清风大道上
龙新社区环水楼公园	龙新社区环水楼
宝龙一路社区公园	翠宝路至南同大道
南约联和社区公园	联和小区
龙东公园	源盛路
炳坑公园	宝荷路
水流田公园	水田路与水田一路交会处

自然公园 城市公园 社区公园

*社区公园为周边居民服务，是具有一定活动内容和设施的集中绿地。
城市公园分为综合公园和专类公园，面积较大，绿地丰富，设施完善，适合公众游憩和开展户外活动。
自然公园分为森林（郊野）公园、历史地理遗址公园、风景名胜区和湿地公园，以自然风光为主，具备重要生态功能，适合远足与自然研习。

比亚迪社区公园	宝荷路
宝龙五路社区公园	宝龙五路与高科大道交会口
同心社区新布公园	新布小区
同心社区公园	同力路和岗德路之间
南约广场	植物园路与碧新路交会处
龙新社区公园	深汕路龙新社区段鸿景春天楼盘前
德兴社区公园	粤宝路旁
粤宝广场	粤宝路旁
东方半岛社区公园	东方半岛花园内
荔山社区公园	布吉街道罗岗片区罗岗路旁
百鸽笼社区公园	布吉百鸽笼地铁站旁边
凤凰社区公园(龙岗)	凤凰山庄旁边
西环路街心公园	布吉街道粤宝路旁
布吉市政广场	广场路
莲花山庄社区公园	布吉街道莲花路莲花山庄小区内
文景社区公园	布吉布龙路与东西干道立交旁
污水处理厂梦清公园	粤宝路布吉污水处理厂旁
六和路街心公园	六和路
四联社区公园	四联社区办公楼侧
红棉社区公园	深峰路与新红棉路交会处
大和文体广场	六约社区
排榜社区公园	四联社区办公楼侧
排榜新村社区公园	四联社区排榜新村内
埔厦社区公园	六约社区埔厦新村内
杜鹃公园	六约社区深坑后山地
麻地社区公园	六约社区麻地新村内

自然公园　城市公园　社区公园

*社区公园为周边居民服务，是具有一定活动内容和设施的集中绿地。
城市公园分为综合公园和专类公园，面积较大，绿地丰富，设施完善，适合公众游憩和开展户外活动。
自然公园分为森林（郊野）公园、历史地理遗址公园、风景名胜区和湿地公园，以自然风光为主，具备重要生态功能，适合远足与自然研习。

茂盛公园	四联社区茂盛居民小组
横岗社区公园	横岗社区办公楼内
新塘坑社区公园	四联社区新塘坑办公楼后
六约公园	六约社区办公楼对面
甘坑新村社区公园	吉华街道甘坑社区甘坑新村
翠湖社区又一村街心花园	吉华街道八约一街又一村花园门口
松元头社区公园	松元头村
中海怡翠社区公园	中海怡翠社区
细靓社区公园	细靓村
凉帽社区公园	凉帽村
石龙坑村公园	石龙坑村
甘坑社区公园	甘坑新村
甘坑新村公园	甘坑新村
下水径公园	下水径村
丽湖社区公园	丽湖社区
新秀社区公园	华龙平西路新大新家具前
全盛社区公园	龙平西路新全盛酒店旁
依山郡公园	龙平西路依山郡小区前
愉园社区法治公园	夏长路
智慧公园	区政府西南侧
尚景欣园社区公园	龙城中路尚景欣园旁
天集社区公园	长兴北路、龙平西路交会处
回龙埔社区公园	龙城街道龙平路与吉祥路交会处西北侧
吉龙社区公园	龙福西路与吉祥路交界
龙岗大道宝利上城街心公园	岗贝路与龙岗大道边(龙城段)
龙岗大道候机楼吉祥街心公园	吉祥路与龙岗大道边(龙城段)

自然公园　城市公园　社区公园

·社区公园为周边居民服务，是具有一定活动内容和设施的集中绿地。
城市公园分为综合公园和专类公园，面积较大，绿地丰富，设施完善，适合公众游憩和开展户外活动。
自然公园分为森林（郊野）公园、历史地理遗址公园、风景名胜区和湿地公园，以自然风光为主，具备重要生态功能，适合远足与自然研习。

广州银行街心公园	龙城大道，广州银行前
珠江广场街心公园	龙城大道、珠江广场
徽王府街心公园	龙平西路徽王府旁
富康苑街心公园	龙城大道，富康苑社区公园
维百盛街心公园	龙城大道维百盛前
城市花园街心公园	龙平西路、城市花园旁
回龙埔街心公园	龙平西路、中原人防加油站旁
正中时代街心公园	龙城大道、正中时代
电子世界社区公园	龙城中路电子世界旁
中海康社区公园	如意路，飞扬路
愉香社区公园	白灰围一路
龙翔大道南侧街心公园	吉祥中路城市花园小区旁
龙城中路街心公园	龙城中路西侧
和兴花园一期旁街心公园	清林中路和兴花园旁
街心社区公园一	龙城大道，龙翔大道
街心社区公园二	吉祥中路城市花园小区旁
欧意轩社区公园	龙城北路欧意轩小区旁
东方沁园社区公园	龙平西路，愉龙路
公园大地社区公园	龙翔大道与吉祥中路交界口
天健现代公园	清林中路天健现代城旁
阳光广场社区公园	龙城中路阳光广场旁
回龙路街心公园	回龙路玫瑰郡旁
龙岗中心城街心公园	龙城中路汇龙天下旁
愉景社区公园	爱龙路
首创社区公园	龙平西路海雅百货旁
龙平西路街心公园	清林小学至欣景路

自然公园　城市公园　社区公园

·社区公园为周边居民服务，是具有一定活动内容和设施的集中绿地。
城市公园分为综合公园和专类公园，面积较大，绿地丰富，设施完善，适合公众游憩和开展户外活动。
自然公园分为森林（郊野）公园、历史地理遗址公园、风景名胜区和湿地公园，以自然风光为主，具备重要生态功能，适合远足与自然研习。

紫麟山公园	龙城街道君和路
龙岗街心公园	龙岗河旁
海关社区公园	余石岭路、清林中路交会处
邱屋公园	龙岗街道南联社区圳埔村
双龙公园	龙岗街道龙岗大道双龙立交旁
石湖公园	碧新路
坡头肚社区公园	陂头路陂头肚居民小组办公楼旁
龙西广场	龙西中路
楼吓社区公园	富民路侧
仙人岭街心公园	新生社区新生路
南联社区公园	宝南路
龙新社区广场(龙岗)	深汕路旁鸿景春天处
新生文化广场	龙凤路
新生社区公园	沿河路旁
龙西街心公园	龙西中路
朱古石公园	朱古石路
将军帽公园	连心路
低山社区公园	低山中路
五联社区公园	齐心路西
五联广场	朱古石路、连心路交会处
吉厦社区公园	南湾街道吉厦社区党群服务中心对面
黄牛湖水库公园	坂李大道附近(上李朗社区工作站旁)
南湾社区公园	平吉大道建升大厦西
下李朗圣山公园	第三人民医院附近
联创社区公园	联创科技园门口
樟树布公园	南湾街道樟树布社区樟富路

自然公园　城市公园　社区公园

*社区公园为周边居民服务，是具有一定活动内容和设施的集中绿地。
城市公园分为综合公园和专类公园，面积较大，绿地丰富，设施完善，适合公众游憩和开展户外活动。
自然公园分为森林（郊野）公园、历史地理遗址公园、风景名胜区和湿地公园，以自然风光为主，具备重要生态功能，适合远足与自然研习。

沙湾社区公园	丹沙路沙湾居委会社区小区
沙湾关口社区公园	沙湾检查站边
南岭村社区公园	南岭村委旁
丹竹头社区公园	丹竹头社区工作站旁
上李朗社区公园	上李朗方鑫路
上李朗中心社区公园	上李朗方鑫路
白泥坑社区公园	白泥坑社区顶头布路
良安田社区公园	松园路
麦克维尔街心公园	平安大道
木古社区公园	上木古社区新河路(岭根吓小区附近)
鹅公岭长廊公园	平吉路以西(华南城西门对面)
御峰园山体公园	凤凰大道御峰园后
上木古社区休闲文化广场	平湖生态园门前(平吉路以西)
上木古社区水塔公园	平湖街道上木古社区糖厂坳
新木社区公园	新木社区富新路
山厦社区公园	山厦社区惠华西路旁
鹅公岭社区公园(一、二期)	鹅公岭社区伟光路旁
鹅公岭文化广场	鹅公岭社区园岭南路
白泥坑水库公园	白泥坑社区沿河北路
书香社区公园	新木社区富新路
新木新围仔公园	新木社区新围仔
平湖广场	凤凰社区双拥街旁
山厦新村公园	山厦新村东林一路与新村一路交会处
上木古社区广场	上木古彩姿南路
上畲街心公园	坪地街道中心社区上畲居民小组
杰科街心公园	埔仔路与盐龙大道交会处

自然公园 城市公园 社区公园

*社区公园为周边居民服务，是具有一定活动内容和设施的集中绿地。
城市公园分为综合公园和专类公园，面积较大，绿地丰富，设施完善，适合公众游憩和开展户外活动。
自然公园分为森林（郊野）公园、历史地理遗址公园、风景名胜区和湿地公园，以自然风光为主，具备重要生态功能，适合远足与自然研习。

料龙街心公园	坪地街道坪西路料龙居民小组旁
年丰第三工业区街心公园	坪地街道年丰社区第三工业区
富乐社区街心公园	坪地街道中心社区富乐居民小组
高桥社区公园	坪地街道高桥社区沿河东路
寿利社区公园	中心社区寿利居民小组里
富民公园	坪地街道湖田路74号柠檬时代花园旁
坪西社区公园	坪地街道坪西社区旁
坪地公园（一期）	振兴路与埔仔路交会处
四方埔社区文体公园	四方埔居民小组内
中心社区公园	坪地街道中心社区旁
白石塘街心公园	教育北路与盐龙大道交会处
白鸡斗公园	西坑社区梧岗路旁
安良社区公园（一期）	安良社区安良新村旁
坳一社区公园	红棉四路高华眼镜厂旁
安良社区公园（二期）	安良社区安良新村旁
荷坳街心公园	荷坳路大园新村沈海高速横岗出口旁
大运软件小镇社区公园	龙岗大道8288号大运软件小镇51栋旁
西坑路口公园	西坑社区惠盐路口
上围岭社区公园	西坑社区西坑小学旁
西坑中心公园	西坑社区办公楼前
荔园社区公园	安良社区荔园路
梅花山公园	安良社区八村水泥厂旁
大万公园	大万路
马六公园	马六路
辅城坳社区公园（一期、二期）	嘉湖路
中海怡翠社区文体公园	中海怡翠正门右侧

自然公园 城市公园 社区公园

*社区公园为周边居民服务，是具有一定活动内容和设施的集中绿地。
城市公园分为综合公园和专类公园，面积较大，绿地丰富，设施完善，适合公众游憩和开展户外活动。
自然公园分为森林（郊野）公园、历史地理遗址公园、风景名胜区和湿地公园，以自然风光为主，具备重要生态功能，适合远足与自然研习。

牵牛花公园	龙岗街道龙岗双龙立交桥下
虎地顶公园	西坑社区
上木古社区白云窝公园	平湖街道上木古社区平吉大道

自然公园 城市公园 社区公园

*社区公园为周边居民服务，是具有一定活动内容和设施的集中绿地。
城市公园分为综合公园和专类公园，面积较大，绿地丰富，设施完善，适合公众游憩和开展户外活动。
自然公园分为森林（郊野）公园、历史地理遗址公园、风景名胜区和湿地公园，以自然风光为主，具备重要生态功能，适合远足与自然研习。

龙华区

森林（郊野）公园　Longhua

观澜河人工湿地公园	竹村沿河路
观澜森林公园	大浪、福城、光明、凤凰、玉塘、石岩六街道交会处
阳台山森林公园	龙华区、宝安区和南山区交会处

综合公园、专类公园和带状公园　Longhua

大浪体育公园	大浪办事处后面
浪口社区公园	华明路旁
大浪文化公园	阳台山大浪入口
大浪市民公园	大浪实验学校旁
劳动者广场	华繁路与华兴路交会处
大水坑社区公园	福城街道办事处大水坑社区新塘村九龙山旁
新斜山社区公园	福城街道办事处大水坑社区大三村
民法公园	中心医院后面
世纪广场	政府东侧，东接大和路，西至广场沿河路，南接求知路，北至观艺路
新田社区公园	毗邻创新工业园
观湖中心公园	观湖街道高新科技园
观澜版画基地	裕新路、兴业路交会处
求雨岭城市公园	观澜办事处牛湖村
龙华文化广场	东环二路与梅龙大道交会处
龙华公园	龙华街道公园路
清湖文化公园	清湖社区内，紧挨清湖村廖氏祠堂，后门位于雪岗北路
白石龙音乐主题公园	东南接金龙路，北接新区大道，西接金桥街

自然公园　城市公园　社区公园

社区公园为周边居民服务，是具有一定活动内容和设施的集中绿地。
城市公园分为综合公园和专类公园，面积较大，绿地丰富，设施完善，适合公众游憩和开展户外活动。
自然公园分为森林（郊野）公园、历史地理遗址公园、风景名胜区和湿地公园，以自然风光为主，具备重要生态功能，适合远足与自然研习。

综合公园、专类公园和带状公园

Longhua

绿廊二期	民宝路与民繁路交会处
南园公园	深圳北站南侧
逸秀公园	民丰路与金龙路交会处东南侧
章阁城市公园	福城街道章阁社区富士康北门公园路
樟坑径城市公园	五和大道边检后面
深圳北站中心公园	民治街道致远中路西侧

社区公园、口袋公园

Longhua

华兴路与石龙路交会处街心花园	华兴路与石龙路交会处
华荣北路街心公园	华荣路与华旺路交会处
华荣路街心花园	华荣路
华旺路与华荣路交会处街心花园	华荣北路与华旺路交会处东南侧
胜华社区公园	龙胜新村工业路和平路交会处
民塘路市政公园	和平路与民塘路交会处东南侧
陶吓阳台山东广场	大浪四二路陶吓
龙胜石鼓顶公园	大浪龙胜旧村后面
龙胜社区公园	龙胜路旁
高峰社区公园	高峰水库旁
德政路街心公园	德政路边侧
石凹社区公园	浪荣路旁
石凹新社区公园	大浪北路西侧
新围苑社区公园	华宁路与浪荣路交会处
新围社区公园(龙华)	华宁路旁
大浪消防公园	新岭路旁边

自然公园　城市公园　社区公园

*社区公园为周边居民服务，是具有一定活动内容和设施的集中绿地。
城市公园分为综合公园和专类公园，面积较大，绿地丰富，设施完善，适合公众游憩和开展户外活动。
自然公园分为森林（郊野）公园、历史地理遗址公园、风景名胜区和湿地公园，以自然风光为主，具备重要生态功能，适合远足与自然研习。

同富裕社区公园（龙华）	大浪园发路
华联社区公园	大浪华联工业区内
下横朗社区公园	下横朗新村内
下岭排社区公园	下岭排村内
布龙路景观长廊	和平路至简上路段
茜坑社区公园	福城街道茜坑老村
章阁河滨公园	章阁路
章阁背礼园社区公园	福城街道塘前村
白鸽湖社区公园	樟坑径社区白鸽湖老村
樟坑径上围公园	上围艺术村进村口
长坑街心公园	长坑村里面
大和路梅观桥底小公园	大和路与观澜大道交界处梅观桥底
大和后山社区公园	美中学校旁
马坜社区公园	马坜东区新园学校旁
观城社区公园	大和路二中后面
牛轭岭古樟树公园	牛呃岭社区
樟坑径下围社区公园	下围小区后面
观澜街道老街公园	新澜大街
大水田街心公园	大水田社区
牛湖街心公园	牛湖社区
牛湖社区公园	牛湖社区
烟桥公园	观澜街道牛湖社区
桂花河滨公园	观澜桂花社区观澜街道办事处正对面
桂花新村公园	观澜桂花社区赤花岭小区后
牛湖社区新艺公园	观澜牛湖社区
大水田社区公园	大水田社区

自然公园　城市公园　社区公园

*社区公园为周边居民服务，是具有一定活动内容和设施的集中绿地。
城市公园分为综合公园和专类公园，面积较大，绿地丰富，设施完善，适合公众游憩和开展户外活动。
自然公园分为森林（郊野）公园、历史地理遗址公园、风景名胜区和湿地公园，以自然风光为主，具备重要生态功能，适合远足与自然研习。

库坑中心公园	观澜库坑社区库坑一路
君子布社区公园	君子布社区
黎光社区公园	观澜街道黎光社区公园路
桂香社区公园	观澜街道桂花社区桂月路
库坑社区主题公园	中心街
企坪社区公园	桂月路北侧企坪村村口
库坑社区公园	库坑社区泗黎路西100米
松元厦社区公园	松元派出所旁
黄背坑社区公园	观澜君子布黄背坑社区
清湖游园	大和路与华清大道交界处
龙观路带状公园	龙华办事处龙观路与清泉路交会处西侧公共绿地
幸福城街心公园	建设路与清泉路交会处
清湖乐园	清湖村入口处
花卉主题街头花园	东环一路与民清路交会处
龙华河畔街心花园	龙华街道东环一路与龙华河交会处西南侧
工业路带状公园	工业路两侧公共绿化带
梅观街心公园	工业路北侧
创业路街心公园	龙华弓村入口
弓村公园	和平路与东环二路交会处
三联公园	龙华北环路三联居委旁
弓村河边社区公园	龙华东环一路与弓村桥侧
新龙公园	新区大道与民宝路交界处
金龙公园	金龙路
民治社区公园	阳光路民治办事处大楼对面
民治电信支局闲置地改建公园	民治街道民旺路88号
民治水库社区公园	滢水山庄旁

自然公园　城市公园　社区公园

*社区公园为周边居民服务，是具有一定活动内容和设施的集中绿地。
城市公园分为综合公园和专类公园，面积较大，绿地丰富，设施完善，适合公众游憩和开展户外活动。
自然公园分为森林（郊野）公园、历史地理遗址公园、风景名胜区和湿地公园，以自然风光为主，具备重要生态功能，适合远足与自然研习。

民乐社区公园	梅坂大道
横岭四区公园	横岭村委旁
书香小学街心公园	民塘路上，民乐地铁站前
绿廊示范1区	中梅路与民繁路、民塘路与民宝路交会处
白龙公园	民丰路龙悦居四期旁
梅坂大道街心公园	梅坂大道与民乐立交交会处，滢水山庄小区前
民新社区公园	民康路东北侧
玖钻花园	毗邻地铁四号线红山站
金龙路街心公园	民治街道金龙路南侧，靠近上河坊购物乐园
福龙公园	新区大道与金龙路交界处
金龙路带状公园	金龙路与新区大道交会处西北侧
简上消防公园	简上路与腾龙路交会处
锦绣街心公园	民治布龙路与梅龙路交会处
简上社区公园	新区大道与简上路交会处
龙胜路带状公园	龙胜路银泉花园前
梅龙路一号地块公园	龙华大道与布龙路交会处
龙塘社区公园	六约社区龙塘街
牛栏前社区公园	牛栏前村内
德逸公园	梅龙路民治中学旁
上芬社区公园	民治办事处上芬村委内
革新街街心花园	濒临革新街和书香小学居住社区
人民路带状公园	新区大道与人民路交会处
人民路街心公园	人民路与绿景路交界处
富士康小北门街心公园	章阁社区富士康小北门
竹村街心公园	茜坑社区竹村
茜坑老村带状公园景观提升一期工程	茜坑老村水厂旁

自然公园　城市公园　社区公园

*社区公园为周边居民服务，是具有一定活动内容和设施的集中绿地。
城市公园分为综合公园和专类公园，面积较大，绿地丰富，设施完善，适合公众游憩和开展户外活动。
自然公园分为森林（郊野）公园、历史地理遗址公园、风景名胜区和湿地公园，以自然风光为主，具备重要生态功能，适合远足与自然研习。

新塘街心公园	桔塘社区新塘小区山顶
大水坑河景观提升项目	章阁汇隆智造空间对面
小马沥街心公园	百丽名苑，环城绿道入口
玉翠街心公园	龙华街道高坳路北侧，昌永路至彬香华工业园路段

自然公园　城市公园　社区公园

·社区公园为周边居民服务，是具有一定活动内容和设施的集中绿地。
城市公园分为综合公园和专类公园，面积较大，绿地丰富，设施完善，适合公众游憩和开展户外活动。
自然公园分为森林（郊野）公园、历史地理遗址公园、风景名胜区和湿地公园，以自然风光为主，具备重要生态功能，适合远足与自然研习。

坪山区

森林（郊野）公园　Pingshan

坪山河湿地公园	荔景南路与坪山河交会处附近
马峦山郊野公园	坪马线马峦山郊野公园
松子坑森林公园	龙田、坪山街道和龙岗区宝龙、坪地街道交界处

综合公园、专类公园和带状公园　Pingshan

坪山光祖公园	横平路、吉康路交会处
五马峰公园	新屋村村内
聚龙山生态公园	坪山与坑梓交界处，青松西路以北，锦绣西路以南
聚龙山湿地生态园	聚龙山公园内
金牛公园	金牛西路南侧
燕子岭生态公园	金牛西路
大山陂公园	坪山体育中心体育馆东南50米
坪山公园	坪山影剧院对面
坪山中心公园	行政二路与公园路交会处
坪山区中心广场	六和社区

社区公园、口袋公园　Pingshan

碧岭社区公园	碧岭社区工作站所在，坑边路
汤坑社区公园	碧岭街道办后面，同富路侧
碧岭马峦入口社区公园	碧岭社区横坪快速南侧

自然公园　城市公园　社区公园

社区公园为周边居民服务，是具有一定活动内容和设施的集中绿地。
城市公园分为综合公园和专类公园，面积较大，绿地丰富，设施完善，适合公众游憩和开展户外活动。
自然公园分为森林（郊野）公园、历史地理遗址公园、风景名胜区和湿地公园，以自然风光为主，具备重要生态功能，适合远足与自然研习。

金沙社区广场	金沙路社区工作站旁边
沙田社区广场	新康一路
坑梓社区公园	秀新社区沙梨园小区内
青兰路街心公园	青兰一路旁
龙山社区公园	金康路
三角楼社区公园	三角楼村内
竹坑茜坑社区公园	金牛东路茜坑村口
竹坑老围社区公园	金牛东路老围村口
龙田社区中心公园	龙兴南路
新屋社区公园	新屋村村内
创景路街心公园	创景路旁边
翠景路街心公园	翠景路旁
远香公园	江岭社区远香居民小组内
黄沙坑社区公园	马峦黄沙坑村岗亭入口
沙坣社区公园	坪山区东纵路41号后方
江岭社区公园	江岭长守村内
江岭长守公园	江岭长守村入口
坪山消防文化主题公园	坪环市场对面
新和村公园	江边新村一巷
珠洋坑公园	新村小区对面
规土委西侧街心公园	规土委坪山管理局与坪山大道交会处
兰竹街心公园	出口加工区西门
锦龙街心公园	锦龙大道南侧，坪山河南岸
石井社区公园	金龟社区金龟路旁
田头上村社区公园	石井田头社区翠景路路口
青兰一路街心公园	青兰一路与青松西路交会处

自然公园　城市公园　社区公园

*社区公园为周边居民服务，是具有一定活动内容和设施的集中绿地。
城市公园分为综合公园和专类公园，面积较大，绿地丰富，设施完善，适合公众游憩和开展户外活动。
自然公园分为森林（郊野）公园、历史地理遗址公园、风景名胜区和湿地公园，以自然风光为主，具备重要生态功能，适合远足与自然研习。

锦龙社区公园	天虹旁边
曾屋社区公园	卓屋小区消防队旁边
京基社区公园	牛角龙垃圾转运站后面
新湖街心公园	沙湖社区
龙兴社区公园	龙兴路尽头处
东坑广场街心公园	老坑社区盘龙路
田心社区公园	上村居民小组后面
龙田街心公园	龙田社区大窝路
水祖坑公园	金田路496号对面
龙坪路街心公园	龙坪路
洋母账街心公园	东方威尼斯花园西侧

自然公园　城市公园　社区公园

*社区公园为周边居民服务，是具有一定活动内容和设施的集中绿地。
城市公园分为综合公园和专类公园，面积较大，绿地丰富，设施完善，适合公众游憩和开展户外活动。
自然公园分为森林（郊野）公园、历史地理遗址公园、风景名胜区和湿地公园，以自然风光为主，具备重要生态功能，适合远足与自然研习。

光明区

森林(郊野)公园　Guangming

鹅颈水湿地公园	凤凰城内
大顶岭森林公园	碧水路旁
茅洲河人工湿地公园	楼村龙大高速路口右侧
大雁山登山公园	长圳社区
光明森林公园	科泰路育新学校旁山脚下
新陂头南湿地公园	公常路与丰盛泰路交会处

综合公园、专类公园和带状公园　Guangming

开明公园	绿环北部，西接湿地公园，东接新城公园
华星光电湿地公园	东明大道与东长路交会处
龙光综合体湿地公园	光明社区
明湖城市公园	塘明路与根玉路交会处
红花山公园	振明路与望胜路交会处
光明高新园城市广场	明政路与德雅路交会处
光明新城公园	华夏路与公园路交会处
时尚生态谷	迳口社区光翠北路
农科大观园	光明办事处碧水路旁
滑草场公园	光明办事处碧水路尽头，光明高尔夫球会附近
光明公众高尔夫体育公园	光明办事处体育公园路旁
回归亭纪念公园	光明农场大博山
大顶岭绿道一期	贯穿大顶岭、公明水库、吊神山
翠湖公园(楼村水)	光明荔园路国土局光明所旁

自然公园　城市公园　社区公园

*社区公园为周边居民服务，是具有一定活动内容和设施的集中绿地。
城市公园分为综合公园和专类公园，面积较大，绿地丰富，设施完善，适合公众游憩和开展户外活动。
自然公园分为森林（郊野）公园、历史地理遗址公园、风景名胜区和湿地公园，以自然风光为主，具备重要生态功能，适合远足与自然研习。

东周文化公园	华夏二路与周家大道交会处
木墩水滨水公园	木墩社区
龟山公园	公明西环大道东侧
荔山公园	公常公路
罗村水库公园	公明水库旁
石岩湖温泉公园	石岩湖水库旁
茅洲河滨水公园	贯穿光明区
荔湖公园	公明街道楼村社区北侧
石围公园	马田街道石围社区水库路旁
白花洞革命烈士公园	光明街道白花社区围肚村附近
白花河景观公园	光明街道白花社区
鹅颈水滨水公园	光明大道南太云创谷园旁
鹅颈水情人湾节点公园	金环宇科技园旁
新陂头河南支滨水公园	光侨路与圳园路交会处旁
楼村水滨水公园	绘猫路旁楼村水沿线
楼村水青山绿意节点公园	楼村地铁站旁楼村水沿线
楼村水忆苦思甜节点公园	光侨路名景花卉旁楼村水沿线
楼村水源头节点公园	体育公园路楼村水沿线
西田水滨水公园	西田路旁西田水沿线
玉田水滨水公园	田寮大道旁玉田水沿线
马田排洪渠滨水公园	裕湖公园旁排洪渠沿线
新陂头河北支滨水公园	楼村统建楼旁新陂头河沿线
新陂头水北支流户外课堂节点公园	中山大学旁新陂头河沿线
茅洲河东坑桥节点公园	滨河西路旁茅洲河沿线
茅洲河休闲运动场地公园	河堤路旁茅洲河沿线
白花河滨水公园	白花大道旁白花河沿线

自然公园　城市公园　社区公园

*社区公园为周边居民服务，是具有一定活动内容和设施的集中绿地。
城市公园分为综合公园和专类公园，面积较大，绿地丰富，设施完善，适合公众游憩和开展户外活动。
自然公园分为森林（郊野）公园、历史地理遗址公园、风景名胜区和湿地公园，以自然风光为主，具备重要生态功能，适合远足与自然研习。

综合公园、专类公园和带状公园 Guangming

新陂头河北支湿地公园	光侨路与新陂头河交叉口东侧
云环公园（原楼村公园）	公常路与环村路交叉口西南侧
东坑水滨水公园	东明大道华星湿地公园旁
大凼水滨水公园	松白路塘尾工业园旁大凼水沿线
上下村排洪渠滨水公园	公明北环路旁排洪渠
公明排洪渠滨水公园	松白路与西环大道交会处旁排洪渠

社区公园、口袋公园 Guangming

邦凯路街心公园	市民广场南侧，光明新城公园东南侧
邦凯二路街心公园	塘家社区
塘家科农路公园	科农路
塘尾运动公园	东周路
塘尾休闲广场	塘尾社区
东坑健身广场	东坑社区
东坑社区公园	东坑社区东旭路
东长路公园	甲子塘社区东长路
塘尾鱼种塘公园	塘尾社区
甲子塘新公园	甲子塘综合市场旁
甲子塘社区公园	甲子塘大道社康服务中心对面
塘尾旧村公园	塘尾社区
甲子塘荷韵公园	东长路与十七号路交会处
凤凰社区奶头山体育公园	凤凰社区
茶林村休闲公园	观光路与光侨路交会处
塘尾社区公园（光明）	塘尾社区丛柏路

自然公园　城市公园　社区公园

*社区公园为周边居民服务，是具有一定活动内容和设施的集中绿地。
城市公园分为综合公园和专类公园，面积较大，绿地丰富，设施完善，适合公众游憩和开展户外活动。
自然公园分为森林（郊野）公园、历史地理遗址公园、风景名胜区和湿地公园，以自然风光为主，具备重要生态功能，适合远足与自然研习。

有凤来仪街心公园	甲子塘社区
东坑社区生态公园	东发路以北
光明城站公园	光明38号路光明城站旁
迎宾街心公园	观光路与德雅路交会处
李松蓢体育公园	李松蓢社区金蓢路
公明广场	公明金辉路
下村一排公园	下村社区
下村三排公园	下村图书馆旁
上村元山广场	上村社区
上村水贝公园	上村社区
上村祠堂广场	上村社区慈水陈公祠前方
西田社区公园	西田社区入口旁
上村狮山公园	上村社区风景北路
公明街心公园	上村社区
陈仙姑祠文化主题公园	上村社区
西田体育公园	西田社区铁坑水库旁
下村体育公园	马田北路
下村公园	下村社区水蓢路
李松蓢祠堂广场	李松蓢社区
李松蓢社区公园	李松蓢社区蓢园路
民生大道街心公园	民生路
长春中路街心公园	长春中路
北环路社区公园	北环大道与公常路交会处
白花社区文体广场	白花社区
白花社区健身广场	白花社区
白花社区公园	白花社区

自然公园　城市公园　社区公园

*社区公园为周边居民服务，是具有一定活动内容和设施的集中绿地。
城市公园分为综合公园和专类公园，面积较大，绿地丰富，设施完善，适合公众游憩和开展户外活动。
自然公园分为森林（郊野）公园、历史地域遗址公园、风景名胜区和湿地公园，以自然风光为主，具备重要生态功能，适合远足与自然研习。

碧园路街心公园	翠湖社区
侨村文化公园	迳口社区
碧眼新村休闲广场	碧眼社区
河心路街心公园	碧眼社区河心北路与河心南路之间
保障性住房街心公园	光明社区
和润街心公园	光明社区
大第街心公园	观光路与光源路交会处
广场路街心公园	光明社区
和谐公园	光明社区
光明市民广场	光明大道与观光路交会处
碧眼旧村户外休闲公园	光明碧眼社区
木墩公园	光明高新路东周社康中心旁
碧眼旧村运动公园	光明高尔夫球会旁
光明社区榕树公园	光明社区
竹韵公园	光明碧眼社区
华强创意文化公园	碧眼社区
华裕路街心公园	光明社区
迳口社区公园	光明光翠北路迳口社区居委会对面
木墩宗祠广场	东周社区
清怡社区公园	光明清怡小区内
碧园路社区公园	光明社区
新围社区公园(光明)	光明社区
美景社区公园	光明社区
迳口趣城广场	迳口社区
迳口村三棵榕广场	迳口社区
木墩街心公园	东周社区华裕路西侧

自然公园 城市公园 社区公园

*社区公园为周边居民服务，是具有一定活动内容和设施的集中绿地。
城市公园分为综合公园和专类公园，面积较大，绿地丰富，设施完善，适合公众游憩和开展户外活动。
自然公园分为森林（郊野）公园、历史地理遗址公园、风景名胜区和湿地公园，以自然风光为主，具备重要生态功能，适合远足与自然研习。

果林村休闲公园	光明逶口社区
碧园路木棉公园	光明社区
碧眼社区公园	晨光东路
白花天后宫休闲公园	白花社区
碧眼社区榕树广场	碧眼社区
启园	薯田埔社区
将围党群服务中心广场	将围社区将石路
合水口街心公园	合水口社区
艺园	薯田埔社区
新围街心公园	新庄社区延昌路
新庄党群服务中心广场	新庄社区
知园	茨田埔社区科裕一路
博园	茨田埔社区科裕一路
合水口公园	南光高速合水口段桥边
东环路街心公园	新庄社区
文澜公园	薯田埔社区
慧园	薯田埔社区
光明新区廉政教育基地公园	石围社区
合水口文化广场	合水口社区
裕湖公园	科裕一路南侧、科裕四路北侧、田园路东侧
文心公园	科裕一路与科裕二路交会处西北角
合水口梅南公祠广场	合水口社区
合水口公祠群广场	合水口社区
将石社区公园	后底坑路西侧，后底坑水库东侧
马山头街心公园	马山头社区
甘泉麦公祠广场	薯田埔社区

自然公园 城市公园 社区公园

*社区公园为周边居民服务，是具有一定活动内容和设施的集中绿地。
城市公园分为综合公园和专类公园，面积较大，绿地丰富，设施完善，适合公众游憩和开展户外活动。
自然公园分为森林（郊野）公园、历史地理遗址公园、风景名胜区和湿地公园，以自然风光为主，具备重要生态功能，适合远足与自然研习。

马山头运动公园	马山头社区
石围祠堂广场	石围社区
合水口休闲公园	合水口社区
羌下文体广场	新羌社区
楼村三月风广场	楼村社区公常路
新羌三角公园	新羌社区
公常路惠和公园	楼村社区
新湖生态公园	新羌社区光姜路
北岗村中心区休闲广场	新羌社区
楼村荔枝公园	龙大高速楼村出入口东侧，公常路北侧
圳美公祠广场	圳美社区
坪地公园	新羌社区
楼村商业休闲广场	楼村社区
羌下侨村中心公园	新湖街道羌下村
红湖村休闲公园	新湖街道正祥路
新屋村中心广场	新羌社区
石介头老人活动中心广场	圳美社区
圳美好日子文化广场	圳美社区
公常路黄江小游园	新羌社区
北岗村后山公园	新湖街道光侨北路
楼村老少活动中心公园	楼村环村路
新羌社区公园	新羌社区社康中心旁
石介头社区公园	圳美社区圳美路东侧
石介头文体广场	圳美社区圳美路东侧
羌下户外休闲公园	羌下二路
田寮文化广场	田寮社区

自然公园 城市公园 社区公园

*社区公园为周边居民服务，是具有一定活动内容和设施的集中绿地。
城市公园分为综合公园和专类公园，面积较大，绿地丰富，设施完善，适合公众游憩和开展户外活动。
自然公园分为森林（郊野）公园、历史地理遗址公园、风景名胜区和湿地公园，以自然风光为主，具备重要生态功能，适合远足与自然研习。

田寮玉新公园	田寮社区
长圳公园	长圳社区长圳路
玉律公园	玉昌西路南侧与玉园西路交叉口处
根塘二路街心花园	田寮社区
孔雀主题绿雕园	光侨路与二号路交会处
凤鸣街心公园	南环大道
玉律广场	玉昌西路北侧
红星广场	红星社区
田寮公园	田寮社区警民路
长圳路街心公园	长圳社区长圳路
玉和街心公园	光侨路与七号路交会处
玉昌路街心公园	玉律社区
玉田公园（甲子塘城市公园）	甲子塘社区7号路与19号路交会处
长圳新村社区公园	长凤路与长新街交会处
长圳社区台阶广场	长圳社区长圳路
长圳社区儿童公园	长圳社区
甲子塘社区八号路公园	甲子塘社康站对面
公明南环大道街心公园	根竹园社区
横坑公园	根竹园社区
明心园（文化公园）	明政路与德雅路交会处
高铁绿廊公园（华强片区）	华强创业产业园周边及园区
凤举公园	凤举路与光明大道交会处
光照未来公园	公常路与光侨路交会处
黄屋排街心公园	光明街道白花社区，北靠黄屋排村，南临白花大道
光侨路迳口节点街心公园	光侨路与迳口路交会处

自然公园　城市公园　社区公园

*社区公园为周边居民服务，是具有一定活动内容和设施的集中绿地。
城市公园分为综合公园和专类公园，面积较大，绿地丰富，设施完善，适合公众游憩和开展户外活动。
自然公园分为森林（郊野）公园、历史地理遗址公园、风景名胜区和湿地公园，以自然风光为主，具有重要生态功能，适合游憩与自然研习。

红木小镇街心公园	民生路与东环大道交会处
楼村公祠广场	楼村旧村楼学路残疾人日间照料服务中心对面
新湖街道廉政文化公园	楼村社区公常路与新陂头水南交会处西南侧
新陂头村龙湖公园	新羌社区光侨北路新陂头北区
长丰工业园16号街心公园	凤凰街道东坑社区长丰工业园16号地块对面
瓦瑶头村73号街心公园	瓦窑头村口
瓦瑶头村国华电阻街心公园	瓦窑头村口
张屋旧村街心公园	张屋旧村4巷34号旁
东发路桥头街心公园	凤凰街道东坑社区东发路桥头路段
张屋旧村鱼塘街心公园	凤凰街道塘家社区张屋旧村排洪渠旁
根竹园社区公园	马田街道根竹园社区，根竹园花园旁
马山头文化广场	马田街道马山头社区，马山头路25号附近
上石家休闲公园	石家社区上石家路，悦田吴公祠东侧
薯田埔广场	薯田埔社区星光老人之家对面
根玉路街心公园	马田街道，东南临朝阳科技园，西南至根玉路，北至将石路
南庄新村街心公园	马田街道新庄社区，东环大道与振光四路交会处西侧
光侨路楼村一号路街心公园	光侨路楼村一号路交会处
科学城展示中心街心公园	科学城展示中心
天汇城街心公园	光明大仟里周边口袋公园
水塔口袋公园	光桥北路与红银路交叉口
公常路2个口袋公园	新湖街道楼村社区，公常路南侧
公常路圳美鹿珠广场	新湖街道楼村社区，楼二工四路西侧及中泰街西侧
德园（六号线高架公园）	科裕路与光明大道路口
栖园（六号线侧分带及凤凰城站站点空间）	光明大道（华裕路-观光路）附属绿地
科学城展示中心公园	新湖街道，中山大学第七医院，圳园路南侧
科学城展示中心口袋公园	新湖街道，中山大学第七医院，圳园路南侧

自然公园　城市公园　社区公园

*社区公园为周边居民服务，是具有一定活动内容和设施的集中绿地。
城市公园分为综合公园和专类公园，面积较大，绿地丰富，设施完善，适合公众游憩和开展户外活动。
自然公园分为森林（郊野）公园、历史地理遗址公园、风景名胜区和湿地公园，以自然风光为主，具备重要生态功能，适合远足与自然研习。

新陂头河南支湿地公园	新湖街道，中山大学第七医院，圳园路南侧
新陂头南口袋公园	光侨路与新陂头河交叉口东南侧
中大附七口袋公园	新湖街道，中山大学第七医院西侧
牛根拗山体公园	新湖街道，光侨路与圳园路西南侧，欢乐田园对面
风车公园（原新湖生态公园）	新湖街道，光姜路与圳园路西北侧
光侨路与碧荔路环境提升街心公园	新湖街道，光侨与碧荔路东侧
光侨路与圳美大道环境提升街心公园	新湖街道，光侨与圳美大道东侧
水荫公园	公明街道水荫路与风景北路交会处
新湖广场	新湖街道圳美社区光侨路和圳美大道交界处
新羌书吧带状公园	新湖街道新羌社区新美一村，光侨北路旁
瓦窑头广场	瓦窑头村口
塘家村路口街心公园	张屋旧村鱼塘及其周边区域
东长路与光明大道路口街心公园	光明大道西侧人行道内侧沿线
塘家旧村街心公园	张屋旧村排洪渠，东坑市场旁排洪渠
长丰工业园15号街心公园	长丰工业园15号地块对面
玉龙湾公园	玉塘街道田寮社区田寮路旁

自然公园　城市公园　社区公园

*社区公园为周边居民服务，是具有一定活动内容和设施的集中绿地。
城市公园分为综合公园和专类公园，面积较大，绿地丰富，设施完善，适合公众游憩和开展户外活动。
自然公园分为森林（郊野）公园、历史地理遗址公园、风景名胜区和湿地公园，以自然风光为主，具有重要生态功能，适合远足与自然研习。

大鹏新区

森林（郊野）公园　Dapeng

大鹏锣鼓山郊野公园	大鹏公园路
禾塘山水公园	大鹏新区管委会对面
坝光银叶树湿地园	大鹏坝光村
大鹏半岛国家地质公园	南澳地质公园路1号
枫浪山郊野公园	南澳办街道保障性住房旁

综合公园、专类公园和带状公园　Dapeng

大鹏革命烈士陵园	大鹏街道公园路
观音山公园	坪西路南侧
葵涌公园	金业大道
东江纵队北撤纪念公园	沙鱼涌沙滩旁
玫瑰海岸公园	深葵公路551号
白沙湾公园	白沙湾内，西起坝光展厅，东至惠州小桂
禾塘月色公园	坪西快速路与城市主干道迎宾北路交叉口以东
葵涌生态公园	盐坝高速葵涌出入口周边
坝光花海	环坝路两侧

社区公园、口袋公园　Dapeng

鹏飞路大鹏山庄入口	大鹏文体中心对面
鹏城社区公园	大鹏街道鹏城社区广场

自然公园　城市公园　社区公园

*社区公园为周边居民服务，是具有一定活动内容和设施的集中绿地。
城市公园分为综合公园和专类公园，面积较大，绿地丰富，设施完善，适合公众游憩和开展户外活动。
自然公园分为森林（郊野）公园、历史地理遗址公园、风景名胜区和湿地公园，以自然风光为主，具备重要生态功能，适合远足与自然研习。

鹏城花园前公园	鹏飞路鹏城花园前
公园路与葵南路街心花园	大鹏公园路与葵南路交会处
布新社区公园	葵南路布新石桥头小区内布新社区服务中心前
大鹏雕塑广场	大鹏办事处王母社区鹏飞路与迎宾路交会处
石桥头公园	石桥头小区后
银滩路与鹏飞路交会处社区公园	银滩路与鹏飞路交会处
水头公园	大鹏街道水头社区
水头社区公园	大鹏街道水头社区
岭澳社区公园	大鹏街道岭澳社区后山
万方社区公园	岭南路岭澳社区
大鹏社区公园	大鹏街道大鹏社区
大鹏文体中心配套绿地公园	大鹏街道文体中心东侧
高源公园	高源社区公园路8号
簕杜鹃公园(标志广场)	葵坪路于金葵路交会处
上洞公园	溪涌社区上洞新村凉亭
金葵街心公园	葵涌办事处金葵中路与坪葵路交界处
葵新社区公园	金岭中路与金业大道交壤处
葵丰社区公园	葵涌办事处海语山林小区旁
福田公园	福新南路
盐村公园	溪涌社区盐村居民小组篮球场旁
溪涌公园	溪涌社区溪涌居民小组篮球场旁
土洋公园	土洋社区吓门路
新大新圩社区公园	南澳街道新大社区新圩篮球场旁
南隆上企沙社区公园	南澳街道南隆社区上企沙南澳中队旁
东涌沙岗社区公园	南澳街道东涌社区沙岗村门口
新大坪山仔社区公园	南澳街道新大社区坪山仔29号旁

自然公园 城市公园 社区公园

*社区公园为周边居民服务，是具有一定活动内容和设施的集中绿地。
城市公园分为综合公园和专类公园，面积较大，绿地丰富，设施完善，适合公众游憩和开展户外活动。
自然公园分为森林（郊野）公园、历史地理遗址公园、风景名胜区和湿地公园，以自然风光为主，具备重要生态功能，适合远足与自然研习。

水头沙社区公园	南澳街道水头沙社区南沙兴苑旁
东山大碓社区公园	南澳街道东山社区大堆村26号旁
月亮湾广场	南澳办事处南西路旁
潭屋围社区公园	金葵东路以北，卓越谭屋围旧改区域以东
鹏城社区公园	鹏城社区、鹏城社区综合服务楼 西侧
鹤薮社区公园	南澳办事处西涌社区
黄岐塘社区公园	黄岐塘居民小组，鹏飞路旁
洞背公园	洞背村溪坪路90号

自然公园　城市公园　社区公园

*社区公园为周边居民服务，是具有一定活动内容和设施的集中绿地。
城市公园分为综合公园和专类公园，面积较大，绿地丰富，设施完善，适合公众游憩和开展户外活动。
自然公园分为森林（郊野）公园、历史地理遗址公园、风景名胜区和湿地公园，以自然风光为主，具备重要生态功能，适合远足与自然研习。

前海合作区

社区公园、口袋公园 Qianhai

- **休闲海岸公园**　前湾一路与金岸中街交界处
- **前海运动公园**　梦海大道与前湾二路交会处
- **紫荆园**　鲤鱼门街与前湾一路交会处，周大福全球商品购物中心对面

自然公园　城市公园　社区公园

*社区公园为周边居民服务，是具有一定活动内容和设施的集中绿地。
城市公园分为综合公园和专类公园，面积较大，绿地丰富，设施完善，适合公众游憩和开展户外活动。
自然公园[illegible]

主　　编　深圳市城市管理和综合执法局

总 策 划　王国宾
策　　划　邝龙桂　杨　雷　黄立新　张国宏　冯增军　杨立群
　　　　　何　涛　周瑶伟　吴江天
审　　核　吴素华
统　　筹　吴素华　邵志芳　黄旭光　蒋　翊
艺术顾问　胡振华

项目执行　深圳市方向文化发展有限公司
总 执 行　南一方　郭　倩
文字作者　廖　薇　吴健梅　黄宝平　黄　秦　邹贵武　杨凯婷
英文翻译　姜朝骁
编　　辑　陈　艺
美术编辑　王进杰
科学总监　黄宝平
内容支持　石金泽　柯方皓
绘　　画　胡云峰　谢何强　胡眉杰　陈玮涓　李诗琪　陈伊香
　　　　　吴启聪　张伟屏　于曼纳　俞舒展　刘佳慧　王维航
　　　　　吴　妍　闫睿丽　彭　琳　孙　慧

图书在版编目（CIP）数据

公园里的深圳 / 深圳市城市管理和综合执法局主编
. —深圳：海天出版社，2021.3（2022.1 重印）
ISBN 978-7-5507-3122-6

Ⅰ.①公… Ⅱ.①深… Ⅲ.①公园—介绍—深圳
Ⅳ.①K928.73

中国版本图书馆 CIP 数据核字（2021）第 022991 号

公园里的深圳
GONGYUAN LI DE SHENZHEN

出 品 人　聂雄前
责任编辑　李新艳
责任技编　陈洁霞
责任校对　熊　星
封面设计　张可韵

出版发行　海天出版社
地　　址　深圳市彩田南路海天综合大厦（518033）
网　　址　www.htph.com.cn
订购电话　0755-83460239（邮购、团购）
设计制作　深圳市方向文化发展有限公司
印　　刷　深圳市新联美术印刷有限公司
开　　本　787mm×1092mm 1/20
印　　张　20
字　　数　400 千
版　　次　2021 年 3 月第 1 版
印　　次　2022 年 1 月第 2 次印刷
定　　价　128.00 元

Mina vivait dans son petit monde.
Rien ne venait jamais la perturber. Rie
La vie réserve parfois bien des surpris

9782374083827 / 64 PAGES / 14,50 €
www.little-urban.fr